신지학 입문서 **제1권**

# 영혼의 몸체와 그 사용법

### 영혼의 몸체와 그 사용법
신지학 입문서 제1권

**초판 1쇄 발행** 2025년 10월 30일

**지은이** 애니 베전트
**편집·번역** 남우현
**펴낸이** 남우현
**펴낸곳** 지식나무
**출판등록** 제2024-000043호

**교정** 한장희
**디자인** 정윤솔
**편집** 정윤솔
**검수** 정은솔, 윤혜성
**마케팅** 김윤길

**주소** 인천 부평구 마장로 10 4층(십정동, 함흥관)
**전화** 0507-1459-4145
**팩스** 0504-220-4142
**이메일** treeok31@naver.com
**카페** cafe.naver.com/theosophy
**블로그** blog.naver.com/treeok31

ISBN 979-11-990745-6-9(03200)
값 16,800원

- 이 책의 판권은 지은이에게 있습니다.
- 이 책 내용의 전부 또는 일부를 재사용하려면 반드시 지은이의 서면 동의를 받아야 합니다.
- 잘못된 책은 구입하신 곳에서 바꾸어 드립니다.

신지학 입문서 제1권

# 영혼의 몸체와 그 사용법

*Seven Principles of Man*
*& Man and His Bodies*

**저자** 애니 베전트
**편집·번역** 남우현

지식나무

# 목차

신지학으로의 초대     10

서문     28

## 1부. 영혼의 몸체 사용법

서론, 진정한 자아의 발견     32

1. 물리적 몸체     37
   1) 물리적 몸체의 구성     37
   2) 가장 먼저 다뤄야 할 도구, 육체     40
   3) 육체의 구조와 두 신경계     43
      (1) 교감 신경계의 통제     43
      (2) 의식의 도구로서 체성 신경계     45
   4) 물질 육체의 정화     47
      (1) 육체를 구성하는 살아있는 입자들     47
      (2) 1단계 정화에 대한 결단     48
      (3) 2단계 식단 관리의 실천     50
      (4) 오염된 환경과 정화된 몸의 방어     53
   5) 수행과 욕망의 통제     54
   6) 에테르체의 기능과 정화     57
   7) 수면과 사후의 에테르체     60

8) 에테르체 분리의 위험성 ................................................ 61
9) 육체, 감옥에서 신성한 도구로 ........................................ 63

## 2. 심령체의 발달과 사후 여정 .......................................... 66
1) 심령계와 심령체의 구성 ................................................ 66
2) 심령감각의 발달과 심령체 ............................................. 69
3) 심령체의 정화와 발달 ................................................... 72
　(1) 생각의 힘과 심령체 정화 ........................................... 72
　(2) 육체의 정화와 보이지 않는 존재들 ............................. 74
4) 고등 수행의 조건 ......................................................... 77
5) 심령체의 발달 수준과 수면상태 ..................................... 80
6) 심령계 경험과 기억의 문제 ........................................... 82
7) 심령계 활동과 연속된 의식 ........................................... 84
8) 심령체와 유령 현상 ..................................................... 87
9) 사후의 여정과 카르마의 연속성 ..................................... 89
　(1) 심령체 정화와 사후 여정 ......................................... 89
　(2) 심령체 형성 원리와 생의 연속성 ............................... 93

## 3. 정신체와 원인체 ........................................................ 96
1) 하위 정신체: 생각의 도구 ............................................. 99
　(1) 정신체의 본질 ........................................................ 99
　(2) 정신체의 구축과 발달 ............................................ 105
　(3) 정신체의 카르마적 순환과 훈련 ............................... 108
2) 원인체: 영원한 인간의 몸 ........................................... 112
　(1) 원인체의 형성 ...................................................... 112
　(2) 원인체의 성장과 손상 ............................................ 114
　(3) 의식적 진화와 우주적 법칙 ..................................... 119

## 4. 상위 몸체들과 인간 오라 ........................................... 121
1) 궁극의 몸체 .............................................................. 121
2) 임시적 몸체들 ........................................................... 123

- 3) 의식의 다차원적 현현인 오라 … 125
- 4) 보호막으로서의 오라 … 128

## 5. 인간: 의식의 발달과 궁극의 통일 … 131
- 1) 물질계에서의 의식 발달 … 131
  - (1) 의식의 여명 … 131
  - (2) 생각의 탄생과 근원 … 133
- 2) 훈련을 통한 진보 … 136
  - (1) 신경 경로의 형성과 위험성 … 136
  - (2) 내면의 힘, 의지력을 깨우는 훈련 … 139
- 3) 심령계로의 의식 확장 … 142
- 4) 정신계로의 의식 확장 … 145
- 5) 잠의 간극을 잇는 법, 심령체의 활성화 … 148
  - (1) 몸체들의 연결고리와 쿤달리니 … 148
  - (2) 단절 없는 의식의 성취와 봉사 … 151
- 6) 생과 생의 간극을 잇는 원인체 활성화 … 153
  - (1) 영원한 기억의 열쇠 원인체 … 153
  - (2) 영원한 자아를 깨우는 길 … 156
- 7) 완전한 인간 … 159
  - (1) 시공간의 장벽을 넘어서 … 159
  - (2) 궁극의 승리 그리고 하나 됨 … 161

## 2부. 인간 존재의 7구성 원리

1. 신지학 입문, 인간의 구성 요소     166
   1) 신지학 입문 시 겪는 어려움     166
   2) 인간의 7가지 구성 요소     167
   3) 삼중체와 사중체     170

2. 제1 원리 - 생명의 불꽃이 깃든 육체     172

3. 제2 원리 - 물질과 영혼의 매개체, 에테르체     175
   1) 에테르체의 특징     175
   2) 에테르체의 분리와 영향     176
   3) 심령현상과 에테르체     178
   4) 에테르체의 의식과 감각     180
   5) 죽음과 에테르체     181

4. 제3 원리 - 생명의 숨결, 프라나     183
   1) 프라나, 생명의 숨결     183
   2) 생명의 불꽃: 물질을 창조하는 에너지     185

5. 제4 원리 - 욕망체의 본질과 사후세계     187
   1) 욕망체의 본질과 기능     187
   2) 죽음과 욕망체의 진화     190

6. 사중체와 생각하는 존재     193

7. 제5 원리 — 마나스, 생각하는 존재, 혹은 마음     197
   1) 상위 마나스와 하위 마나스     197
   2) 인간 진화와 마나스     199
   3) 윤회와 하위 마나스     202
   4) 욕망과 하위 마나스의 결합     203
   5) 육체적 조건과 하위 마나스     205
   6) 하위 마나스와 진화의 경로     207

## 8. 영혼의 진화와 마나스 210
1) 하위 마나스의 진동과 뇌 의식 210
2) 하위 마나스와 기억 213
3) 하위 마나스의 세 가지 경로 215
4) 죽음의 여정과 데바찬 220
5) 욕망체와 잔존체 222
6) 하위 마나스의 소멸 225

## 9. 두 가지 형태의 영적 능력: 심령체와 환영의 몸 229
1) 심령체의 투사 229
2) 아뎁트와 환영의 몸 231

## 10. '나'는 누구인가? 상위 마나스 233
1) 하위 마나스와 자유 의지 233
2) 현실 창조와 근원의 힘 237
3) 고요 속 진리의 목소리 241
4) 상위 자아와의 하나 됨 244

## 11. 제6, 7 원리 — 아트마-붓디, 영혼 248
1) 상위 삼중체의 구성요소 248
2) 심령현상과 영혼의 본질 251

## 12. 우주의 진화와 모나드 253
1) 만물의 근원: 모나드의 하강과 진화 253
2) 하나이자 여럿: 모나드의 통일성과 개별성 256
3) 영혼의 진화 여정과 인간의 탄생 262

## 13. 탐구자들을 위한 증명의 길 265
1) 과학적 탐구의 관점에서 265
2) 미지 영역의 탐구 266
3) 심령 감각의 진화 268

| | |
|---|---|
| 4) 심령계의 접근 방법 | 270 |
| 5) 심령 연구 시 주의점 | 273 |
| 6) 마음의 힘과 과학의 미래 | 275 |

**편집자 후기**      282

# 신지학으로의 초대

## 1) 이 책이 갖는 의미

『영혼의 몸체와 그 사용법』은 모든 영적 탐구의 출발점이자 자기완성의 근간이 되는 "인간 존재의 구조"에 대한 가장 체계적이고 실용적인 안내서입니다. 이 책은 인간을 단지 물리적 육체에 갇힌 존재가 아니라, 눈에 보이지 않는 여러 겹의 몸(Body)을 지닌 다차원적 존재로 제시합니다. 그리고 각 몸의 원리를 이해하고 훈련함으로써, 자신의 잠재력을 온전히 깨워 삶의 진정한 주인으로 거듭나는 길을 안내합니다.

이 책은 신지학의 핵심 입문서 두 권을 한데 엮어, 입문자부터 심화 탐구자까지 모든 독자를 아우를 수 있도록 구성했습니다. 1부 「영혼의 몸체 사용법」은 신지학 입문서 7권인 『Man and His Bodies』를 번역한 내용입니다. 1부는 육체부터 심령체, 정신체에 이르기까지 각 몸의 특성과 이를 정화하고 발전시키는 구체적인 방법을 제시하여 독자가 즉시 삶에 적용할 수 있도록 돕습니다. 2부 「인간 존재의 7구성 원리」는 신지학 입문서인 1권 『The Seven Principles of Man』를 번역한 내용으로, 인간 존재를 구성하는 7가지 원리의 형이상학적 구조와 그 심오한 작동 원리를 심층적으로 분석하여 인간에 대한 완전한 이해를 제공합니다.

**이 책의 구성과 의도**

독자들께서는 목차를 보시고 어째서 신지학 입문서의 첫 책인 입문서 1권의 내용을 2부로 편집되었는지 의아하게 생각하실 수 있습니다. 이는 독자 여러분의 이해를 돕기 위한 편집자의 깊은 고민이 담긴 결정입니다.

신지학의 방대한 사상을 처음 접하는 독자에게 가장 중요한 것은 추상적인 개념보다 자신의 삶과 직접 연결되는 친숙한 출발점입니다. 1부 「영혼의 몸체 사용법」은 독자에게 가장 익숙한 '나의 몸'에서 시작합니다. 식단, 습관, 생각의 훈련과 같은 구체적이고 실용적인 방법을 통해 보이지 않는 몸들을 어떻게 다룰 수 있는지 먼저 안내합니다. 이는 마치 우리가 어떤 집에 이사했을 때, 그 집의 상세한 건축 설계도부터 보는 것이 아니라, 각 방을 어떻게 사용하고 청소하며 가꿀지를 먼저 배우는 것과 같습니다.

이렇게 1부를 통해 자신의 몸을 다루는 실질적인 지혜와 체험적 이해를 쌓은 뒤, 2부 「인간 존재의 7구성 원리」를 통해 그 집의 근본 설계도인 '인간 존재의 7가지 원리'라는 거대한 청사진을 마주하게 되면, 그 심오한 원리들이 훨씬 명료하고 깊이 있게 다가올 것입니다. 이 순차적인 접근법은 난해하게 느껴질 수 있는 형이상학적 지식을 피상적 이해를 넘어 삶을 변화시키는 실질적인 지혜로 전환하는 데 가장 효과적인 길이 될 것입니다.

이러한 맥락에서, 이 책은 다음과 같은 핵심 통찰을 통해 독자의 내면을 일깨워 줄 것입니다:

**몸을 넘어선 존재로서의 자기 인식**
우리가 단지 '물리적 육체'가 아니라, 감정과 생각, 영혼의 활동을 담는 여러 겹의 정교한 '몸'을 지닌 위대한 존재임을 깨닫게 합니다. 이는 삶의 모든 경험을 새로운 차원에서 이해하게 하는 인식의 대전환을 가져옵니다.

**영적 성장을 위한 구체적이고 실용적인 방법론**
생각과 감정, 식습관과 같은 일상의 선택이 어떻게 우리의 보이지 않는 몸들을 형성하고 잠재력에 영향을 미치는지 과학적으로 설명합니다. 이를 통해 막연한 영적 성장이 아닌, 일상에서 즉시 실천할 수 있는 구체적인 자기 훈련법을 제시합니다.

**인간 존재의 전체 구조에 대한 체계적인 통찰**

물리적 차원에서 영적 차원에 이르기까지, 인간이라는 소우주가 어떤 원리와 법칙으로 구성되고 작동하는지에 대한 완전한 지도를 제공합니다. 이는 삶에서 겪는 혼란의 근본 원인을 파악하고 자신의 여정을 조망할 힘을 부여합니다.

『영혼의 몸체와 그 사용법』은 우리 각자가 자신의 내면에 잠든 무한한 가능성을 깨우는 열쇠를 쥐고 있음을 일깨우는 강력한 지혜의 서적입니다. 이 책은 운명에 이끌려 가는 삶이 아닌, 자신의 모든 차원을 이해하고 다스림으로써 스스로 운명을 창조하고자 하는 모든 이들에게 가장 첫 번째 이정표가 되어 줄 것입니다.

부디 이 책이, 독자 여러분께 자기 자신이라는 가장 위대한 신비를 탐험하는 내면의 지도를 안겨 주고, 삶의 모든 순간을 성장과 완성의 기회로 삼는 영적 연금술의 비밀을 알려 주는 계기가 되기를 바랍니다. 그리하여 마침내 자기 존재의 완전한 주인이자 창조자로서 우뚝 서는 여러분의 위대한 여정에 든든한 초석이 되기를 진심으로 기원합니다.

## 2) 애니 베전트, 사회개혁가에서 진리 탐구자로

애니 베전트(Annie Besant, 1847~1933)는 19세기 후반부터 20세기 초반까지 사회 개혁과 영적 탐구 분야에서 막대한 영향을 미친 다채로운 인물입니다. 작가, 연설가, 사회 운동가, 신지학자로서 그녀는 당시의 사회적, 영적 변화를 이끌었습니다.

**초기의 삶과 사회 개혁 활동**

런던에서 태어난 애니는 20세에 성공회 성직자 프랭크 베전트와 결혼했지만, 종교적 회의와 사상적 갈등으로 결혼 생활은 순탄치 않았습니다. 1873년 별거 후, 그녀는 자신의 신념과 가치관을 추구하며 여성의 권리와 노동자 계급의 처우 개선에 깊은 관심을 가지게 됩니다.

베전트는 찰스 브래들로우와 함께 출산 조절과 피임에 관한 정보를 담은 책을 출판하며 사회적 파장을 일으킵니다. 당시 금기시되던 주제를 다루면서도, 그녀는 여성의 자기 결정권과 사회적 불평등에 맞서 당당히 목소리를 낸 것입니다. 1888년에는 브라이언트 앤 메이 성냥 공장 여성 노동자들의 파업을 지원, 노동 환경 개선과 노동자 권익 향상에 힘썼습니다. 이를 통해 사회 개혁가로서 뚜렷한 존재감을 드러내며, 당대의 불의에 맞서는 상징적인 인물로 자리 잡게 됩니다.

**신지학과의 운명적 만남**

1889년, 베전트는 헬레나 블라바츠키[1]의 저서 『비밀의 교리(The Secret Doctrine)』를 읽고 깊은 감명을 받게 됩니다. 동서양의 신비주의와 철학을 통합하여 우주와 인간의 본질을 탐구하는 이 책은 그녀의 인생에 큰 전환점이 됩니다. 이후 1890년 블라바츠키를 직접 만나기 위해 파리로 향했으며, 블라바츠키를 만난 이후 신지학에 전념하게 되면서 페이비언 협회[2]를 탈퇴합니다.

블라바츠키로부터 훈련을 받은 베전트는 1894년 동료 신지학자인 C. W. 리드비터와 함께 초감각적 지각능력을 개발하여 심령 세계와 초자연 현상을 탐구하게 됩니다. 이 과정에서 『오컬트 화학(Occult Chemistry)』과 『마음 사용 설명서(Thought-Forms)』 같은 저서를 출판합니다. 『오컬트 화학』에서는 원자와 분자의 구조를 초감각적으로 관찰하여 설명했으며, 『마음 사용 설명서』는 인간의 생각과 감정이 에너지 형태로 색과 모양으로 표현된다고 설명해 당시 혁신적인 개념으로 평가받습니다. 이는 이후 뉴에이지 운동과 영적 자기계발에 큰 영향을 미쳤습니다.

---

1 H. P. 블라바츠키(Helena Petrovna Blavatsky, 1831~1891): 러시아 출신의 신비주의자이자 신지학(Theosophy)의 공동 창시자. 1875년 미국 뉴욕에서 헨리 스틸 올컷, 윌리엄 콴 저지와 함께 신지학협회를 설립하고, 동서양의 고대 지혜를 통합한 신지학 운동을 이끌었다.

2 페이비언 협회(Fabian Society): 1884년 영국 런던에서 설립된 사회주의 성향의 지식인 단체이다. 급진적 혁명 대신 점진적이고 평화로운 개혁을 통해 사회주의를 실현하려 했으며, 조지 버나드 쇼와 시드니·비트리스 웹 부부 등이 주요 인물이었다. 애니 베전트는 한때 이 협회의 주요 활동가였으나, 신지학에 심취한 이후 탈퇴했다.

## 인도에서의 사명

1893년 처음 인도를 방문한 이후, 베전트는 그곳에 정착하여 신지학의 가르침을 전파하는 동시에 인도의 독립과 자치에 깊은 관심을 가지게 되었습니다. 그녀는 인도 독립운동을 적극적으로 지원하기 위해 인도 자치 연맹(Home Rule League)을 설립했고, 이는 간디가 인도 정치의 중심인물로 부상하기 이전, 독립운동의 중요한 기반을 마련하는 데 큰 역할을 합니다. 또한, 베전트는 인도 독립을 위해 1885년에 설립된 중요한 정치 조직인 인도 국민회의[3]의 첫 여성 회장으로 1917년에 선출되어 많은 인도인들에게 큰 영감을 주었습니다. 인도의 교육 발전에도 기여하여 1907년, 힌두교 전통과 서구 교육을 통합한 센트럴 힌두 칼리지를 설립했으며, 이는 후에 베나레스 힌두 대학교(Banaras Hindu University)의 토대가 되었습니다. 베전트의 이러한 활동은 인도 사회에 지대한 변화와 영감을 불어넣었습니다.

---

3 인도 국민회의(Indian National Congress, INC): 1885년 창립된 인도 최대의 민족주의 정치 조직으로, 후에 인도 독립운동의 중심 세력이 되었다. 애니 베전트는 1917년, 인도 국민회의의 첫 여성 의장으로 선출되며 인도 자치(Home Rule) 운동을 이끌었다. 그녀의 지도는 영국 통치하에서 인도인의 정치적 권리 확대와 자치 요구를 제도화하는 데 중요한 전환점을 마련했다. 애니 베전트와 마하트마 간디는 초기에 인도의 자치권 확대라는 공통 목표를 공유했으나, 운동 방식에서는 차이를 보였다. 베전트는 영국과 협력하여 점진적 개혁을 추진하는 입장이었고, 간디는 비폭력 저항과 비협력 운동을 통해 완전한 독립을 지향했다. 이후 간디가 인도 독립운동의 중심인물로 부상하면서, 베전트의 영향력은 상대적으로 줄어들었다.

## 3) 신지학의 우주와 인간론

### (1) 진리 탐구 방법

신지학(Theosophy)은 그리스어 'Theos(신)'와 'Sophia(지혜)'를 합성한 말로, '신성한 지혜'를 뜻합니다. 이는 단순한 철학이나 종교를 넘어, 우주와 인간 존재의 근원적 진리를 탐구하려는 깊은 정신적 전통입니다. 19세기 후반, 헬레나 페트로브나 블라바츠키, 헨리 스틸 올컷, 윌리엄 콴 저지에 의해 1875년 뉴욕에서 신지학협회가 설립되면서, 체계적 운동으로 발전하게 되었습니다.

신지학은 인간의 일반적 인식 능력을 초월하는 고차원적 관찰을 통해, 다양한 종교와 철학 속에 숨겨진 보편적 진리를 밝혀내려 합니다. 힌두교와 불교를 비롯한 동양의 지혜, 고대 이집트와 그리스, 로마의 신비 전통 등을 연구하고, 이를 현대적 맥락에서 새롭게 해석하려 노력했습니다. 이 과정에서 신지학은 물질세계를 넘어 존재하는 보이지 않는 차원들과 그 상호작용에 대한 깊은 통찰을 제시합니다. 특히 블라바츠키의 『Isis Unveiled』와 『The Secret Doctrine』은 이러한 비전 지식을 체계적으로 정리하여 현대 세계에 큰 영향을 미쳤습니다.

신지학의 가르침은 단지 이론적 주장이 아닌 블라바츠키, 애니 베전트, C. W. 리드비터와 같은 초감각적 인식자들은 심령적 탐구와 직접적 관찰을 통한 결과이기도 합니다. 이들의 관찰에 따르면, 우주는 하나의 신성한 본질로 서로 깊이 연결되어 있으며, 시간과 공간을 초월하여 끊임없이 순환하는 거대한 생명체와 같습니다. 또한 신지학은 우주가 다차원적 구조를 지니고 있으며, 인간 역시 그 축소판으로서 다차원적 존재로 이루어져 있다고 설명합니다. 인간은 이 구조 속에서 카르마와 윤회의 법칙을 따라 끊임없이 성장하고 진화하며, 궁극적으로는 영적, 정신적, 육체적 완성을 이루어 신성과 합일하는 존재로 나아갑니다.

### (2) 신지학의 우주론

**신성한 통일성**

비전 지식들과 초월적 인식의 관찰을 바탕으로 한 신지학의 첫 번째 핵심 원리는 일원론으로 우주가 근원적으로 하나의 본질로 연결되어 있다는 사상입니다. 이는 인간뿐만 아니라 동물, 식물, 광물, 심지어 보이지 않는 미세한 입자에 이르기까지, 우주 만물이 하나의 '절대자(The Absolute)'로부터 발현된 존재임을 의미합니다. 이를 통해 우리는 우주를 단순히 물질적 현상의 집합으로 보지 않고, 살아 숨 쉬는 하나의 거대한 유기체로 이해하게 됩니다. 마치 태양에서 퍼져나간 무수한 광선이 본질적으로 하나의 빛에서 비롯된 것처럼, 각기 다른 존재들은 모두 하나의 신성한 생명 에너지에서 나뉘어 나온 것입니다. 이러한 인식은 종교, 인종, 문화의 경계를 넘어선 보편적 형제애를 이끌어 내며, 인간이 서로를 이해하고 존중하며 조화롭게 살아가는 데 필수적인 정신적 토대를 제공합니다. 신지학에서는 이 절대적 존재를 '하나(The One)', 혹은 '근원의 존재(The One Existence)'로 부릅니다. 이 존재는 형태를 초월하고, 모든 생명과 물질의 배후에서 숨 쉬는 살아 있는 실재입니다. 인간이 진정한 영적 진화를 이루기 위해서는, 자신과 타인을 이 신성한 일체성의 일부로 인식하고, 나와 세계를 갈라놓는 모든 허상을 넘어설 수 있어야 한다고 신지학은 가르칩니다.

### 순환하는 우주

신지학적 관점에서 우주는 시작도 끝도 없이 영원히 순환하는 거대한 생명체와 같습니다. 우주의 리드미컬한 순환은 "만반타라"와 "프랄라야"라는 두 가지 주기로 설명됩니다. 마치 거대한 생명체의 호흡과 같이, 우주는 만반타라 시기에는 활동하며 창조와 진화를 거듭하고, 프랄라야 시기에는 휴식하며 고요함 속으로 돌아갑니다. 만반타라는 우주가 깨어나 활발히 움직이는 활동기로, 비유하자면 낮과 같은 시간입니다. 이 시기에 우주는 물질적, 정신적, 영적 차원에서 끊임없이 진화하며 새로운 창조를 이룩합니다. 반면, 프랄라야는 우주가 잠들어 고요해지는 휴지기로, 밤과 같은 시간입니다. 이 시기에 우주는 활동을 멈추고 다음 만반타라를 위한 준비를 합니다. 이 두 주기는 영원히 반복되며 우주의 끝없는 진화를 이끌어 갑니다.

### 다차원 시공간

나아가, 신지학에서는 우리가 감각적으로 경험하는 선형적인 시간과 3차원적 공간 개념을 넘어, 더 높은 차원의 시공간을 제시합니다. 신지학의 가르침에 따르면, 고차원에서는 과거, 현재, 미래가 동시에 존재하는 '영원한 현재'가 펼쳐지며, 물질세계의 제약을 받지 않는, 보다 자유롭고 확장된 공간이 존재합니다. 이러한 고차원적 시공간은 우리의 제한된 감각으로는 인지하기 어렵지만, 명상과 수행을 통해 의식이 확장되면 경험할 수 있다고 합니다. 이와 같은 신지학의 우주관은 시간과 공간의 상대성을 다루는 현대 물리학의 이론과도 흥미로운 접점을 보여 줍니다. 특히 양자역학에서 제시하는 중첩과 얽힘 현상은 신지학의 다차원적 세계관과 유사한 점이 많습니다.

### 인간과 다차원 시공간

신지학에서는 우주가 일곱 개의 주요한 층, 즉 차원(Planes)으로 이루어져 있다고 설명합니다. 마치 일곱 개의 음으로 이루어진 음계처럼, 각 층은 고유한 진동수와 에너지 패턴을 지니고 있습니다. 이 층들은 가장 높은 차원의 신성한 영역부터 가장 낮은 차원의 물질 영역까지, 정묘함의 정도에 따라 점차적으로 배열되며, 각 차원은 고유한 특성과 법칙을 지니고 있습니다.

이러한 우주의 계층 구조는 인간에게도 동일하게 적용됩니다. 신지학에서는 인간 역시 우주의 축소판으로서 다차원적인 구조체(흔히 '몸체(Body)' 또는 '원리(Principle)'로 표현됨)로 구성되어 있다고 봅니다. 인간을 구성하는 각 요소는 우주의 여러 차원과 상응하며, 인간의 의식과 영적 진화에 깊이 관여합니다. 즉, 인간은 단순히 육체만을 가진 존재가 아니라, 영적이고 신성한 본질을 지닌 다차원적 존재라는 것입니다. 다음은 신지학에서 설명하는 우주의 주요 차원과, 그에 상응하는 인간 의식의 표현 양상 및 관련 '몸체'에 대한 개요입니다.

## 다차원 우주와 의식(영혼)의 몸체

### 1) 상대계

| 차원 | | 내용 | 몸체 |
|---|---|---|---|
| 물질계 | | 물질계는 3차원의 세계로, 시간과 공간의 제약을 받는 우주입니다. 인간의 오감으로 인식 가능한 현실 세계로서, 영혼이 다양한 체험을 통해 배우고 성장하는 학습의 장이며, 영적 진화를 위한 중요한 무대입니다. 영혼은 현재 우리가 경험하고 있는 육체를 통해 이 물질계에서 자신을 표현하고, 경험을 축적해 나갑니다. | 육체 |
| 심령계 | | 심령계는 4차원의 세계로, 공간적 제약을 초월하는 유동적인 차원입니다. 이 영역은 감정과 욕망이 활동하는 차원으로, 물질계보다 미세하고 변화무쌍한 에너지로 구성되어 있습니다. 영혼은 심령체를 통해 감정과 욕망을 담아 표현하며, 이 차원에서 자신을 드러냅니다. 잠자는 동안의 꿈, 또는 육체의 죽음 이후에 주로 접하게 되는 세계입니다. | 심령체 |
| 정신계 | 하위 정신계 | 하위 정신계는 5차원의 세계로, 시간과 공간의 한계를 초월한 차원입니다. 이 영역은 논리적 사고, 분석, 추론 등 구체적이고 일상적인 생각 작용이 이루어지는 곳이며, 흔히 형상의 세계라고도 불립니다. 생각이 뚜렷한 형태를 이루며 작용하는 이 영역에서, 영혼은 정신체를 통해 하위 정신계를 경험하게 됩니다. | 정신체 |
| | 상위 정신계 | **상위 정신계는 원인계로도 불리며**, 추상적 사고, 영적 이념, 원형(archetype)이 존재하는 고차원의 세계입니다. 이 영역은 신성한 로고스의 지성이 능동적으로 작용하는 차원으로, 영혼은 순수한 생각의 형태로 존재하며, 우주적 진리와 원리를 직관적으로 인식합니다. 원인체는 영혼의 영원한 본체로서, 모든 경험과 지혜를 저장하는 역할을 하며, 상위 정신계에 속합니다. | 원인체 |

## 2) 절대계

| 차원 | 내용 |
|---|---|
| 붓디계 | 붓디계는 직관, 지혜, 보편적 사랑이 충만한 차원입니다. 이 영역은 신성한 로고스(Logos)의 사랑과 지혜가 직접적으로 표현되는 수준으로, 개별성과 통일성이 완벽한 조화를 이룹니다. 이곳에서 영혼은 우주적 진리와 깊이 있는 합일을 이루며, 높은 수준의 영적 통찰과 전체성과의 통합을 경험하게 됩니다. |
| 아트믹계 | 아트믹계는 순수한 영적 의지와 신성한 힘이 작용하는 차원입니다. 아트마(Ātma)는 산스크리트어로 '참된 자아' 혹은 '영적 본질'을 뜻하며, 이 계는 개인의 영적 의지와 우주적 의지가 하나로 결합되는 고차원의 실재 공간입니다. |
| 모나드계 | 모나드계는 개별 의식의 궁극적 근원이 존재하는 차원입니다. 신지학에서 모나드(Monad)는 각 존재의 고유한 진동과 신성한 목적을 지닌 근원적 단위를 의미하며, 이는 '영혼'과는 구별되는 보다 본질적인 실체입니다. 영혼의 근원, 혹은 영적 생명의 씨앗으로 이해할 수 있습니다. |
| 아디계 | 아디계는 모든 존재의 최초 원천이며, 우주의 궁극적 실재가 자리한 차원입니다. 이 영역은 모든 현상의 기초가 되는 절대적 차원으로, 인간의 언어나 지성으로는 온전히 파악하기 어려운 신성한 본체의 수준을 나타냅니다. |

### (3) 신지학의 인간론

**카르마와 윤회**

신지학에서는 인간의 진화가 카르마[4]와 윤회[5]의 법칙을 통해 이루어진다고 가르칩니다. 카르마는 원인과 결과의 법칙으로, 우리의 모든 생각, 말, 행동이 우주에 영향을 미치고, 그 결과가 다시 우리에게 돌아온다는 것을 의미합니다. 이는 단순한 인과응보를 넘어, 영혼이 자신의 행동에 대한 책임을 지고 성장할 수 있는 기회를 제공하는 우주의 법칙입니다. 윤회는 영혼이 육체의 죽음 이후에도 다른 육체를 취하여 계속해서 삶을 이어 가는 것을 의미합니다. 마치 배우가 연극에서 여러 역할을 맡듯이, 영혼은 다양한 삶을 통해 카르마를 해소하고 영적 성장을 이루어 나갑니다. 신지학에서는 윤회를 통해 영혼이 물질계, 심령계, 정신계를 거치며 진화한다고 봅니다.

**인류의 진화와 일곱 근원 인종**

신지학의 가르침에 따르면, 인류는 우주의 거대한 진화 과정 속에

---

4 카르마(Karma): 행위, 작용을 뜻하는 산스크리트어로, 원인과 결과의 법칙을 의미한다. 모든 생각, 말, 행동은 그에 상응하는 결과를 낳으며, 이 결과는 현생뿐만 아니라 미래 생에도 영향을 미친다고 여겨진다. 긍정적인 행동은 긍정적인 결과를, 부정적인 행동은 부정적인 결과를 가져온다는 우주의 법칙이다.

5 윤회(Reincarnation): 영혼이 죽음 이후에도 다른 육체로 다시 태어난다는 믿음. 영혼은 여러 생을 거치며 경험을 축적하고 카르마를 해소하며, 이를 통해 영적으로 성장한다.

서 일곱 근원 인종[6]을 거치며 점진적으로 "신적 잠재력"을 펼쳐 나갑니다. 이는 단순히 지구 차원의 진화만을 의미하는 것이 아니라, 태양계를 포함한 거시적 진화 속에서 인류 영혼의 성장을 나타냅니다. 신지학에서는 지구가 단일 실체가 아니라 "*행성 사슬[7]"이라 불리는 7개의 *글로브[8]로 구성되어 있으며, 이 모든 과정은 "*행성 로고스[9]"라고 불리는 고차원적 지성에 의해 주관된다고 설명합니다. 행성 사슬은 7번의 *순환(주기)[10]을 거치며 진화하는데, 현재 인류는 네 번째 주기의 네 번째 구체(현 지구)에서 진화하고 있습니다.

---

6   일곱 근원 인종(Seven Root Races): 신지학에서 지구상에 순차적으로 출현한다고 여겨지는 일곱 인류, 혹은 인류 진화의 일곱 단계를 의미한다. 각 인종은 고유한 특성과 문명을 지니고 있으며, 이전 인종의 진화 단계를 이어받아 더 높은 단계로 발전해 나간다고 여겨진다. 이들은 지구의 영적 계획의 일부로 여겨지며, 인류의 궁극적인 진화 목표를 향해 나아가는 여정을 나타낸다.
7   행성 사슬(Planetary Chain): 태양계 내에서 진화를 위해 서로 연결된 7개의 구체들의 묶음이자, 우주적 사슬이라는 거대한 틀 안에서 하나의 태양계라는 국지적 차원에서 일어나는 생명체의 진화적 연결 구조이다.
8   글로브(Globes): 행성 진화의 7단계, 즉 행성 로고스의 의식이 순차적으로 거쳐 가는 일곱 개의 차원 혹은 에너지 영역.
9   행성 로고스(Planetary Logos): 각 행성을 주재하는 천상의 존재이자, 행성의 진화를 주관하는 신성한 의지의 대리자.
10  주기(Rounds): 행성 사슬 내에서 생명 파동이 일곱 구체를 한 바퀴 순환하는 기간.

## 일곱 근원 인종(7 Root Races)

| 근원 인종 | 주요 특징 |
|---|---|
| 제1 근원 인종<br>폴라리안 | 폴라리아(Polaria) 대륙에 거주했다고 여겨지는 에테르체(Etheric Body)로 구성된 최초의 인류. 물리적 형체는 없었지만, 영적으로 매우 발달한 존재들이었다. (에테르적 존재, 무정형, 우주적 에너지와 연결) |
| 제2 근원 인종<br>하이퍼보리안 | 히페르보레아(Hyperborea) 대륙에 살았던, 에테르와 유사한 신체를 가진 존재들. 제1 근원 인종보다 더 구체화된 육체를 지녔다고 여겨진다. (반투명, 유체적 몸, 원시적 정신, 개체성 발달 시작) |
| 제3 근원 인종<br>레뮤리안 | 레무리아(Lemuria) 대륙에 살았던 거대한 신장의 인종으로 불의 아들들인 마나사푸트라가 지성의 씨앗을 심어 주었다. 남성과 여성의 구분이 생겨났고, 초보적인 언어와 문명을 발달시켰다고 여겨진다. (거대한 신체, 고밀도 육체, 지성(Manas)의 씨앗, 사고와 학습 능력 발달) |
| 제4 근원 인종<br>아틀란티안 | 아틀란티스(Atlantis) 문명을 이룬 인종. 고도로 발달된 문명을 이룩했으나, 흑마술의 사용과 타락으로 인해 멸망했다고 여겨진다. (고도로 발달된 문명, 뛰어난 기술과 초능력, 탐욕과 교만으로 인한 멸망) |
| 제5 근원 인종<br>아리안 | 현재 지구상의 대다수 인류를 차지하는 아리안종(Aryan Race). 이성과 지성이 발달하였고, 과학, 철학, 예술 등 다방면에서 문명을 발전시키고 있다. (현 인류, 이성, 문명, 철학, 과학, 예술 발달, 물질과 영적 가치의 균형 과제) |
| 제6 근원 인종 | 미래에 출현할 인종으로, 영성과 직관이 발달할 것으로 예상된다. 새로운 문명을 건설하고 인류의 영적 진화를 이끌 것으로 여겨진다. (미래 인종, 고도의 영적 의식, 사랑-지혜, 물질과 정신의 균형) |
| 제7 근원 인종 | 인류 진화의 마지막 단계로, 영적, 정신적, 육체적으로 완성을 이룬 존재들. 신성과 합일하여 지구에서의 진화 주기를 마무리하고 더 높은 영역으로 진화해 나갈 것으로 여겨진다. (지구 진화의 완성, 신적 잠재력 실현, 지구의 네 번째 주기가 마무리되는 최종 시점에 등장) |

이 일곱 근원 인종은 인류 영혼이 물질적, 정신적, 영적 측면에서 성장하는 주요 단계를 상징하며, 각 인종은 고유한 역할과 과제를 가지고 있습니다. 인류는 이 거대한 진화의 여정을 통해 내면에 잠재된 신성을 완전히 발현하는 것을 목표로 나아간다고 신지학은 가르칩니다.

편집자

# 서문

  이 작은 책을 세상에 내놓으며 몇 마디 덧붙이고자 합니다. 이 책은 신지학의 가르침을 쉽게 설명해 달라는 대중의 요청에 부응하여 기획된 일련의 소책자 중 일곱 번째 권입니다. 일부 사람들은 신지학 문헌이 일반 독자에게 너무 난해하고 전문적이며, 또한 지나치게 고가라고 불평해 왔습니다. 바라건대 이 시리즈가 그러한 실제적인 요구를 충족시키는 데 도움이 되기를 바랍니다.

  신지학은 학자들만을 위한 것이 아닙니다. 그것은 모든 사람을 위한 진리입니다. 이 작은 책들을 통해 신지학의 가르침을 처음 접하는 사람들 중에는, 그 가르침에 이끌려 신지학의 철학, 과학, 종교를 더욱 깊이 탐구하게 되는 소수의 이들이 있을지도 모릅니다. 이들은 학생의 열정과 초보자의 열의를 가지고, 보다 난해한 문제들까지도 직면하며 배우려 할 것입니다.

  하지만 이 소책자들은 그러한 열정적인 탐구자들을 위한 것이 아닙니다. 어떤 초기의 어려움도 마다하지 않는 이들을 위한 책이 아니라, 바쁜 일상 속에 살아가는 남녀들을 위해 쓰였습니다. 삶을 보다 견디기 쉽게 하고, 죽음을 보다 평온하게 마주하도록 돕는 위대한 진리들 중 일부를 명료하게 전하는 것이 이 책들의 목적입니다.

 이 책들은 우리 인류의 앞서 있는 형제들, 곧 스승들의 사역자들에 의해 쓰였습니다. 그러므로 이 책들이 추구하는 목적은 오직 하나, 바로 우리 동료 인간들을 섬기는 일입니다.

애니 베전트

1부
# 영혼의 몸체 사용법

# 서론, 진정한 자아의 발견

## • 모든 공부의 시작점

의식과 그것이 깃드는 몸체들, 즉 인간(자아)이 걸치고 있는 외피(몸)들에 대해 많은 혼란이 존재합니다. 따라서 우리가 알고 있는 사실들을 신지학도들에게 명확히 제시하는 것이 필요하다고 여겨집니다. 우리는 오랜 연구를 통해, 처음에는 불분명했던 많은 것들이 점차 명료해졌으며, 막연히 이론으로 받아들였던 것들 중 많은 부분들이 이제는 직접적 지식의 수준에 이르렀습니다.

그 결과, 여러 학생들이 관찰력을 발달시키면서 반복적으로 확인할 수 있는 사실들을 일정한 순서에 따라 배열할 수 있게 되었고, 이제 우리는 이를 설명함에 있어 물리학자가 자연현상을 다룰 때 느끼는 확신과 같은 확신을 가질 수 있습니다.

물론 물리학자가 오류를 범하듯, 형이상학자 또한 오류에서 자유롭지 않습니다. 지식이 확장됨에 따라 오래된 사실들 위에 새로운 빛이 비춰지고, 그것들 간의 관계는 더 분명해지며, 때로는 외형까지도 달라지게 됩니다. 그 이유는 대개, 전체처럼 보였던 사실이 실상은 단편에 불과했음이 드러나기 때문입니다.

이 책에서 제시되는 견해들은 어떤 권위를 주장하는 것이 아니라, 한 학생이 다른 학생에게 전하는 말로 이해해야 합니다. 이는 신지학적 가르침을 재구성하려는 시도이며, 동시에 제한된 관찰력으로 얻어진 학생들의 소산임을 밝힙니다.

이 공부를 시작함에 있어, 서구의 독자는 먼저 자신을 바라보는 기존의 태도를 전환해야 합니다. 곧, 자아(man)[11]와 그가 거처하는 몸체들을 명확히 구별하는 것이 필요합니다. 우리는 흔히 자신을 자신이 걸친 겉옷과 동일시하며, 마치 자신이 곧 자신의 몸체인 것처럼 여기는 습관에 젖어 있습니다.

하지만 이 주제를 올바로 이해하기 위해서는, 이러한 관점을 버리고, 잠시 입었다가 벗게 되는 몸체들을 자아(Self)[12]와 동일시하는 오류에서 벗어나야 합니다. 이처럼 일시적인 몸체와 자신을 동일시하는 것은, 옷을 자신이라 여기는 것만큼이나 어리석고 비합리적인 일입니다. 자아는 그 몸체들에 의존하지 않으며, 몸체들의 가치는 오직 그것들이 지닌 유용성에 따라 결정됩니다.

---

11  자아(man): 1부에서 man은 단순한 육체적 인간을 넘어, 생각하고 자각하는 중심 존재인 자아를 의미하는 경우가 많다. 이러한 맥락을 반영하여, 물질적 인간과 구별되는 의식적 주체로서의 man은 '자아(man)'로 번역했다.
12  자아(Self): 1부에서는 Self(자아)가 개체적 인간, 즉 몸을 사용하는 의식의 주체를 뜻하며, 설명 목적의 일반 용어로 사용된다. 반면, 2부에서는 Self가 원리의 위계를 나타내는 전문 용어로, 상위 자아(참나)를 의미한다.

의식, 곧 자아(Self)를 일시적으로 기능하는 몸체와 혼동하는 이 흔한 착오에는 한 가지 설명이 있습니다. 깨어 있는 의식, 그리고 어느 정도 꿈속의 의식조차도 몸체 안에서 살아가며 작동하고, 일반적인 사람에게는 몸체 밖에서 인식되지 않기 때문입니다. 그럼에도 우리는 참된 존재 조건에 대한 지적 확신을 얻을 수 있으며, 자아를 자신의 몸체들을 소유한 주인으로 인식하도록 스스로를 훈련할 수 있습니다.

### • 참된 자아의 발견과 그 도구

이러한 훈련을 지속하다 보면, 우리는 자아(Self)가 몸체로부터 분리되어, 그 바깥에서 훨씬 더 충만한 의식 속에 존재한다는 사실을 체험을 통해 알게 됩니다. 그 순간, 자아는 더 이상 몸체에 의존하지 않게 되며, 일단 이 인식에 도달하면 자아를 몸체와 동일시하는 오류는 다시는 반복되지 않습니다. 우리는 더 이상 자신이 입은 '의복'이 곧 자기 자신이라는 착각에 빠지지 않게 됩니다.

이러한 명확한 지적 이해는 누구나 도달할 수 있으며, 자아(Self)인 인간과 그가 거처하는 몸체들을 습관적으로 구별하도록 훈련할 수 있습니다. 이 구별을 실천하는 것만으로도, 다수의 사람들이 빠져 있는 환상에서 한걸음 벗어나는 것이며, 삶과 세계를 대하는 우리의 전반적인 태도에 깊은 전환을 가져옵니다.

이러한 인식은 우리를 '이 유한한 삶의 우연과 변화들'을 넘어선 보다 엄정한 세계로 들어 올려 줍니다. 그리고 몸체에 갇힌 의식에는 커다랗게만 보이던 일상의 자잘한 고통들을 상대화하며, 끊임없이 변하는 것과 비교적 항구적인 것 사이의 진정한 비율을 깨닫게 해 줍니다. 그것은 또한 우리로 하여금 다음과 같은 차이를 체감하게 합니다. 곧, 파도에 휩쓸려 고통받는 사람과, 단단한 바위 위에 서서 그 아래서 부서지는 파도를 아무 해도 없이 바라보는 사람의 차이입니다.

여기서 말하는 '인간(man)'이란, 살아 있고, 의식하며, 사유하는 자아(Self), 곧 개별적(individual) 존재를 의미합니다. '몸체들'이란 이 자아가 깃들어 있는 여러 겹의 외피를 말하며, 각각의 몸체는 자아가 우주의 특정 영역에서 기능할 수 있도록 해 줍니다.

마치 한 사람이 육지에서는 마차를, 바다에서는 배를, 공중에서는 비행기를 이용하여 이동하더라도, 어떤 환경에서도 동일한 존재로 남아 있듯이, 참된 인간(자아, Self) 또한 어떤 몸체에서 작용하든 변함없는 존재로 존재합니다. 이처럼 마차, 배, 비행기가 각각 다른 환경에 맞게 재료와 구조를 달리하듯, 자아의 각 몸체들도 그 활동 환경에 따라 성질과 형상이 달라집니다.

어떤 몸체는 다른 것보다 더 조밀하며, 어떤 것은 더 짧은 수명을 가지고 있고, 또 어떤 것은 제한된 능력만을 갖고 있습니다. 하지만 이 모든 몸체들에는 공통점이 있습니다. 그것들은 자아(man)에 비해 모두 일시적이며, 자아(Self)의 도구이자 하인으로서, 본성에 따라 닳아 없어지고 다시 새롭게 만들어집니다. 그리고 자아의 변화하는 필요와 성장하는 능력에 맞추어 조정됩니다.

우리는 가장 하위의 몸체부터 차례대로 이들을 살펴볼 것이며, 그 이후에는 이 모든 몸체 안에서 활동하는 인간(man) 자신, 즉 자아(Self)를 고찰하게 될 것입니다.

# 1. 물리적 몸체

## 1) 물리적 몸체의 구성

인간의 '물리적 몸체'는 두 가지 몸체인 물질 육체와 에테르체를 모두 포함한 개념입니다.[13] 전통적인 용어로 이들은 각각 스툴라 샤리라(육체)와 링가 샤리라(에테르체)라고 불리며, 둘 다 물질계에서 기능하고 물리적 물질로 이루어져 있습니다. 이들은 한 생애 동안만 유지되며, 인간이 죽을 때 벗겨지고, 그가 심령계로 넘어갈 때 물질계에서 함께 해체됩니다.

이 두 가지 구성 요소(principle_원리)를 물리적 몸체 또는 물리적 수단으로 분류하는 또 다른 이유는, 우리가 일반적으로 말하는 물질계를 벗어날 수 없는 한, 반드시 이 두 몸체 중 하나 또는 둘 다를 사용하기 때문입니다. 이들은 구성 물질상 모두 물질계에 속하며, 그 한계를 넘어설 수 없습니다. 이러한 몸체 안에서 작용하는 의식은 물질적 제약 속에 갇혀 있으며, 시공간의 일반적인 법칙을 따르게 됩니다.

---

13   원서에서는 '물리적 몸체' 대신 "인간의 두 가지 하위 원리"(two lower principles)로 표현한다. 여기서 '원리'(principle)는 신지학에서 인간을 구성하는 여러 층위·기능을 가리키는 기술적 용어로, 물리적·심리적·정신적 작용의 기초가 되는 '구성 요소'라는 뜻이다.

두 몸체는 구성 물질의 차이에 따라 구분됩니다. 물질 육체는 우리가 육안으로 볼 수 있는 물리적 몸이고, 에테르체는 그 육체의 정밀한 복제본입니다. 에테르체는 육체의 입자 하나하나를 그대로 반영하며, 신체의 모든 전기적 흐름과 생명 에너지 작용은 이 에테르체를 통해 전달됩니다. 즉, 신체의 활동은 전적으로 이 에테르체를 매개로 하여 이루어집니다.

지금까지는 이 에테르체를 '링가 샤리라(Linga Sharīra)'라고 불러 왔지만, 여러 이유로 이제 이 명칭의 사용을 중단하는 것이 바람직합니다. '링가 샤리라'는 오랜 세월 동안 힌두 문헌에서 전혀 다른 의미로 사용되어 왔기 때문에, 이를 신지학적 문맥에서 임의로 차용할 경우, 동서양을 막론하고 동양 고전을 공부하는 학생들에게 혼란을 야기할 수 있습니다. 이 점만으로도, 부정확한 용례는 중단하는 것이 현명합니다.

또한 인간의 구성 원리를 설명하는 데 있어 영어식 명칭을 사용하는 편이 입문자들에게 더 명료합니다. 이는 산스크리트어 용어가 초보자들에게 심리적 장벽이 되는 문제를 줄이는 데 도움이 되며 무엇보다 '에테르체(etheric double)'라는 명칭이 미세한 물리적 몸체의 본질과 구성을 더 정확히 표현하기 때문입니다. 이름은 그 본질을 드러내야 하며, 기억하기 쉬워야 합니다. 이 몸체가 '에테르체'라 불리는 이유는 그것이 에테르로 구성되어 있기 때문이며, '이중체

(double)'라 불리는 이유는 그것이 물질 육체의 정확한 복제, 곧 일종의 그림자와 같기 때문입니다.

물리적 물질은 모두 일곱 가지의 서로 구분되는 하위 상태(subdivision)로 구성되어 있으며, 각 상태는 그 자체의 범위 내에서 다양한 조합을 이룹니다. 이 일곱 가지는 고체, 액체, 기체, 그리고 네 가지의 에테르 상태로 구성됩니다. 이 네 가지 에테르는 본질적으로 서로 다르며, 마치 액체가 고체나 기체와 구별되듯이 각각 뚜렷하게 구분됩니다.

모든 물질은 이 일곱 가지 상태 중 하나로 변화할 수 있습니다. 물론 일반적인 온도와 압력이라는 조건 아래에서 각 물질은 특정 상태에 안정적으로 머물게 됩니다. 예컨대, 금은 일반적으로 고체이고, 물은 액체이며, 염소는 기체 상태로 존재합니다.

인간의 물리적 몸체 또한 이 일곱 가지 상태의 물질로 구성됩니다. 물질 육체는 고체, 액체, 기체로 이루어져 있으며, 에테르체는 네 가지 에테르 상태, 즉 에테르 I, 에테르 II, 에테르 III, 에테르 IV로 구성되어 있습니다.

## 2) 가장 먼저 다뤄야 할 도구, 육체

사람들에게 더 높은 수준의 신지학적 진리를 제시할 때면, 종종 다음과 같은 질문을 듣게 됩니다.

"그건 너무 비현실적입니다. 우리는 도대체 어디서부터 시작해야 하나요? 스스로 배우고, 제시된 주장들의 진실을 검증해 보고 싶다면, 첫걸음은 무엇이어야 하나요? 신지학자들이 그렇게 유창하게 말하는 이 언어의 '알파벳'은 도대체 무엇입니까? 우리처럼 세상 속에서 살아가는 평범한 사람들이 단지 '안다'고 말하는 이들의 말을 맹목적으로 따르지 않고, 직접 이해하고 확인하려면 무엇을 해야 합니까?"

이 질문에 대한 답을 저는 다음 페이지들에서 제시하고자 합니다. 이를 통해 진지한 열망을 가진 사람들이 실제로 어떤 초기 단계를 밟아야 하는지 분명히 알 수 있도록 하겠습니다. 다만 이때 <u>명심해야 할 점은 이러한 실천적 단계들은 반드시 삶의 도덕적, 지적, 영적 측면이 함께 훈련되고 있는 과정 안에서 수행되어야 한다는 점입니다.</u>

물리적 몸체에 어떤 조치를 취하는 것만으로 사람이 선견자나 성자가 되는 일은 결코 없습니다. 그러나 몸체는 인간이 이 세계에서 사용해야 할 필수적인 도구이며, 진리를 향해 첫발을 내딛기 위해서는 몸체에 대해 일정한 방식의 다루기와 훈련이 반드시 필요합니다.

몸체만을 다룬다고 해서 우리가 열망하는 높은 경지에 도달할 수는 없지만, 반대로 몸체를 전혀 다루지 않고 방치한다면 그 목표에는 아예 도달할 수조차 없습니다.

우리가 가장 먼저 확실히 깨달아야 할 사실은 몸체는 우리를 위해 존재하며, 우리는 그것을 사용하는 주체라는 점입니다. 우리는 몸체에 속해 그것의 지배를 받는 존재가 아니라, 몸체가 우리의 것이며 우리 뜻에 따라 길들여져야 할 도구라는 사실을 인식해야 합니다.

이 몸체는 인간이 물질계에서 가장 높은 목적을 실현하는 데 적합한 수단이 되도록 정제되고, 개선되며, 훈련되어야 합니다. 또한 마땅한 형태로 주조되고, 알맞은 구성 요소로 이루어져야 합니다. 이러한 방향에 기여하는 모든 것은 적극적으로 장려하고 계발해야 하며, 그 반대되는 모든 요소는 단호히 피해야 합니다.

몸체가 어떤 욕망을 품고 있든, 과거에 어떤 습관을 들였든, 그것은 본질적으로 중요하지 않습니다. 몸체는 우리의 하인이며, 우리의 도구이며, 우리가 뜻하는 대로 다뤄져야 합니다. 그런데도 몸체가 인간을 인도하거나 지배하려 든다면, 그 순간부터 삶의 진정한 목적은 전도되고, 모든 형태의 진보는 철저히 불가능해집니다. 바로 이 지점이야말로, 진지한 구도자라면 누구나 출발해야 할 자리입니다.

물리적 몸체는 그 본성상 비교적 쉽게 하인이나 도구로 훈련될 수 있습니다. 몸체에는 일정한 특징이 있으며, 이는 우리가 그것을 길들이고 다스리는 데 실질적인 도움을 줍니다. 그 대표적인 특징 중 하나는, 몸체가 특정한 방식의 행동에 익숙해지기만 하면 이후에는 자발적으로 그 방식을 따르게 된다는 점입니다. 그것은 이전 방식에 익숙했을 때와 마찬가지로, 새로운 방식에도 불편 없이 순응하게 됩니다.

물론 몸체가 나쁜 습관에 물들어 있을 경우, 이를 새롭게 바꾸려 할 때에는 상당한 저항이 따를 수 있습니다. 그러나 인간이 단호한 의지를 갖고 이를 바로잡고자 하고, 몸체가 내세우는 방해를 극복하며 자기 뜻대로 작동하도록 강제한다면, 일정 시간이 지난 뒤에는 몸체 스스로 새로 정해진 방식으로 행동하게 될 것입니다. 그렇게 되면 몸체는 새로 익힌 습관을 마치 원래의 방식처럼 자연스럽게 받아들이게 됩니다.

이제 우리는 물리적 몸체 가운데 가장 조밀한 부분, 곧 눈에 보이는 '물질 육체'를 본격적으로 살펴보려 합니다. 비록 이 안에 포함된 기체 성분은 훈련되지 않은 육안으로는 보이지 않지만, 이 물질 육체는 인간의 가장 외적인 옷이자, 가장 낮은 차원에서의 자기 현현이고, 자기 자신에 대한 가장 제한적이고 불완전한 표현수단입니다.

## 3) 육체의 구조와 두 신경계

### (1) 교감 신경계의 통제

우리가 물리적 몸체를 어떻게 다루고, 정화하며, 훈련시켜야 하는지를 이해하려면, 먼저 이 몸체가 어떻게 구성되어 있는지를 충분히 살펴보아야 합니다. 우리는 먼저 의지의 통제를 벗어난 활동들을 살펴보고, 다음으로 의지의 지배 아래 있는 활동들을 검토해야 합니다. 이 둘은 모두 신경계를 통해 작동하지만, 각각은 서로 다른 유형의 신경계를 통해 수행됩니다.

첫 번째 유형의 신경계는 폐의 수축, 심장의 박동, 소화계의 움직임 등, 몸체의 일반적인 생명 기능을 유지하는 모든 작용을 담당합니다. 이 시스템은 일반적으로 '교감 신경계'로 알려져 있으며, 자율적으로 작동하는 불수의 신경망으로 구성되어 있습니다. 이 신경계는 먼 과거, 인간의 물리적 진화 초기에는 동물의 의지로 조절되었으나, 시간이 흐르며 자동적 기능으로 전환되었고, 이후로는 인간의 의지와 무관하게 자체적인 리듬에 따라 몸체의 생명 기능을 유지하게 되었습니다. 건강한 사람은 이 신경계의 작용을 거의 인식하지 못합니다. 호흡이 억제되거나 막힐 때 비로소 우리는 숨을 쉬고 있다는 사실을 자각하고, 심장 박동이 불규칙하거나 격렬할 때에만 그것의 존재를 의식하게 됩니다. 그러나 일상적인 상태에서는 이 모든 기능이 무의식적으로 조용히 진행됩니다.

하지만 오랜 수행을 통해 이 교감 신경계를 의지의 통제 아래 둘 수 있는 경우도 있습니다. 인도에는 하타 요기(Hatha Yogis)로 불리는 수행자들이 있으며, 이들은 하위 심령 능력을 개발하기 위해 이 신경계를 극도로 정밀하게 훈련합니다. 이들은 호흡을 오랫동안 멈추거나, 심장 박동을 조절하고, 의지에 따라 혈액순환을 촉진하거나 지연시키는 법을 익힙니다. 이와 같은 수단은 물리적 몸체를 일시적으로 혼수 상태에 이르게 하여, 심령체가 자유로이 움직일 수 있게 합니다.

물론 이 방식이 바람직한 본보기라고 할 수는 없습니다. 그러나 서구 사회처럼 물리적 몸체를 과도하게 중시하는 문화에서는, 인간이 이러한 자동적인 생리적 기능들까지도 철저히 통제할 수 있다는 사실을 아는 것만으로도 유익할 수 있습니다. 수천 명의 수행자들이, 물리적 몸체라는 감옥에서 벗어나기 위해 고통스럽고 긴 훈련을 자발적으로 수행한다는 사실을 인식하는 것만으로도, 우리는 그들이 단순히 감각의 노예는 아니라는 점을 분명히 알 수 있습니다. 그들은 진지하며, 삶의 더 높은 목적을 향해 나아가고 있는 존재들입니다.

## (2) 의식의 도구로서 체성 신경계

이제 여기서 한 걸음 더 나아가, 우리는 정신적 목적과 직접적으로 관련된 더 중요한 신경계인 체성 신경계(somatic nervous system)로 시선을 옮깁니다. 이 신경계는 생각과 의지의 도구이며, 우리가 물질계를 느끼고 반응하며 움직이는 수단입니다. 그 중심은 뇌와 척수로 이루어진 '뇌척수축'이며, 여기에서부터 감각신경과 운동신경이라는 두 가지 가느다란 신경 섬유가 몸체의 모든 부위로 퍼져 나갑니다. 감각신경은 외부에서 받은 자극을 뇌로 전달하고, 운동신경은 뇌의 명령을 신체 각 부위로 전달합니다. 이러한 신경 섬유들은 몸체 곳곳에서 모여 다발을 이루며 척수에 연결되고, 척수의 외피를 구성하다가 위로 뻗어 올라가 뇌에 이릅니다. 뇌는 모든 감각과 의지적 움직임의 중심이며, 인간이 자신의 의식과 의지를 물질계에서 표현하는 핵심 장치입니다.

사람은 뇌와 신경계를 통해서만 물질계에서 어떤 행위를 할 수 있습니다. 만약 이 시스템이 손상된다면, 그는 의식을 지니고 있더라도 물리적으로 자신을 표현할 수 없게 됩니다. 이 점은 유물론자들의 주장인 생각은 단지 뇌 활동의 부산물이라는 견해에 근거가 되기도 합니다. 그들은 뇌가 약물이나 질병, 혹은 외상에 의해 영향을 받으면, 생각 또한 함께 변한다고 말합니다. 실제로 이 둘은 함께 변화합니다. 그러나 이것은 어디까지나 물질계에 한정된 관찰일 뿐입니다. 만약 생각이 뇌 작용의 결과가 아님을 입증하고자 한다면, 우리는 심령계와 같은 더 높은 차원으로부터의 영향력을 고려해야 합니다. 예컨대, 뇌가 약물이나 외상에 의해 훼손되었을 때, 그 뇌를 가진 인간은 여전히 '생각'할 수 있지만, 더 이상 물리적 방식으로 그것을 표현하지 못하는 경우가 있습니다. 희귀 질환인 실어증이 대표적인 예입니다. 이 질환은 뇌의 특정 부위를 손상시켜, 언어와 관련된 기억을 완전히 잃게 만듭니다. 이런 사람에게 이름을 물으면 그는 대답할 수 없지만, 누군가가 그의 이름을 불러 주면 그것을 인식하는 반응을 보입니다. 또한 어떤 문장을 들려주면 찬성하거나 반대하는 태도를 보일 수는 있습니다. 즉, 그는 '생각'은 가능하지만 '말'은 할 수 없는 것입니다.

이처럼 특정한 뇌 부위는 단어에 대한 물리적 기억과 직접 연결되어 있으며, 그 부위가 파괴되면 단어 기억은 사라지고, 언어 표현도 불가능해집니다. 하지만 생각하는 능력 자체는 유지됩니다. 이는 뇌가 표현의 매개일 뿐, 생각의 본질은 아니라는 점을 시사합니다. 결국 유물론의 주장은 인간이 물리적 도구에서 벗어나는 순간 무너지게 됩니다. 물리적 도구가 기능하지 않으면 표현이 차단되지만, 자아는 여전히 존재하고 작동할 수 있기 때문입니다. 이 논의에서 우리가 얻을 수 있는 가장 중요한 시사점은, 물질계에서 인간의 표현은 그의 물리적 도구인 몸체의 성능에 의해 제약된다는 점입니다. 이 도구는 다양한 물리적 요인의 영향을 받으며, 그 요인들은 몸체를 손상시킬 수도, 반대로 개선할 수도 있다는 것입니다. 그리고 이것은 우리의 탐구에서 실로 중대한 고려 요소가 됩니다.

### 4) 물질 육체의 정화

#### (1) 육체를 구성하는 살아있는 입자들

이러한 신경계 역시 몸체의 다른 부분들과 마찬가지로, 세포로 이루어져 있습니다. 세포는 매우 작고, 현미경으로 볼 수 있는 명확한 구조를 가진 생명 단위이며, 세포벽과 내용물을 가지고 있고, 그 기능에 따라 다양한 형태를 취합니다. 각 세포는 다시 작은 분자로 이루어져 있고, 분자는 원자로 구성되어 있습니다. 이때의 '원자'란 화학자가 정의하는 더 이상 나눌 수 없는 기본 입자이며, 수많은 방식으로 결합하여 육체의 고체, 액체, 기체를 형성합니다. 신지학적 관점에서 볼 때, 이러한 원자 하나하나는 고유한 생명을 지닌 존재이며, 더 복잡한 구조로 결합한 분자들도 마찬가지로 살아 있는 존재입니다. 각 세포 또한 독자적인 생명력을 지니며, 이 모든 원자, 분자, 세포들은 서로 결합되어 하나의 유기적 전체인 몸체를 형성합니다. 그리고 이 몸체는 그 자체보다 더 높은 수준의 의식을 담는 용기가 됩니다.

이러한 몸체를 구성하는 입자들은 끊임없이 오고 갑니다. 이 입자들은 화학 원자들이 모인 집합체로, 육안으로는 볼 수 없을 만큼 미세하지만 그중 다수는 현미경으로 관찰할 수 있습니다. 예를 들어, 소량의 혈액을 현미경으로 관찰하면 그 안에 적혈구와 백혈구들이 활발히 움직이는 모습을 볼 수 있습니다. 백혈구는 구조와 움직임 면에서 아메바와 매우 유사하며, 신체 방어 작용에 핵심적입니다. 또한 우리 몸에는 유익한 미생물도, 해로운 미생물도 함께 존재합니다. 어떤 미생물은 유해한 침입자나 노화된 물질을 제거하며, 어떤 미생물은 외부에서 침입해 질병을 유발하기도 합니다.

### (2) 1단계 정화에 대한 결단

결국 인간의 몸, 곧 이 '옷'은 끊임없는 물질 순환 속에 존재합니다. 몸체를 구성하는 입자들은 끊임없이 들어오고 나가며, 한동안 인간의 일부로 작용하다가 해체되고, 다시 다른 몸체의 일부가 됩니다. 이것은 생명 작용의 지속적 교환과 상호작용의 장입니다. 그러나 인류의 대다수는 이러한 사실을 거의 인식하지 못하거나 무관심합니다. 하지만 바로 이 물질 교환의 성질에 육체의 정화 가능성이 달려 있습니다. 이것이 바로 물질 육체가 자아의 활동에 보다 적합한 도구로 변화될 수 있는 기반입니다.

보통 사람은 자신의 몸체가 어떤 물질로 형성되는지 전혀 신경 쓰지 않으며, 그저 쾌락과 미각을 충족시키는 데만 관심을 둡니다. 그러나 이러한 무관심은 자신이 진정한 인간인 의식 그 자체인 자아를 위한 순수하고 고귀한 거처를 짓는 데 전혀 도움이 되지 않습니다. 이런 사람들은 몸체를 구성하는 입자들이 아무렇게나 들어오도록 내버려두고, 그것들을 감독하거나 선택하지 않습니다. 마치 부주의한 석공이 흙, 모래, 파편, 머리카락, 못, 폐기물까지 닥치는 대로 사용하여 집을 짓는 것처럼 말입니다. 이런 사람은 자신에게 가장 중요한 도구를 만드는 데 있어서, 최악의 건축가와 다름없습니다. 그러므로 물질 육체를 정화한다는 것은, 몸체를 구성하도록 허용되는 입자들을 의도적으로 선택하고 불순한 것들을 거부하는 과정을 의미합니다. 그래서 의식적으로 순수한 물질, 정제된 성질의 음식을 받아들이고, 저급하고 거친 물질은 배제해야 합니다.

인간은 이 과정을 통해 몸체를 점차 변화시킵니다. 이미 몸 안에 흡수되어 있던 불순한 입자들은 자연스러운 대사 작용과 세포 교체 과정을 통해 결국 배출되며, 일반적으로 약 7년 안에 몸체 전체가 새로운 입자들로 대체됩니다. 이러한 정화 과정은 인간이 의도적으로 실천할 경우 훨씬 더 빠르게 진행될 수 있습니다. 그리하여 그는 이제 더 이상 불결한 물질이 자신의 몸체를 구성하는 것을 허용하지 않기로 굳게 결심합니다. 그리고 순수한 물질의 유입이 강화될수록, 몸 안에는 이른바 '수호자들의 군대'라 부를 수 있는 방어 체계가 형성됩니다. 이 군대는 외부로부터 침입하려는 불결한 물질들을 물리치고, 몸체를 보호합니다. 이러한 의지는 자기장처럼 작용하여, 몸체 주변의 환경 속에 존재하는 저급한 에너지나 해로운 입자들이 접근하지 못하게 방어막을 형성합니다. 그는 더 이상 불순함이 몸체에 침투하는 것을 허용하지 않으며, 그 어떤 오염된 환경 속에 있다 하더라도 자신의 몸을 일정한 순도를 지닌 공간으로 유지할 수 있게 됩니다.

이러한 의식적 정화의 결심은 바로 요가 수행의 첫걸음입니다. "나는 어떻게 신지학의 진리를 검증할 수 있는가?"라는 질문을 진지하게 던지기 전에, 어떤 삶에서든 반드시 이 단계를 밟아야 합니다. 초물리적 사실에 대한 어떠한 개인적 체험도, 물리적 몸체가 자아의 명령에 철저히 복종할 수 있을 때에만 가능해집니다. 몸체가 감옥처럼 작용하거나, 불순한 구성 상태에 머물러 있다면, 자아의 의도는 제대로 작용할 수 없습니다. 설령 어떤 사람이 과거의 수련을 통해 부분적으로 발달된 심령 능력을 지니고 있다 하더라도, 현생의 불순한 몸체 안에서는 그 능력의 표현이 왜곡되거나 제약받을 수 있습니다. 그 능력은 흐려지고, 보고는 신뢰할 수 없는 형태로 나타나게 됩니다.

### (3) 2단계 식단 관리의 실천

어떤 사람이 순수한 몸을 만들기로 의식적으로 결심했다고 가정해 봅시다. 그는 자신의 몸이 7년마다 완전히 바뀐다는 사실을 이용할 수도 있고, 더 빠르고 어려운 길을 택해 몸을 신속하게 정화할 수도 있습니다. 어느 쪽이든, 그는 새로운 정결한 몸을 만들 재료를 즉시 선별하기 시작할 것이며, 이때 가장 먼저 식단의 문제가 제기됩니다. 그는 자신의 몸에 불순하고 오염된 입자를 구성하는 모든 종류의 음식을 식단에서 즉시 배제하기 시작할 것입니다. 그 첫걸음은 알코올과 그것이 함유된 모든 주류를 끊는 것입니다.

알코올은 가장 불결한 종류의 분해 산물인 미생물들을 몸 안으로 끌어들입니다. 이들은 그 자체로도 유해할 뿐만 아니라, 심령계에 존재하는 눈에 보이지 않는 매우 불쾌한 존재들을 끌어당기는 힘이 있습니다. 육체를 잃고 더는 독한 술에 대한 갈망을 채울 수 없게 된 알콜 중독자들은 술을 파는 곳이나 술 마시는 사람들 주위를 맴돌며, 그들의 몸속으로 파고들어 저급한 쾌락을 나누려 합니다. 세련된 여성이라 할지라도, 만약 자신의 즐거움을 함께 나누려는 이 혐오스러운 존재들을 볼 수 있다면 와인을 멀리할 것입니다.

이처럼 술 취한 자들의 생각은 저급한 정령(elementals)들을 불러모으며, 그의 육체는 술에 취하고 방탕한 몸들에서 방출된 다른 저급한 입자들을 주변 공간으로부터 끌어당깁니다. 이 입자들 또한 몸의 일부로 축적되어 몸을 거칠고 저급하게 만듭니다. 그렇기 때문에 술을 제조하거나 유통하는 양조장 직원이나 술집 주인은 물론, 사회 각 계각층의 과음하는 사람들을 보면 그들의 몸이 얼마나 투박하고 거칠어졌는지 육안으로도 알 수 있습니다. 이들은 몸에 이런 입자들을 축적하는 모든 사람이 부분적으로, 그리고 서서히 겪게 될 결과를 온전히 보여주는 사례입니다. 이러한 입자들을 몸에 더 많이 쌓을수록, 몸은 더욱 거칠어질 것입니다.

이와 같은 작용은 육류 역시 마찬가지입니다. 포유류, 조류, 파충류, 어류, 그리고 썩은 고기를 섭취하여 살아가는 갑각류와 연체동물의 고기 등은, 정제되고 민감하며 섬세한 감응을 지닌 몸체를 형성하는 데 결코 적합하지 않습니다. 어떻게 그러한 물질로 구성된 몸체가 고차원적 사유와 정묘한 작업을 감당할 수 있는 도구가 될 수 있겠습니까? 도살업자나 정육점 주인의 몸체를 보십시오. 그 몸체가 고귀한 이상을 담아내는 데 적합한 형태라고 생각되십니까? 그러나 그들조차 단지 자신이 다루는 음식물의 영향 아래에서 형성된 정직한 결과물일 뿐입니다.[14] 물론, 물리적 몸체만으로 영적 삶에 도달할 수는 없습니다. 그러나 오히려 그 몸체가 오염되어 있다면, 영적 삶의 시작조차 방해받게 됩니다.

왜 자신이 가진 능력을, 불완전한 도구 때문에 축소되거나 제한되도록 방치해야 합니까? 몸체는 자아의 하인이며, 자아의 뜻을 표현하기 위한 수단이 되어야 합니다. 그러므로 우리는 그 도구가 가능한 한 순수하고 정교하게 유지되도록 해야 마땅합니다.

---

14 애니 베전트가 도살업자와 정육점 주인을 언급한 것은 직업적 차별이 아니라, 환경과 취급하는 물질이 몸과 의식의 진동에 미치는 영향을 설명하기 위함이다. 신지학에 따르면, 죽은 고기에는 도살 과정에서 발생한 공포·고통 등의 감정적·심령적 에너지가 남아 있으며, 이를 장기간 섭취하거나 다루면 몸체와 심령체가 거친 파동에 물들게 된다.

### (4) 오염된 환경과 정화된 몸의 방어

하지만 우리가 간과할 수 없는 현실적인 어려움이 하나 있습니다. 아무리 우리가 몸체를 정화하려고 노력하고, 불결한 것을 단호하게 거부하더라도, 우리는 대부분 이러한 자연의 원리를 알지 못하고 무관심한 사람들 사이에서 살아가야 합니다. 런던과 같은 도시, 아니 거의 모든 서구 도시들에서는 거리로 나가기만 해도 불쾌함을 느낄 수밖에 없습니다. 몸체가 정화될수록 우리의 감각은 더욱 섬세해지고 예민해지며, 거칠고 동물적인 현대 문명 속에서 이러한 예민함은 오히려 더 큰 고통이 됩니다. 가난한 거리나 상업 거리에는 술집이 즐비하게 늘어서 있고, 그 냄새는 모퉁이마다 겹쳐지며 퍼져 나갑니다. 비교적 평판 좋은 거리조차도 이러한 오염에서 자유롭지 못합니다. 도축장과 정육점도 여전히 우리 앞에 나타납니다. 물론 문명이 더 진보하면, 이 모든 불결한 것들이 특정한 구역으로 모이게 될 것이고, 그것을 원하는 사람들만 찾게 되리라는 점에서 어느 정도 위안은 있습니다. 그러나 지금은 여전히 그곳에서 방출되는 저급한 입자들이 우리 몸에 떨어지고, 우리는 공기와 함께 그것들을 들이마십니다.

그러나 건강한 몸체는 질병 미생물이 자라날 토양을 제공하지 않듯이, 정화된 몸체는 이 불순한 입자들이 뿌리를 내릴 수 없게 합니다. 게다가 우리 핏속에는 생명력을 보호하는 살아 있는 존재들, 곧 수호자의 군대가 항상 활동하고 있으며, 이들은 외부에서 들어오는 독성 입자를 즉시 공격하여 파괴합니다. 우리는 핏속에 이러한 수호자를 가지도록 선택할 수도 있고, 반대로 파괴적이고 약탈적인 존재들로 채워 넣을 수도 있습니다. 몸체에 불결한 것을 들이지 않겠다는 우리의 결심이 강할수록, 외부의 오염에 대한 방어력도 그만큼 강해집니다.

### 5) 수행과 욕망의 통제

앞서 말했듯이, 몸은 습관의 산물이자 자동적인 특성을 지닌 존재이며, 우리는 이 특성을 충분히 활용할 수 있습니다. 만약 어떤 구도자가 영적 수행을 통해 더 높은 의식 상태에 이르기를 원한다면, 신지학자는 이렇게 말할 것입니다. "그렇다면 당신은 지금 당장 몸체를 정화하기 시작해야 합니다. 이 정화는 본격적인 요가 수련에 앞서 반드시 선행되어야 합니다. 왜냐하면 영적 수행의 본질적인 과정은 불순하고 훈련되지 않은 몸체에게는 마치 화약고에 불을 붙이는 것처럼 위험하기 때문입니다."

이 말을 들은 사람은 이렇게 반응할지도 모릅니다. "그렇게 하면 건강을 해칠 수 있지 않습니까?" 그러나 엄밀히 말하면, 몸은 장기적으로 건강을 유지해 줄 적절한 무언가가 공급되기만 한다면, 무엇을 공급하든 곧 익숙해지고 적응합니다. 몸은 자동적인 존재이기 때문에 일정하게 주어지는 것에 따라 습관을 형성하며, 오히려 정제되고 깨끗한 방식에 익숙해지면, 불결한 음식에 대한 요구를 점차 잃게 됩니다. 예를 들어, 자연스러운 감각을 지닌 사람은 썩은 고기 냄새에 본능적으로 거부감을 느끼듯이, 정화된 미각은 조악한 음식 전체에 반감을 갖게 됩니다.

만약 어떤 사람이 평소에 불결한 음식들을 몸에 넣어 왔다면, 당장은 몸이 그것들을 요구하겠지만, 인간이 자신의 의지를 굽히지 않고 몸의 요구에 반응하지 않으면, 몸은 곧 자신의 주인을 인식하고 그 명령에 복종하게 됩니다. 결국 몸은 정결한 음식에 대한 선호를 가지게 되고, 불결한 음식에 대해 혐오감을 느끼게 됩니다. 몸은 도구일 뿐이며, 삶의 목적을 방해해서는 안 됩니다. 사실 문제의 핵심은 몸체가 아니라, 욕망의 원리인 카마(kâma)에 있습니다.

예를 들어, 성인의 몸은 오랜 습관으로 인해 특정한 것을 갈망하게 되지만, 그 차이를 확인하려면 어린아이를 관찰해 보면 됩니다. 유전이 아주 나쁘지 않다면, 아이의 몸은 고기나 술을 자발적으로 원하지 않습니다. 그러나 부모는 아이에게 고기를 먹이려 하고, 디저트 시간에 포도주 한 모금을 "작은 어른"이라 부르며 주는 등의 방식으로, 아이의 본성을 왜곡시키고, 모방심과 외부의 강요에 따라 아이는 점차 오염된 길로 들어서게 됩니다. 그리하여 오랫동안 잠들어 있던 카마(욕망)의 갈망이 되살아나고, 몸은 그것들을 요구하는 습관을 형성합니다.

그러나 이러한 과거가 어떠했든 변화는 가능합니다. 그 불결한 갈망을 일으키는 입자들을 제거하면, 몸은 새로운 습관을 형성하고, 과거에 즐겼던 것의 냄새조차 혐오하게 됩니다. 개혁의 진정한 난관은 몸이 아니라 욕망 자체에 있습니다. 당신은 실제로 그것을 원하지 않기 때문에 변화하지 못하는 것입니다. 만약 진심으로 원했다면, 이미 실행에 옮겼을 것입니다.

사람들은 이렇게 말합니다. "나는 심령 능력을 갖고 싶고, 심령체로 여행하고 싶어!" 그러나 현실에서는 결국은 '좋은 저녁 식사'를 선택합니다. 만약 깨끗한 식습관을 선택하는 대가로 1년 후 1억 원을 받는다고 가정한다면, 대부분의 사람은 하루 만에 완전히 변화할 것입니다. 그러나 그 대신 영적 삶의 진정한 보상이 주어질 때, 그들은 그것을 외면합니다. 사람들은 마치 진심인 것처럼 말하고 행동하지만, 결국 자기기만에 빠져 생을 거듭하며 조금도 발전하지 않습니다. 그러고는 왜 자신은 아무리 노력해도 나아가지 못하는데, 다른 사람은 이 한 생애 안에서 그렇게 크게 발전하는지 의문을 갖습니다.

진정으로 진지하고 꾸준한 사람은 자신이 선택한 어떤 방향으로도 확실히 발전할 수 있습니다. 반면, 겉으로만 믿는 척하는 사람은 앞으로도 여러 생을 '빙빙 도는 방앗간길'처럼 맴돌게 될 것입니다.

결론적으로, 몸체 정화는 모든 요가 수련의 기초이며, 비록 전부는 아니더라도 반드시 수반되어야 할 필수적인 준비입니다. 의식의 가장 낮은 수단인 물질 육체에 대해서는, 이제 충분히 살펴보았다고 할 수 있습니다.

## 6) 에테르체의 기능과 정화

현대 물리학은 근육, 세포, 신경 등에서 일어나는 모든 변화가 전기적 작용을 수반하며, 이는 모든 화학 변화에도 해당될 가능성이 높다고 말합니다. 매우 정밀한 검류계를 활용한 세심한 실험 관찰을 통해 이 사실을 입증하는 방대한 증거들이 축적되었습니다. 전기 작용이 발생하는 곳에는 반드시 에테르가 존재해야 하며, 따라서 전류의 존재는 에테르가 모든 공간을 침투하고 감싸고 있다는 사실을 입증합니다. 물리적 물질의 입자는 서로 직접 접촉하지 않으며, 각각 에테르의 장 안에서 움직입니다. 서구 과학자들은 이를 하나의 가설로 상정하지만, 동양 과학의 훈련된 학생은 이를 직접 관찰 가능한 사실로 단언합니다. 실제로 에테르는 탁자나 의자처럼 가시적인 존재입니다. 단지 그것을 보기 위해서는 물리적 시각과는 다른 감각이 개발되어야 할 뿐입니다.

이미 언급했듯이, 에테르는 네 가지 하위 상태로 존재합니다. 그중 가장 미세한 에테르는 궁극적인 물리적 원자들로 이루어져 있습니다. 이 원자들은 소위 화학 원자라고 불리는 것과는 다른데, 화학 원자는 사실 여러 입자가 모인 복합체이기 때문입니다. 이 물리적 원자들이 궁극적인 이유는, 그 원자들이 쪼개지면 심령계의 물질이 되기 때문입니다.

에테르체는 앞서 말한 네 종류의 에테르로 구성됩니다. 이 에테르체는 물질 육체를 구성하는 고체, 액체, 기체 성분을 속속들이 파고들어 모든 물질 입자를 에테르 막으로 감쌉니다. 이런 방식으로 물질 육체의 완벽한 복사본이 만들어집니다.

수련을 통해 훈련된 시각에는 이 에테르체가 선명하게 보입니다. 그 색은 자줏빛을 띤 회색이며, 그 질감은 물질 육체가 거칠면 거칠고, 미세하면 미세해집니다. 물질 육체가 고체, 액체, 기체로 구성되듯, 에테르체는 네 종류의 에테르로 구성됩니다. 그리고 물질 육체의 구성 요소들과 마찬가지로, 이 네 종류의 에테르 역시 더 거칠거나 더 미세한 조합으로 존재할 수 있습니다.

여기서 중요한 점은, 물질 육체와 에테르체는 질적으로 서로 연결되어 함께 변한다는 사실입니다. 따라서 **수행자가 의식적으로 자신의 물질 육체를 정화하면, 그의 에테르체 역시 별도의 노력 없이 자연스럽게 정화됩니다.** 그리고 생명력, 즉 프라나는 바로 이 에테르체를 매개로 하여 몸의 신경들을 따라 흐릅니다. 프라나 덕분에 신경이 운동력을 전달하고 외부 자극에 민감하게 반응할 수 있게 됩니다.

생각하고 움직이고 느끼는 능력은, 물질 신경이나 에테르 신경 조직 자체에 내재된 것이 아닙니다. 이러한 능력들은 자아(Ego)[15]가 자신의 내면의 몸체들 안에서 활동한 결과입니다. 이러한 자아의 활동이 물질계에서 표현될 수 있는 것은 생명의 숨결인 프라나 덕분입니다. 프라나가 신경 섬유를 따라 흐르고 신경 세포 주위를 감돌면서 그 표현이 가능해지는 것입니다.

위대한 스승 샹카라차리야[16]가 가르쳤듯이, 프라나는 바로 참나(Atma)의 활동적인 에너지입니다. 에테르체의 기능은 이러한 에너지를 위한 물리적 매개체 역할을 하는 것이며, 이런 이유로 신지학 문헌에서는 종종 에테르체를 '프라나의 운반체'라고 부릅니다. 또한 에테르체가 알콜의 휘발성 성분에 특히 민감하다는 점을 주목하는 것이 유용할 수 있습니다.

---

15 자아(Ego): 자아는 수많은 생을 거치며 윤회하는 개체화된 영적 주체, 즉 진정한 '생각하는 존재(Thinker)'로 정의한다. 이 자아(Ego)는 보편적 원리인 '자아(Self)'가 개별화되어 나타난 불멸의 영혼이며, 육체와 같은 하위의 몸체들을 도구로 삼아 경험을 축적하고 진화한다. 이는 일시적인 성격이나 욕망의 집합체인 세속적 '에고(ego)'와 명확히 구분된다.

16 쉬리 샹카라차리야(Śrī Śaṅkarācārya): 기원후 8세기 인도의 위대한 철학자이자 아드바이타 베단타(Advaita Vedānta)의 대표적 사상가이다. 그는 브라만(절대자)과 아트만(개별 영혼)의 본질적 동일성을 주장하며, 형상 너머의 궁극적 실재를 깨달음으로써 해탈에 이르는 길을 제시했다.

## 7) 수면과 사후의 에테르체

사람이 잠들면 자아(Ego)는 육체에서 빠져나옵니다. 그러면 육체는 다음 날의 활동을 위해 스스로 회복하며 휴식을 취하게 됩니다. 이때 물질 육체와 에테르체는 주인이 없는 상태로 남겨져, 그들 자체의 구성과 습관에 따라 외부의 영향력에 이끌리게 됩니다. 깨어있는 동안 자아가 만들거나 품었던 생각-에너지체와 비슷한 종류의 것들이 심령계로부터 흘러들어 와, 물질 뇌와 에테르 뇌를 드나듭니다. 이것들은 이전에 자아가 만들어낸 자동적인 진동들과 뒤섞여, 대부분의 사람이 경험하는 단편적이고 혼란스러운 꿈을 만들어냅니다.

이런 꿈의 파편들은 자아(Ego)가 떠나 있을 때 육체가 홀로 어떻게 작동하는지를 잘 보여주는 교훈적인 사례입니다. 육체는 이성적인 질서나 일관성 없이 과거의 진동 조각들을 재생산할 뿐이며, 아무리 기괴하고 모순되더라도 떠오르는 대로 이미지들을 맞추어 나갑니다. 육체는 부조리하거나 비이성적인 것에 둔감하며, 마치 만화경이 규칙 없이 형태와 색의 환영을 보여주듯 만족해합니다. 이런 모습을 통해 우리는 뇌가 생각의 창조자가 아니라 자아가 사용하는 도구임을 분명히 알 수 있습니다. 뇌가 홀로 남겨졌을 때 만들어내는 결과물은 언제나 무질서하고 비논리적이기 때문입니다.

자아(Ego)는 잠든 동안 이 두 몸체, 즉 보이는 부분과 보이지 않는 부분으로 이루어진 하나의 몸을 잠시 떠나 있습니다. 그러나 죽을 때는 마지막으로 몸을 떠나면서 에테르체까지 함께 빼내어 물질 육체와 완전히 분리시킵니다. 그 결과 물질 육체는 더 이상 생명의 숨결이 흐를 수 없는, 하나의 유기체로서의 기능을 상실하게 됩니다. 우리가 이미 살펴보았듯이 에테르체는 심령계로 넘어갈 수 없으므로, 자아는 에테르체를 신속하게 벗어던지고 평생의 동반자였던 물질 육체와 함께 분해되도록 남겨 둡니다.

이 에테르체는 때때로 죽음 직후 멀지 않은 곳에 있는 친구들에게 나타나기도 합니다. 하지만 이때는 의식이 거의 없으며, 그저 '모습을 드러내는' 것 외에는 말을 하거나 다른 행동을 하지 못합니다. 에테르체는 물질적 존재이므로 비교적 쉽게 눈에 띌 수 있으며, 신경이 약간 긴장된 상태라면 그것을 식별할 만큼 시각이 예민해질 수 있습니다. 또한 에테르체는 자신의 물질적 복사본이 묻혀있는 무덤 위를 맴돌기 때문에, 소위 '교회 묘지의 유령' 현상 중 다수가 이 때문이기도 합니다. 이처럼 에테르체는 죽어서도 물질 육체로부터 불과 몇 피트(feet) 이상 떨어지지 않습니다.

## 8) 에테르체 분리의 위험성

정상적인 사람에게 이러한 분리는 오직 죽을 때만 일어납니다. 하지만 '영매' 체질이라 불리는 비정상적인 사람들은 살아있는 동안에도 부분적인 분리를 겪을 수 있는데, 이는 위험하며 신경계에 심각한 긴장과 장애를 유발합니다. 에테르체가 몸에서 빠져나올 때, 에테르체 자체가 둘로 찢어지게 됩니다. 생명 에너지의 흐름이 순환하려면 에테르체가 반드시 필요하므로, 에테르체 전체가 물질 육체와 분리되면 육체는 즉시 사망합니다. 따라서 부분적인 이탈만으로도 물질 육체는 무기력 상태에 빠지고 생명 활동이 거의 정지됩니다. 분리되었던 부분이 다시 합쳐지면 극심한 피로가 뒤따르며, 정상적인 결합이 회복될 때까지 영매는 상당한 신체적 위험에 놓입니다.

영매가 있는 곳에서 일어나는 현상 대부분이 에테르체의 이탈과 관련 있는 것은 아닙니다. 하지만 놀라운 물질화 현상을 일으키는 것으로 유명한 일부 영매들에게서 이러한 특이점이 관찰됩니다. 예를 들어, 에글링턴(Eglinton) 씨의 경우, 그의 왼쪽 옆구리에서 에테르체가 스며 나올 때 물질 육체가 눈에 띄게 쪼그라드는 모습이 관찰되었다고 합니다. 허스크(Husk) 씨에게서도 비슷한 현상이 관찰되었는데, 그의 물질 육체는 옷이 헐렁해질 정도로 줄어들었습니다. 한 번은 에글링턴 씨의 몸이 너무 작아져서, 물질화된 형상이 그의 몸을 들어 올려 좌중에게 보여준 적도 있었습니다. 이는 영매와 물질화된 형체가 충분한 빛 아래서 동시에 관찰된 몇 안 되는 사례 중 하나입니다.

영매의 몸이 수축하는 것은 몸에서 무게를 측정할 수 있는 조밀한 물질, 아마도 액체 성분 중 일부가 빠져나갔음을 암시하는 듯합니다. 하지만 이 점에 대해서는 아직 관찰된 바가 없어 확실하게 말할 수는 없습니다.

한 가지 확실한 것은, 에테르체가 부분적으로라도 이탈하는 현상은 많은 신경계 문제를 일으킨다는 점입니다. 만약 자신이 불행하게도 이런 현상을 겪기 쉬운 체질임을 알게 된다면, 분별 있는 사람이라면 절대로 그것을 수행해서는 안 됩니다.

### 9) 육체, 감옥에서 신성한 도구로

우리는 지금까지 물질 육체를 그 조밀한 부분과 에테르 부분으로 나누어 살펴보았습니다. 이 육체는 자아(Ego)가 물질계에서 활동하기 위해 반드시 입어야 하는 의복이며, 편리한 사무실이 될 수도 있지만 죽음만이 열쇠를 쥔 감옥이 될 수도 있습니다.

이제 우리는 어떤 몸을 가져야 하고, 점진적으로 어떤 몸을 만들어 갈 수 있는지 알게 되었습니다. 그것은 바로 완벽하게 건강하고 강인하면서도, 동시에 섬세하게 조직되고 정제된 민감한 몸입니다. 이 몸은 건강해야 합니다. 동양에서는 건강을 제자가 되기 위한 필수 조건으로 강조합니다. 몸에 건강하지 못한 부분이 있다면, 그것은 자아(Ego)의 도구로서의 가치를 손상시키고, 안으로 들어오는 인상과 밖으로 나가는 충동을 모두 왜곡시키기 쉽습니다. 자아가 사용하는 도구가 병들거나 뒤틀려 있다면, 그 활동은 방해받을 수밖에 없습니다.

따라서 이상적인 몸체는 건강하고, 섬세하게 조직되고, 잘 정제되어 있으며, 민감하게 반응하고, 해로운 영향을 스스로 밀어내며, 선한 영향은 본능적으로 받아들이는 몸체입니다. 우리는 이러한 목적에 이바지할 수 있는 모든 요소들을 우리의 삶 주변에서 선택하고, 의도적으로 그것들을 활용하여 그런 몸체를 형성해 나가야 합니다. 이 과업은 오직 점진적인 방식으로만 이루어질 수 있다는 사실을 잘 알고 있어야 합니다. 하지만 그러한 목표를 마음에 품고, 인내심을 가지고 지속적으로 노력한다면, 어느 순간 그 결실을 분명히 확인할 수 있게 될 것입니다.

우리는 곧, 예전에는 느끼지 못했던 다양한 지각 능력이 우리 안에서 깨어나고 있다는 사실을 알아차리게 될 것입니다. 우리의 청각과 시각은 더욱 민감해지고, 더욱 풍부하고 부드러우며 아름답게 조화된 소리와 색조에 섬세하게 반응하게 됩니다. 화가는 일반인의 눈에 보이지 않는 색채의 미묘한 차이를 인식하기 위해 색감을 훈련합니다. 또 음악가는 일반인의 귀에 들리지 않는 배음(倍音)을 듣기 위해 청각을 훈련합니다. 마찬가지로 우리 수행자들은 평범한 사람들이 감지하지 못하는 더 미세한 삶의 진동을 받아들일 수 있도록 몸체를 훈련할 수 있습니다.

물론 이런 훈련을 통해 이전보다 더 많은 불쾌한 감각들에 노출될 수도 있습니다. 우리가 살고 있는 이 세계는, 그 안에 거주하는 인류의 영향으로 인해 저급하고 거칠게 변해 버렸기 때문입니다. 하지만 그에 비해 훨씬 더 크고 감동적인 아름다움이 우리 앞에 드러날 것입니다. 그리고 우리가 그런 몸체를 갖추려는 이유는, 단지 허영이나 개인적인 쾌락 때문이 아닙니다. 오히려 그 몸체를 통해 더 넓은 유용성과 더 큰 봉사의 역량을 갖추려는 것입니다.

그러한 몸체는 인류의 진보를 돕는 데 훨씬 더 효과적인 도구가 될 것이며, 우리의 위대한 스승들이 이끄는 인간 진화의 과업에 더 적합하게 이바지할 수 있을 것입니다. 우리는 그러한 작업에 협력할 수 있는 특권을 얻게 될 것입니다.

비록 지금까지의 논의는 오직 물질계라는 한 영역에 국한되어 있었지만, 이 연구는 여전히 깊은 중요성을 지니고 있습니다. 의식이 사용하는 가장 하위 수준의 몸체라도 우리의 진지한 관심과 보살핌을 필요로 하며, 우리의 노력에 분명히 응답할 것입니다. 이 지식이 널리 퍼지고, 단순히 지적으로만 타당할 뿐 아니라 실제 삶의 규범으로 자리 잡게 될 때, 우리의 도시와 국토는 더 깨끗해지고, 더 아름다워지며, 더욱 고양된 삶의 터전으로 거듭날 것입니다.

## 2. 심령체의 발달과 사후 여정

### 1) 심령계와 심령체의 구성

  우리는 지금까지 인간의 육체를 보이는 부분과 보이지 않는 부분으로 나누어 살펴보았습니다. 이를 통해 우리는 살아있는 의식적 존재인 인간은 물질계에서 '깨어있는 의식'으로 살아갈 때, 오직 자신의 육체를 통해서만 지식과 능력을 드러낼 수 있다는 점입니다. 인간이 물질계에서 얼마나 완전하게 자신을 표현할 수 있는지는, 인간의 육체가 얼마나 정교하게 발달되어 있는지에 달려 있습니다. 거친 육체는 인간이 물질계에서 자기를 표현하는 방식을 제약하며, 인간이 하위 세계에서 활동하는 동안 넘을 수 없는 진정한 '한계선'을 형성합니다. 이 한계선을 통과하지 못하는 것은 지상에 결코 나타날 수 없습니다. 바로 이 때문에, 진화해 나가는 인간에게 육체는 결정적으로 중요한 의미를 갖습니다.

  이와 마찬가지로, 인간이 물질 육체 없이 우주의 다른 차원들, 곧 심령계에서 활동할 때는, 심령체의 발달 수준만큼만 지식과 능력을 표현할 수 있습니다. 심령체는 인간이 심령계에서 자신을 드러낼 수 있는 '몸체이자 한계'가 됩니다.

인간은 자신이 사용하는 몸체들, 그 이상의 존재입니다. 그의 내면에는 물질계나 심령계에서 미처 다 드러낼 수 없는 많은 것들이 잠재되어 있습니다. 따라서 특정 차원에서 인간이 표현해 낼 수 있는 만큼만이, 바로 그 차원에서의 '인간'으로 여겨질 수 있습니다. 인간이 이 지상에서 드러낼 수 있는 모습은 물질 육체에 의해 제한되며, 심령계에서 드러낼 수 있는 모습은 심령체에 의해 제한됩니다.

이와 마찬가지로, 우리가 더 높은 세계를 탐구해 감에 따라 인간은 두 가지 방식으로 성장함을 알게 될 것입니다. 첫째는 인간 자신이 진화함에 따라 자신을 더욱 온전히 표현할 수 있게 되는 것이고, 둘째는 의식을 담는 더 높은 차원의 몸체들을 점진적으로 완성해 나가는 것입니다.

이제 우리는 상대적으로 미지의 세계로 들어서게 되므로, 독자에게 한 가지 점을 상기시키는 것이 적절할 것입니다. 이 연구에서는 결코 무오류의 지식이나 완전한 관찰 능력을 주장하지 않습니다. 관찰과 추론의 오류는 물질계를 넘어서 심령계에서도 언제든지 발생할 수 있으며, 이러한 가능성은 항상 염두에 두어야 합니다. 물론 지식이 깊어지고 훈련이 축적될수록 정확성은 증가하고, 오류는 점차적으로 제거되어 갈 것입니다. 하지만 필자 또한 아직 배움의 과정에 있는 학생에 불과하므로, 후일 세부 사항에서 실수가 발견되어 수정이 필요할 수 있습니다. 이 실수들이 일반 원리나 핵심 결론 자체를 훼손

하는 일은 없겠지만, 세부에서는 여전히 조정이 필요할 수도 있습니다.

우선 심령계(astral plane)라는 개념을 명확히 이해하는 것이 선행되어야 합니다. 심령계는 물질계를 둘러싸고, 그것을 관통하면서 존재하는 우주의 하나의 뚜렷한 영역입니다. 그것은 서로 다른 물질로 구성되어 있기 때문에, 우리의 일반적인 감각으로는 인식되지 않습니다. 예를 들어, 물리적 원자를 극한까지 분해하면 그것은 더 이상 물질계에서 인식되지 않지만, 이는 실제로는 가장 조밀한 형태의 심령 물질인 심령계의 '고체' 물질로 구성된 입자들로 이루어져 있음을 알 수 있습니다.

우리는 물질계에서 고체, 액체, 기체, 그리고 네 가지 에테르를 포함한 7가지 하위 상태를 구분합니다. 이와 유사하게, 심령 물질도 7가지 하위 상태로 나뉘며, 그 아래에 무수히 다양한 조합들이 존재하여 심령계를 구성합니다. 모든 물질 원자는 각기 심령 물질로 된 외피(envelopes)를 가지고 있습니다. 따라서 심령 물질은 물질계의 '바탕(matrix)'이 되며, 물질적인 것은 마치 스펀지가 물을 머금듯 심령적인 것 안에 포함된 모습입니다.

심령 물질은 만물을 살아 움직이게 하는 '<u>유일 생명(The One Life)</u>', 즉 지바[17]의 운송체(vehicle) 역할을 합니다. 이 심령 물질을

---

17  지바(Jīva)는 산스크리트어로 '생명' 또는 '살아 있는 존재'를 뜻하며, 신지학과 인도 철학에서는 개별화된 생명 원리를 가리킨다. 이는 단순히 육체적 생명만이 아니라, 의식과

통해 지바의 흐름이 모든 물질 입자를 감싸고, 지탱하며, 유지됩니다. 이 지바의 흐름은 일반적으로 생명력이라 불리는 것뿐만 아니라, 전기적·자기적·화학적 에너지, 중력, 응집력, 반발력 등 모든 형태의 작용을 발생시키는 본질입니다. 이 모든 것은, <u>우주 전체가 하나의 거대한 생명 안에서 분화된 형태로 존재하고 있다는</u> 신지학적 인식에 뿌리를 두고 있습니다.

심령계는 물질계와 밀접하게 상호 침투하고 있으며, 지바는 심령계에서 물질계로, 그리고 물질계의 에테르를 통해 전해지며, 이를 통해 우리는 그 작용을 인식할 수 있습니다. 만약 물질계가 눈앞에서 사라진다고 상상해 보아도, 그 모든 구조는 심령계 안에 완전한 복사체로 여전히 존재할 것입니다. 그리고 우리가 모든 사람에게 심령 시각이 있다고 가정한다면, 그들은 심령 세계의 환경을 기존 세계와 동일하게 인식할 수 있을 것입니다. 실제로, 심령계의 하위 차원에서 '죽은' 이들이 자주 자신이 아직 물질계에 있다고 믿는 것도 이 때문입니다.

### 2) 심령감각의 발달과 심령체

심령계는 환영이 아니라 실재입니다. 실제로는 물질계보다 더 현실에 가깝다고조차 말할 수 있습니다. 그것의 현상들도 능숙한 관찰자

---

정신 활동을 가능하게 하는 근본적인 생명 에너지를 포함한다. 모든 유기체 안에 깃들어 있으며, 죽음 이후에는 물질적 형체에서 분리되어 더 높은 차원으로 여정을 이어간다.

에게 열려 있으며, 맹인이 도구 없이 물리적 대상을 보지 못하듯, 심령적 눈이 닫힌 사람은 심령계의 존재들을 볼 수 없습니다. 그러나 진화의 현 단계에서는 많은 사람들이 심령 감각을 발달시킬 수 있으며, 실제로 일부는 이를 통해 더 미세한 진동들을 감지하고 있습니다. 이들은 마치 감각을 갓 익힌 어린아이처럼 실수를 범할 수도 있으나, 경험이 축적되면 그 실수들은 교정되며, 결국 물질계에서처럼 심령계에서도 정확한 지각이 가능해질 것입니다.

이러한 능력의 인위적 강요는 바람직하지 않습니다. 물질계에서의 기능이 충분히 정비되기 전에는, 심령 시각이나 감각의 개입은 오히려 방해가 될 수 있기 때문입니다. 그러나 어느 시점이 되면 이러한 '보이지 않는 세계'가 자각적 인식 속으로 떠오르게 될 것입니다.

이를 위해서는 우리의 심령체가 충분히 조직되어 의식이 그 안에서 자유롭게 활동할 수 있어야 합니다. 이는 단순히 육체를 매개로 한 활동을 넘어서는 것을 뜻합니다. 모든 인간은 심령체를 통해 끊임없이 작용하고 있지만, 육체로부터 분리된 상태에서 의식적으로 심령체를 사용하는 경우는 드뭅니다. 그러나 심령체를 통한 이러한 자각적 활동이 가능해야, 외부 세계와 인간 내면 사이의 온전한 교류가 이루어집니다. 물리적 감각을 통해 들어온 자극은 먼저 심령체에서 감각으로 받아들여지고, 그 후 마음에 의해 인식됩니다.

심령체는 감각을 매개하는 몸체로서, 흔히 심령체라 불리며, 베단타 철학에서는 자아(man)가 거주하고 활동하는 '칼집(옷)'으로 묘사됩니다. 이 몸체는 일곱 가지 하위 수준의 심령 물질로 구성되며, 각 수준에서 조밀하거나 미세한 입자를 선택하여 형성될 수 있습니다.

잘 형성된 심령체는 투시력자에게 뚜렷한 윤곽과 아름다움을 지닌 형태로, 밝고 섬세하게 빛나는 모습으로 보입니다. 여기서 '잘 형성된 심령체'라고 표현한 이유는 미발달된 심령체가 매우 원시적인 모습을 띠기 때문입니다. 미발달한 심령체의 구성 물질은 흐릿하며 제대로 정돈되어 있지 않습니다. 이 심령체가 육체에서 분리될 경우, 그저 형태 없이 떠다니는 구름 덩어리에 불과하여 독립적인 몸체로 기능할 수 없음이 명백합니다. 사실상 그것은 조직화된 심령체라기보다는 심령 물질의 파편이며, 아메바 형태의 심령 원형질 덩어리에 가깝습니다.

잘 형성된 심령체는 그 소유자인 인간이 지적 교양이나 영적 성장에서 상당히 높은 수준에 도달했음을 의미하며, 따라서 심령체의 모습은 그 주인이 이룬 진보를 보여주는 중요한 지표가 됩니다. 심령체의 윤곽이 뚜렷한 정도와 구성 물질의 광채, 그리고 그 조직의 완성도를 통해, 그것을 사용하는 자아(Ego)가 도달한 진화의 단계를 판단할 수 있습니다.

## 3) 심령체의 정화와 발달

### (1) 생각의 힘과 심령체 정화

심령체의 발달 문제는 우리 모두에게 중요한 과제이며, 이를 위해 우리는 심령체의 정화가 한편으로는 육체의 정화에, 다른 한편으로는 정신의 정화와 발달에 달려 있음을 기억해야 합니다. 심령체는 생각의 인상에 특히 민감한데, 심령 물질은 정신계로부터 오는 모든 충동에 물질적 요소보다 훨씬 더 빠르게 반응하기 때문입니다.

예를 들어 심령계를 살펴보면, 그곳은 끊임없이 변화하는 형체들로 가득 차 있음을 알 수 있습니다. 심령계는 생각에 의해 활성화된 거대한 생각-에너지체들이 끊임없이 새로운 형체로 나타났다가 다시 사라집니다. 주의 깊게 관찰하면, 생각의 흐름이 이 심령 물질을 전율시키고 있음을 볼 수 있습니다. 강한 생각은 심령 물질을 외피로 삼아 장기간 독립된 존재로 지속되며, 약한 생각은 미약하게 물질을 입은 뒤 곧 흔들리며 사라집니다. 따라서 심령계 전반에 걸쳐 생각의 충동에 따라 끊임없는 변화가 일어나고 있습니다.

인간(man)이 사용하는 심령체는 이러한 심령 물질로 구성되어 있기에, 외부로부터 타인의 생각이 들어오든, 혹은 그 사람 자신의 마음에서 발생하든, 모든 생각의 충격에 민감하게 반응하며 전율합니다.

이제 안과 밖으로부터 오는 충격에 심령체가 어떻게 반응하는지 살펴보겠습니다. 우리는 심령체가 물질 육체를 통과하여 그 주위에 색을 띤 구름처럼 퍼져나가는 것을 볼 수 있는데, 특히 물질 육체 바깥으로 확장된 부분을 '카마 오라(kâmic aura)'라고 부릅니다. 이 오라가 '카마 오라'라고 불리는 이유는 '카마(Kâma)', 즉 욕망체에 속하기 때문입니다. 따라서 그 색상 또한 그 사람의 본성, 특히 동물적인 욕망과 같은 하위 성향에 따라 끊임없이 변화합니다. 그리고 이 모든 것을 통틀어 일반적으로 인간의 심령체라고 부르는 것입니다.

심령체는 외부로부터 받는 생각의 충격에 따라 진동하면서 색채를 끊임없이 변화시킵니다. 예컨대, 사람이 분노할 경우 진한 주홍색의 섬광이 나타나고, 사랑의 감정을 느낄 경우 장밋빛 붉은색이 심령체 전체에 전율을 일으킵니다. 인간의 생각이 고귀하고 숭고할수록, 그 생각은 더욱 미세한 심령 물질을 요구하게 되며, 그 결과 심령체는 각 하위 수준에서 조밀하고 거친 입자를 버리고, 점차 더 정제된 미세한 물질로 구성되어 갑니다.

하위 욕망에 사로잡힌 사람의 심령체는 조잡하고, 두꺼우며, 조밀하고, 어두운색을 띱니다. 때로는 그 밀도가 너무 높아, 그 안에 있는 물질 육체의 윤곽이 거의 보이지 않을 정도입니다. 반면에 영적으로 진보한 인간의 심령체는 미세하고 맑으며, 빛나고 밝은색을 띠어 실로 아름다운 형태를 보입니다. 이는 하위 욕망이 제어되고, 정신의 선택적 작용을 통해 심령 물질이 정화되었음을 보여주는 결과입니다.

이처럼 고귀한 생각을 지속적으로 품는 것만으로도, 심령체를 정화하고자 하는 명확한 의도가 없더라도, 심령체가 정화됩니다. 나아가 이러한 내적 정화 과정은 심령체에 외부로부터 끌려오는 생각-에너지체에도 결정적인 영향을 미칩니다. 악한 생각에 습관적으로 반응하도록 조성된 심령체는, 유사한 파장을 지닌 생각-에너지체를 마치 자석처럼 끌어당깁니다. 반대로 순수하게 정제된 심령체는 이와 같은 낮은 파장을 지닌 생각을 강하게 밀어내고, 오히려 자신의 물질적 본성과 조응하는 고차원적 생각-에너지체를 끌어당기는 성질을 지닙니다.

### (2) 육체의 정화와 보이지 않는 존재들

앞서 언급했듯이, 심령체는 육체에 연결되어 있으며, 육체의 순수성 또는 불순성에 영향을 받습니다. 우리는 육체를 구성하는 고체, 액체, 기체, 에테르가 정제될 수도 있고 거칠 수도 있으며, 조밀하거나 섬세할 수도 있음을 이미 살펴보았습니다. 이러한 물질의 본성은 곧바로 그에 상응하는 심령체의 막, 즉 심령체 외피의 본질에도 영향을 미칩니다.

만약 사람이 육체에 대해 현명하지 못하고 부주의하게 행동하여,

조밀한 신체에 불순하고 조악한 고체 입자를 형성한다면, 그 사람은 필연적으로 그에 상응하는 불순한 성질의 고체 심령 물질을 자신의 심령체로 끌어당기게 됩니다. 반면, 육체에 더 정제된 고체 입자를 축적한다면, 더 섬세하고 순수한 성질의 고체 심령 물질이 끌어당겨지게 됩니다.

사람이 깨끗한 음식과 음료를 섭취하고, 동물의 피, 알코올, 그리고 불결하고 퇴폐적인 음식물을 식단에서 제거함으로써 육체를 정화해 나간다면, 그 사람은 단지 물리적 육체를 개선하는 데 그치지 않고, 심령체 자체를 정화하기 시작하며, 그 구성에 심령계의 더 섬세하고 미세한 물질을 받아들이게 됩니다.

이러한 정화의 효과는 현재의 삶에 국한되지 않고, 이후에 겪게 될 사후 세계, 심령계에서의 체류, 그리고 다음 지상의 생에서 얻게 될 육체의 성질에도 명백한 영향[18]을 미칩니다. 하지만 이것이 전부는 아닙니다. 정신적으로 해로운 음식물은 심령계에 속하는 저급하고 해로운 존재들을 사람의 심령체로 끌어당깁니다. 왜냐하면 우리는 심령 물질만이 아니라, 그 차원에 존재하는 정령들(elementals)과

---

18  현생의 식습관·정서·욕망은 심령체(욕망체)의 물질을 조밀하거나 섬세하게 바꾼다. 죽음 뒤 카마로카에서는 그 물질이 조잡할수록 정화(체류) 기간이 길어진다. 이 과정에서 형성·정화된 경향성은 데바찬을 거쳐 '영구원자(permanent atom)'에 각인되고, 재탄생 시 수정 순간에 유사한 진동의 물질을 끌어모으면서 체질·신경계 같은 다음 생의 육체적 성질과 부모·환경에 대한 끌림까지 좌우한다.

도 밀접하게 관계를 맺고 있기 때문입니다.

이 정령들은 인간의 생각에 의해 생겨난 존재들로, 상위와 하위의 다양한 유형이 존재합니다. 더불어 심령 세계에는 심령체에 갇힌 타락한 인간들, 곧 악령(Elementaries)도 존재합니다. 정령들은 자신의 본성과 유사한 성질의 물질을 포함한 심령체를 지닌 사람에게 강하게 끌리며, 악령들 역시 자신이 생전에 빠졌던 악덕을 반복하는 사람을 본능적으로 찾아갑니다.

심령 시야를 지닌 사람이라면 누구나 런던 거리의 정육점 주변에 혐오스러운 정령들이 몰려드는 모습을 볼 수 있습니다. 술집과 선술집에는 이러한 악령들이 특히 집중되며, 술이 발산하는 불결한 기운에 매혹되어 그곳에 머물고, 가능하다면 술을 마시는 사람의 신체 안으로 스스로를 밀어 넣으려 합니다.

이러한 존재들은 불순한 음식물로 자신의 몸을 구성하는 사람들에게 끌리며, 그 사람은 자신도 모르게 이러한 환경을 자신의 심령적 삶의 일부로 받아들이게 됩니다. 이처럼, 우리가 물리적 육체를 정화하면 할수록, 그에 상응하는 더 순수한 심령 물질의 단계가 우리 심령체로 끌어당겨지며, 전 생애에 걸쳐 그 영향을 받게 됩니다.

### 4) 고등 수행의 조건

심령체가 지닌 가능성은 그것을 구성하는 물질의 본성에 크게 좌우됩니다. 정화 과정을 통해 심령체가 점점 더 미세해질수록, 이 몸체는 낮은 충동에 더 이상 반응하지 않게 되며, 심령계의 더 높은 영향에 민감하게 반응하기 시작합니다.

이와 같이, 인간은 본래 외부로부터의 영향에 민감하게 반응하지만, 점차적으로 낮은 진동에는 무감각해지고, 더 높은 진동에는 더 민감하게 반응하는 도구로서의 몸체를 만들어 갑니다. 이는 마치 고음에만 공명하도록 조율된 악기와 같습니다. 우리가 공명 진동을 내기 위해 철사의 굵기, 길이, 장력을 조정하듯이, 인간은 심령체를 조율함으로써, 주변 세계에서 고귀한 조화가 울려 퍼질 때 그에 공명하여 진동할 수 있도록 만듭니다.

이것은 단순한 추측이나 이론이 아닙니다. 과학적인 사실입니다. 이곳에서 우리가 현의 철사를 조율할 수 있듯이, 심령계에서도 심령체의 '현'을 조율할 수 있습니다. 인과의 법칙은 이 세상에서만이 아니라, 심령계에서도 동일하게 작용합니다. 우리는 그 법칙에 의지하며, 그것을 통해 성장합니다.

우리에게 필요한 것은 오직 지식, 그리고 그 지식을 실천에 옮기려는 의지뿐입니다. 만약 당신이 원한다면, 처음에는 이 지식을 하나의 가설로 받아들여 실험해 볼 수 있습니다. 즉, 당신이 이미 알고 있는 하위 차원의 사실들과 이 가설이 일치하는지 검증해 보는 것입니다. 하지만 당신이 심령체를 정화해 나감에 따라, 그 가설은 점차 지식으로 변해갈 것입니다. 그리하여 당신이 처음에는 단지 '작업 가설'로 받아들였던 이론들을, 마침내 스스로 검증할 수 있게 됩니다. 이것은 이제 당신 자신의 직접적인 관찰의 문제가 될 것입니다.

그렇다면 심령계를 깊이 이해하고 그 흐름에 익숙해지며 그곳에서 진정한 봉사를 수행할 수 있는 우리의 가능성은 무엇보다도 이 정화 과정에 달려 있습니다. 심령적 감각의 발달을 건강하고 합리적인 방식으로 돕는 명확한 요가 수행법들이 존재합니다. 그러나 이런 기본적인 정화 과정을 실천하지 않는 사람에게 그러한 고등 수행법을 가르치는 것은 아무런 의미가 없습니다.

사람들은 흔히 특이하고 새롭고 빠른 진보의 방법을 시도해 보고 싶어 하지만, 일상 속에서 이 단순하고 필수적인 예비 단계를 실천하지 않는 한, 어떤 형태의 요가 수행도 그 사람에게는 무익한 것이 됩니다. 예를 들어, 준비되지 않은 사람에게 매우 간단한 형태의 요가를 가르친다고 가정해 봅시다. 그는 그것이 새롭고 놀라우며 빠른 효과를 줄 것이라는 기대감에 열정적으로 몰입할 것입니다. 그러나 1년도 채 지나지 않아, 그는 일상에서 오는 규칙적 수행의 부담에 지치고, 즉각적인 결과가 없다는 이유로 낙심하게 될 것입니다. 꾸준히 지속되는 노력에 익숙하지 않은 그 사람은 곧 좌절하여 수행을 중단할 가능성이 큽니다. 참신함이 사라지면 피로감이 밀려오기 때문입니다. 또한, 만약 어떤 사람이 나쁜 식습관과 음주 등의 습관을 버리고 육체와 심령체를 정화하는 단순하고 비교적 쉬운 자기 절제조차도 해내지 못한다면, 그는 더 어려운 과정을 감당할 자격도 준비도 되어 있지 않은 것입니다.

실제로, 요가에 관한 모든 특별한 방법들은, 이와 같은 기본적이고 겸허한 수단들이 충분히 실천된 이후에야 비로소 의미를 갖게 됩니다. 그러나 정화가 이루어지면, 새로운 가능성들이 열리기 시작합니다. 학생은 지식이 점차 자신에게 스며드는 것을 느끼고, 더 예리한 감각이 깨어납니다. 모든 방향에서 진동이 다가와, 이전의 무지하고 둔감했던 시절에는 느낄 수 없었던 반응이 그 안에서 일어납니다. 조만간, 그 사람의 과거의 카르마에 따라 이 경험은 그 자신의 것이 될 것입니다. 마치 어린아이가 알파벳의 어려움을 극복한 후에 책을 읽는 즐거움을 누리는 것처럼, 학생은 과거의 무지했던 시절에는 상상도 하지 못했던 지식과 통제 가능한 능력들이 자신에게 찾아오는 것을 경험하게 될 것입니다. 그리하여 그 사람의 앞에는 새로운 지식의 지평이 펼쳐지고, 더 넓은 우주의 세계가 사방에서 열릴 것입니다.

## 5) 심령체의 발달 수준과 수면상태

이제 잠시 동안 심령체가 수면 상태와 의식이 깨어 있는 각성 상태에서 어떻게 기능하는지 살펴봅시다. 이를 통해 심령체가 몸체와 분리된 의식의 수단이 될 수 있을 때 그 기능을 더욱 쉽고 명확하게 이해할 수 있을 것입니다.

사람이 깨어 있을 때와 잠들어 있을 때의 상태를 비교해 보면, 심령체와 관련하여 매우 뚜렷한 변화를 확인할 수 있습니다. 깨어 있는 상태에서 심령체의 모든 활동은 육체 내부와 그 주변에서 즉시 나타납니다. 그러나 수면 상태에서는 심령체와 육체 사이에 분리가 일어나며, 우리는 물질 육체와 에테르체로 구성된 육체가 침대에 홀로 놓여 있고, 심령체는 그 위에 공중에 떠 있는 모습을 보게 됩니다.

잠든 사람이 일반적인 발달 수준에 있는 사람이라면, 육체로부터 분리된 심령체는 앞서 설명한 것처럼 형체가 뚜렷하지 않은 흐릿한 덩어리에 가깝습니다. 이러한 심령체는 육체에서 멀리 떨어질 수 없으며, 의식을 담아내는 몸체로서의 기능도 미약합니다. 그 안에 있는 사람은 매우 혼미하고 꿈꾸는 듯한 상태에 있으며, 물리적 육체 없이 활동하는 데 익숙하지 않습니다.

실제로 그 사람은 일상적으로 사용하던 매개체인 육체를 벗어난 상태에서 거의 의식이 중단된 상태, 혹은 잠에 빠진 상태와 유사한 상태에 놓이게 됩니다. 이로 인해 그는 심령계로부터 명확한 인상을 받을 수도 없고, 조직되지 않은 심령체를 통해 스스로를 분명하게 표현할 수도 없습니다.

또한 심령체 안의 감각 중추는 지나가는 생각-에너지체에 영향을 받아, 인간 내면의 낮은 본성을 자극하는 특정 자극에 반응할 수 있습니다. 그러나 이러한 반응은 제한적이며, 외부 관찰자에게 비치는 전체적인 인상은 졸음과 혼미함입니다. 심령체는 명확한 활동을 보이지 않으며, 단지 잠든 육체 위에서 형체 없이 무기력하게 떠다니는 것처럼 보입니다. 만일 외부에서 어떤 자극이 심령체를 물리적 육체로부터 멀어지게 하거나 끌어내는 경향을 보인다면, 물리적 육체는 즉시 깨어나게 되고, 심령체는 재빨리 육체로 돌아가게 됩니다.

하지만 훨씬 더 발달된 사람, 즉 심령계에서 활동하며 심령체를 사용하는 데 익숙한 사람을 관찰하면 전혀 다른 양상이 나타납니다. 그의 육체가 잠들고 심령체가 빠져나올 때, 우리는 완전한 의식을 지닌 자아(man) 자신을 마주하게 됩니다. 이때의 심령체는 윤곽이 뚜렷하고 명확하게 조직되어 그 사람의 모습을 띠며, 자아는 이 몸체를 육체보다 훨씬 편리한 도구로 사용합니다. 그는 완전히 깨어 있으며, 조밀한 육체에 갇혀 있을 때보다 훨씬 더 활발하고 정확하게, 그리고 더 뛰어난 이해력으로 활동합니다. 또한 잠든 육체에 조금의 방해도 주지 않으면서, 엄청난 속도로 자유롭게 먼 거리를 이동할 수 있습니다.

## 6) 심령계 경험과 기억의 문제

만약 그러한 사람이 아직 자신의 심령체와 육체를 연결하지 못했다면, 잠이 들 때 심령체가 빠져나가면서 의식의 단절이 일어납니다. 그러면 그 자신은 심령계에서 완전히 깨어있고 온전한 의식을 가지고 있더라도, 육체로 돌아왔을 때 심령계의 활동에 대한 지식을 물리적 뇌에 각인시킬 수 없게 됩니다. 이러한 상황에서 그의 '각성 의식', 즉 우리가 가진 가장 제한된 형태의 의식은 심령계에서 겪은 자아(man)의 경험을 공유하지 못합니다. 이는 자아가 그 경험을 모르기 때문이 아니라, 그의 육체가 너무 조밀하여 자아로부터 오는 인상들을 받아들일 수 없기 때문입니다.

때로는 육체가 깨어났을 때, 무언가를 경험했지만 아무런 기억도 남아있지 않다는 느낌이 들기도 합니다. 바로 이 느낌 자체가, 뇌가 스쳐 가는 기억조차 받아들일 수 없었을지라도, 육체를 떠나 있는 동안 심령계에서 의식이 어느 정도 기능했음을 보여주는 증거입니다.

또 다른 경우에는, 심령체가 육체로 돌아올 때 자아(man)가 에테르체와 육체에 순간적인 인상을 남기는 데 성공해, 깨어난 후 심령계에서의 체험을 생생히 기억하기도 합니다. 그러나 이러한 기억은 종종 빠르게 사라지며, 다시 떠올리려 할수록 실패하게 됩니다. 그 이유는, 물리적 뇌에 의도적으로 기억을 되살리려는 시도가 강한 뇌파 진동을 유발하여, 그보다 훨씬 미묘한 심령계의 진동을 압도하기 때문입니다. 이로 인해 기억은 더욱 멀어지게 됩니다.

또 다른 경우도 있습니다. 자아(man)가 심령계에서 얻은 새로운 지식을 어떻게, 어디서 얻었는지에 대한 기억 없이도 물리적 뇌에 인상 지우는 데 성공하는 경우입니다. 이런 때, 새로운 아이디어가 마치 자발적으로 생성된 것처럼 의식에 떠오르며, 이전에는 이해되지 않았던 문제들의 해결책이 문득 인식되고, 과거에 모호했던 질문들에도 명확한 통찰이 비추어지게 됩니다. 이러한 현상이 나타날 경우, 이는 심령체가 잘 조직되어 있으며, 심령계에서 활발하고 명확하게 활동하고 있다는 고무적인 징후입니다. 물론, 이 경우에도 육체는 여전히 부분적으로만 수용적일 수 있습니다.

가끔 인간은 물리적 뇌가 그러한 진동에 반응하도록 만드는 데 성공하기도 하며, 이때 우리는 매우 생생하고 논리적이며 일관성 있는 꿈을 경험하게 됩니다. 이것은 단순한 혼란스러운 꿈이 아니라, 많은 사려 깊은 사람들이 가끔 경험하는 고차원적 꿈의 형태입니다. 그들은 그 꿈속에서 깨어 있을 때보다 더 또렷하고 생동감 있게 존재하고 있으며, 심지어는 물질계의 삶에 실질적으로 도움이 되는 실천적 지혜를 얻기도 합니다. 이 모든 현상은 심령체가 진화하고, 그 조직이 점차 정교해지고 있음을 보여 주는 내적인 진보의 단계들입니다.

### 7) 심령계 활동과 연속된 의식

그러나 다른 한편으로, 영적으로 진정으로, 심지어 빠르게 진보하는 사람들도 심령 세계에서 매우 활발하고 유용하게 기능할 수 있다는 점을 이해하는 것이 중요합니다. 그들이 육체로 돌아왔을 때 자신이 심령계에서 수행한 활동에 대한 어떤 기억도 물리적 뇌에 남기지 못한다 하더라도 말입니다. 이러한 사람들은 의식의 표면에서는 기억하지 못할 수 있지만, 하위 의식 수준에서는 영적 진리에 대한 점진적인 각성과 확장되는 인식을 분명히 느끼고 있습니다.

이와 관련하여, 모든 진지한 구도자들에게 격려가 될 수 있고, 신뢰를 가지고 의지할 수 있는 하나의 확실한 사실이 있습니다. 그들이 초감각적 경험에 대한 물리적 기억이 전혀 없더라도, 다음과 같은 진리는 유효합니다:

우리가 남을 위해 더 많이 봉사하는 법을 배우고, 세상에 더 유익한 존재가 되기를 진심으로 원하며, 인류의 앞서 있는 형제들에 대한 헌신이 더 깊어지고 견고해지며, 그들의 위대한 일에 자신이 맡은 작은 역할을 완수하려는 의지가 더욱 강해질수록, 우리는 필연적으로 심령체를 정화하고 그 안에서 기능하는 능력을 계발하게 됩니다. 그리고 그로 인해 더욱 효율적인 봉사자로 성장하게 됩니다.

물리적 기억의 유무와 상관없이, 우리는 깊은 잠 속에서 육체라는 감옥을 떠나 심령계에서 유용한 활동을 펼칩니다. 지상에서는 도달할 수 없었을 사람들을 돕고, 다른 방식으로는 사용할 수 없는 방법으로 그들을 지원하고 위로합니다. 마음이 순수하고 생각이 고결하며, 봉사하려는 열망으로 가득 찬 사람들에게서 이러한 진화는 계속됩니다. 그들은 낮은 의식으로 기억을 가져오지 못하면서도 여러 해 동안 심령계에서 활동하며, 스스로가 상상하는 것 이상으로 세상에 선한 힘을 발휘하고 있을 수 있습니다.

카르마가 허락할 때, 그들에게는 물질계와 심령계 사이를 자유자재로 오가는 완전하고 끊어짐 없는 의식이 주어질 것입니다. 그러면 한 세계에서 다른 세계로 힘들이지 않고 기억이 건너갈 수 있는 다리가 놓이게 되고, 심령계에서의 활동을 마치고 돌아온 자아(man)는 순간적인 의식의 단절도 없이 다시 자신의 육체를 입게 될 것입니다. 이것이 바로 봉사의 삶을 선택한 모든 이들 앞에 확실하게 보장된 미래입니다.

그들은 언젠가 이 끊어지지 않는 의식을 얻게 될 것입니다. 그러면 그들의 삶은 더 이상 '기억하는 낮의 활동'과 '망각의 밤'으로 나뉘지 않으며, 하나의 연속적인 전체로 인식될 것입니다. 육체는 밤에 필요한 휴식을 위해 잠시 내려놓는 것이고, 자아(man)는 심령체를 사용하여 심령계에서 자신의 활동을 계속합니다. 그때가 되면, 그들은 생각의 연결 고리를 끊지 않고 유지하게 되며, 육체를 떠날 때도, 떠나는 과정을 지나갈 때도, 육체 바깥의 삶 속에서도, 그리고 다시 육체로 돌아와 그것을 입을 때도, 끊김 없이 인식하게 됩니다. 이처럼 그들은 매주, 매년 끊어짐도, 지침도 없는 연속된 의식을 지속해 나가게 되며, 이를 통해 그들은 고유한 자아(individual Self)가 실재한다는 것, 육체는 단지 자신이 입고 벗는 하나의 의복에 불과하며, 생각과 삶의 필수 도구가 아니라는 사실을 절대적 확신 속에서 알게 됩니다. 오히려 그들은 육체가 그 어느 쪽에도 필수적이기는커녕, 육체 없을 때 삶이 훨씬 더 활기차고 생각은 훨씬 더 자유롭다는 것을 깨닫게 됩니다.

이 단계에 도달하면, 이 사람은 세상과 그 안에서의 자신의 삶을 이전보다 훨씬 더 깊이 이해하기 시작하며, 자신의 앞에 놓인 가능성, 즉 더 높은 인류로서의 진화 가능성을 더욱 명확히 자각하게 됩니다. 인간이 먼저 육체 의식을, 그리고 그다음으로 심령 의식을 개발하듯이, 그 위에는 더욱 높은 의식의 영역들이 순차적으로 존재함을 깨닫습니다. 이러한 더 높은 의식들은 차례로 획득 가능하며, 인간은 더 고차원적인 세계에서 활동하고, 더 광대한 범위를 거닐며, 더욱 강력한 힘을 행사하게 됩니다. 그러나 이 모든 것은 자신의 영적 진보를 위한 것이 아니라, 인류 전체를 위한 봉사, 즉 성스러운 존재들의 도구로서 수행되는 것입니다.

 이 지점에 이르면, 지상의 삶은 마침내 그에 걸맞은 자리를 차지하게 됩니다. 더 풍요롭고 충만한 삶을 알기 이전처럼, 물질계에서 일어나는 어떤 일도 더는 그에게 영향을 미치지 못합니다. 또한 죽음이 할 수 있는 그 어떤 것도, 그 자신이나 그가 돕고자 하는 이들을 건드릴 수 없습니다. 지상에서의 삶은 인간 활동의 가장 작은 부분으로서 제자리를 찾게 됩니다. 그리고 그 삶은 결코 예전처럼 어두울 수 없습니다. 더 높은 세계의 빛이 그 가장 어두운 구석까지 비추고 있기 때문입니다.

### 8) 심령체와 유령 현상

 이제 우리는 심령체의 일반적인 기능과 가능성에 대한 고찰을 넘어서, 심령체와 관련된 구체적인 현상들을 살펴보고자 합니다. 심령체는 지상에서의 생애 동안에도, 사후의 상태에서도 육체와 분리되어 타인 앞에 나타날 수 있는 몸체입니다. 심령체를 자유롭게 다룰 수 있는 사람은 언제든지 육체를 떠나, 멀리 떨어진 친구에게 심령체로 방문할 수 있습니다.

 만약 방문받는 사람이 투시력자, 즉 심령 시야를 가진 사람이라면, 그 사람은 분명히 친구의 심령체를 인식하게 될 것입니다. 투시력이 없는 사람이라 하더라도, 방문자는 주변 대기에서 물리적 물질 입자를 응집시켜 심령체를 일정 부분 조밀하게 만들 수 있으며, 그렇게 되면 물리적 눈으로도 관찰될 수 있습니다. 이러한 방식은, 지리적으로 멀리 떨어져 있는 친구들이 갑자기 눈앞에 나타나는 현상에 대한 일관된 설명을 제공합니다.

이러한 현상은, 단순한 미신으로 간주되는 것을 두려워하여 침묵해 온 많은 사람들 때문에 일반인에게는 드물게 여겨지지만, 사실은 생각보다 훨씬 흔하게 일어나는 일입니다. 다행히 최근에는 이런 두려움이 점차 사라지고 있으며, 사람들이 자신이 겪은 진실을 이야기할 용기와 분별력을 갖게 된다면, 우리는 머지않아 심령체가 물리적 육체로부터 멀리 떨어진 상태에서도 출현할 수 있다는 사실에 대한 방대한 증거를 얻게 될 것입니다.

또한 특정한 조건에서는, 평소에는 심령 시야를 갖지 못한 일반인조차도 이러한 출현을 인지할 수 있습니다. 예를 들어, 어떤 사람의 신경계가 극도로 예민해지고 육체가 쇠약해져 에테르체의 기능에 지나치게 의존하게 될 경우, 그의 심령 반응성은 일시적으로 매우 강해질 수 있습니다. 이런 경우, 특히 생명력이 가장 약해지는 밤 시간대, 외국에 있는 아들의 위독 소식에 대한 걱정과 불안에 시달리는 어머니가 심령 진동에 민감해질 가능성이 큽니다. 만약 아들이 의식이 없는 상태로 심령적으로 어머니를 떠올리고 방문하게 된다면, 어머니는 실제로 아들의 모습을 볼 가능성이 있습니다.

이와 같은 사망 직후의 심령 출현은 훨씬 더 자주 일어납니다. 특히 죽음을 앞둔 사람이 강한 애정적 연결을 가진 사람에게 도달하려는 소망을 간직하고 있거나, 전달하지 못한 중요한 정보를 끝내 남기지 못한 경우, 이러한 출현은 자주 보고됩니다. 이러한 현상들은 결코 예외적이거나 기이한 것이 아닙니다. 오히려 심령체와 인간의 정서적 에너지, 그리고 죽음 이후에도 지속되는 의식의 연속성을 보여 주는 명확한 징후들입니다.

### 9) 사후의 여정과 카르마의 연속성

#### (1) 심령체 정화와 사후 여정

죽음 이후의 단계를 따라 심령체를 살펴보면, 육체뿐 아니라 에테르체까지 벗겨진 이후, 우리는 심령체의 형태에 현저한 변화가 일어나는 것을 관찰하게 됩니다.

육체와 연결되어 있는 동안에는, 심령 물질의 다양한 하위 상태들이 서로 뒤섞여 있어, 조밀한 물질과 미세한 물질이 상호 침투하며 혼합되어 있습니다. 그러나 사후에는 재배열의 작용이 일어나, 각 하위 상태의 입자들이 분리되고, 마치 물질의 밀도에 따라 정렬되는 것처럼, 심령체는 계층적으로 구성됩니다. 그리하여 심령체는 가장 조밀한 물질이 바깥쪽을 둘러싸고, 점점 더 미세한 물질들이 중심을 향해 자리하는 동심원 구조의 껍데기 형태를 취하게 됩니다.

여기서 우리는 다시금, 지상의 삶 동안 심령체를 정화하는 것이 얼마나 중요한 일인지를 실감하게 됩니다. 왜냐하면, 사후 인간의 심령체는 심령계 전체를 자유롭게 이동할 수 없습니다. 그 이유는 심령체를 구성하고 있는 심령 물질의 성질에 따라 특정한 하위 차원에 머물러야 하기 때문입니다.

심령계는 일곱 개의 하위 차원(subdivision)이 있으며, 인간은 자신의 심령체 외피가 속한 하위 차원에 갇히게 됩니다. 가장 바깥층의 조밀한 껍데기가 점차 해체될수록, 자아는 다음 수준으로 상승하게 되며, 이 과정을 반복하게 됩니다. 이를 통해 자아는 점진적으로 더 미세한 하위 차원으로 '옮겨 가게' 됩니다.

육체적 본능이 강한 사람의 심령체는 가장 조밀하고 어두운 심령 물질을 다량 포함되어 있습니다. 이 상태는 자아(man)를 카마로카[19]

---

19  카마로카(Kâmaloka)는 산스크리트어로 '욕망의 영역'을 뜻하며, 신지학에서 육체적 죽음 이후 영혼이 심령계에서 머무르는 중간 상태를 가리킨다. 이곳은 육체에서 벗어난 후에도 여전히 욕망과 정서적 집착이 남아 있는 영혼이 머물며, 점차 이를 소멸시켜 더 높은 차원으로 나아가기 위한 과정을 거친다.

의 가장 하위의 일곱 번째 차원에 묶어 두게 됩니다. 이 외피가 상당 부분 해체되기 전까지는 자아는 그 하위 심령계 수준에 갇혀 있어야 하며, 그 장소 특유의 불쾌함과 불안정을 경험하게 됩니다.

가장 바깥 껍데기가 충분히 분해되어 해방이 가능해지는 시점이 되면, 자아(man)는 다음 하위 차원인 여섯 번째 차원으로 '이동'합니다. 더 정확히 말하자면, 그보다 미세한 차원의 진동과 접촉할 수 있게 됨으로써, 스스로가 새로운 장소에 있다고 '느끼게 되는 것'입니다. 자아는 여섯 번째 하위 차원에 해당하는 껍데기가 충분히 약화되어 다섯 번째 차원의 통과를 허용할 때까지 그곳에 머무르게 됩니다. 이러한 각 단계에서의 체류 기간은, 자아의 심령체가 해당 차원의 물질을 얼마나 많이 포함하고 있는가에 비례합니다. 즉, 더 조밀한 물질을 많이 지닌 자아일수록, 보다 낮은 카마로카 수준에 더 오래 머무르게 되는 것입니다.

결국, 우리가 지상에서 살아가는 동안 심령체로부터 이러한 조밀한 요소들을 얼마나 많이 제거해 내는가에 따라, 죽음 이후의 각 단계에서 겪게 될 지연과 체류 시간은 크게 줄어들게 됩니다. 물론, 심령체로부터 조밀한 물질들을 완전히 제거하는 일은 길고 어려운 과정입니다. 그러나 경우에 따라 자아(man)는 지상의 생애 동안 하위 욕망들로부터 매우 강력하게 분리되기도 합니다. 그 결과, 그러한 욕망들이 표현되기 위해 필요한 심령 물질은 의식의 몸체로서 더 이상 활발히 작용하지 않게 될 수 있습니다.

　물리적 비유를 들자면, 그러한 심령 물질은 '위축'되어, 자아(man)의 활동 수단으로서 기능을 정지하게 됩니다. 이러한 경우, 비록 자아가 일시적으로 하위 심령계 영역에 머물게 된다 하더라도, 그 사람은 그 상태의 불쾌함을 전혀 느끼지 않을 것이며, 오히려 평화로운 수면 상태와 같은 방식으로 그 시간을 통과할 것입니다. 자아는 더 이상 그 조밀한 물질을 통해 표현하려 하지 않으며, 그것을 외부로 투사하여 어떤 대상과도 접촉하려 하지 않습니다. 이로 인해 자아는 해당 차원에서 의식적으로 활동하지 않게 되며, 결국 그 상태를 고요히 지나가게 되는 것입니다.

　심령체를 극도로 정화하여 각 하위 차원에서 가장 순수하고 미세한 물질만 남긴 사람은, 단 한 단계만 더 정제되면 곧바로 다음 차원의 물질로 상승할 수 있는 상태에 이르게 됩니다. 이 경우 그 사람의 카마로카 통과는 매우 신속하게 이루어집니다.

　모든 물질 상태 사이에는 '임계점'이라 불리는 전환점이 있습니다. 얼음은 아주 적은 열량만 더해져도 액체로 바뀌고, 물은 일정 수준 이상의 열량을 받으면 증기로 전환됩니다. 이와 마찬가지로, 심령 물질의 각 하위 상태도 일정 수준 이상의 정화를 거치면 곧바로 더 미세한 차원의 물질로 전환될 수 있습니다.

만약 인간의 심령체 안에 포함된 모든 물질들이 그러한 전환점에 도달했다면, 이는 그 심령체가 가능한 한 가장 섬세한 상태까지 정화되었다는 뜻이며, 이 경우 그는 상상할 수 없을 만큼 빠른 속도로 카마로카를 통과하고, 더 높은 영역으로의 비행에서 그 어떤 장애도 받지 않고 마치 섬광처럼 그곳을 관통하게 될 것입니다.

### (2) 심령체 형성 원리와 생의 연속성

심령체의 정화, 곧 육체적 및 정신적 과정을 통한 정화와 관련해 한 가지 더 중요한 사실이 있습니다. 그것은 이러한 정화가 다음 환생에서 형성될 새로운 심령체에 미치는 영향입니다. 인간이 카마로카를 거쳐 데바찬으로 진입할 때, 거친 성향의 생각-에너지체는 데바찬으로 가지고 갈 수 없습니다. 왜냐하면 심령 물질은 데바찬의 환경에서 존재할 수 없으며, 데바찬의 섬세한 물질 구조는 사악한 욕망이나 열정의 조잡한 진동에 반응하지 않기 때문입니다.

그 결과, 인간이 심령체의 외형적 요소들을 모두 벗어 버리고 데바찬으로 이행할 때, 그 사람이 가지고 갈 수 있는 것은 단지 잠재된 성향과 씨앗뿐입니다. 이들은 데바찬의 삶 동안에는 휴면 상태로 머무르지만, 다음 생의 탄생이 가까워질 때 다시 활성화되어, 심령계에서 자신의 성향에 적합한 물질을 끌어당기고, 그에 합당한 심령 물질로 옷 입으며, 새로 태어날 인간의 심령체의 일부를 형성합니다.

이처럼 우리는 지금 이 순간, 단지 현재의 심령체 안에 살고 있을 뿐 아니라, 미래의 생에서 우리가 사용할 심령체의 구조 또한 만들어 가고 있는 것입니다. 그러므로 현재의 심령체를 가능한 한 정화하고, 이미 얻은 지식을 활용하여 미래의 진보를 보장하는 것은 매우 중요합니다. 우리의 삶은 본질적으로 서로 연결되어 있으며, 그 어느 것도 과거의 삶이나 다가올 삶으로부터 단절될 수 없습니다. 우리가 삶이라고 부르는 것은 실상 하나의 거대한 '낮'일 뿐입니다.

새로운 생을 맞이한다고 해서 완전히 백지상태로 새로운 이야기를 쓰는 것이 아니라, 그저 오래된 줄거리를 이어가는 새로운 장을 열 뿐입니다. 우리가 밤에 잠든다고 해서 낮에 생긴 금전적 책임이 사라지지 않듯, 죽음을 통과한다고 해서 이전 삶의 카르마적 결과에서 자유로워질 수는 없습니다. 오늘 빚진 것은, 내일 반드시 갚아야만 합니다.

인간의 삶은 끊어짐 없는 흐름이며, 각 지상의 삶은 긴 흐름 속에 유기적으로 연결되어 있습니다. 정화와 발달 역시 단 한 생애로 이루어지지 않고, 수많은 환생을 통해 점진적으로 완성됩니다. 그리고 언젠가는 반드시 이 작업을 시작해야만 합니다. 언젠가 인간은 하위 본성의 감각에 지치고, 본능에 복종하는 삶에 염증을 느끼며, 감각의 폭정에 피로감을 느끼게 될 것입니다. 그 순간, 그 사람은 더 이상 하위 본성에 복종하지 않기로 결심하고, 자신을 얽매는 사슬을 끊겠다고 선언할 것입니다.

사실 우리는 언제든지 그 사슬을 끊을 수 있는 능력을 지니고 있습니다. 그렇다면 어째서 계속해서 스스로를 얽매이게 해야 합니까? 우리 자신 이외에는 아무도 우리를 속박할 수 없으며, 우리 자신 이외에는 아무도 우리를 해방시킬 수 없습니다. 우리는 선택할 권리와 자유로운 의지를 가지고 있으며, 언젠가 우리 모두는 더 높은 세계에서 함께 서게 될 것입니다. 그렇다면 왜 지금 이 순간, 속박을 끊고, 우리 내면에 본래부터 주어진 신성한 권리를 주장하지 않겠습니까?

자유를 향한 여정은 인간이 하위 본성을 의식적으로 다스리고, 상위 자아의 통제를 따르도록 선택하기로 결심하는 데서 시작됩니다. 그 결심을 바탕으로 그 사람은 물질계에서 더 높은 몸체들을 구축해 가기 시작하며, 자신의 신성한 권리를 실현하기 위해, 동물적 본능에 가려진 고귀한 가능성들을 의식적으로 펼쳐 나가게 될 것입니다.

## 3. 정신체와 원인체

우리는 이미 인간의 육체와 심령체에 대해 상세히 살펴보았습니다. 우리는 물질계에서 작용하는 육체의 가시적·비가시적 측면을 모두 탐구했고, 육체 활동의 다양한 경로를 따라가며, 그 성장의 본질을 분석하고, 점진적인 정화 과정도 자세히 다루었습니다. 마찬가지로 우리는 심령체에 대해서도 그 성장과 기능, 심령계에서 그것이 어떤 방식으로 작용하고 나타나는지를 보여 주는 다양한 현상들, 그리고 정화의 과정을 고찰했습니다. 이를 통해 우리는 우리 우주를 구성하는 일곱 가지 위대한 차원 가운데 두 가지 차원, 즉 물질계와 심령계에서의 인간 활동에 대해 어느 정도 이해를 얻게 되었습니다.

이제 우리는 세 번째 위대한 차원, 즉 정신계로 나아갈 수 있습니다. 이 차원에 대해 배우게 되면, 우리는 물질계, 심령계, 정신계를 우리의 물질계(글로브)와 그것을 둘러싼 두 개의 구체[20]로 이루어진 하나의 삼중 영역으로 파악하게 될 것입니다. 인간은 지상의 삶을 사는 동안 이 영역에서 활동하며, 또한 죽음으로 한 생을 마감하고 다음 탄생으로 새로운 생을 열기까지의 기간 동안에도 이곳에 머뭅니다. 이 세 개의 동심원을 이루는 구(spheres)는 인간의 학교이자 왕

---

20 두 개의 구체: 물질계를 둘러싸고 있는 심령계와 정신계를 의미한다. 이 셋은 인간이 진화하는 삼중의 영역을 형성한다.

국(kingdom)입니다. 인간은 바로 그 안에서 자신의 발전을 이루고, 진화의 여정을 계속합니다. 입문(Initiation)의 관문이 그 앞에 열리기 전까지, 그는 의식적으로 이 영역들을 넘어설 수 없습니다. 이 세 세계 너머에는 다른 길이 존재하지 않기 때문입니다.

내가 정신계라 부르는 이 세 번째 영역은 신지학에서 '데바찬(Devachan)' 혹은 '데바 로카(Devaloka)', 곧 '신들의 땅', 또는 '축복받은 땅'으로 알려진 개념을 포함하지만, 그 자체가 동일한 것은 아닙니다. 데바찬이라는 명칭은 그 세계의 본질과 상태에 따라 붙여진 것입니다. 그곳에서는 고통이나 슬픔을 유발할 수 있는 그 어떤 영향도 침입하지 않으며, 오직 평화와 기쁨만이 머무는 세계입니다. 데바찬은 인간이 물질적 삶에서 수확한 결실을 고요히 동화시키는 성역이며, 적극적인 악이 침범하는 것이 허용되지 않는 특별히 보호된 내면의 안식처입니다.

이 영역에 대한 혼동을 피하기 위해 정신계 전체에 대한 개요적 설명이 필요합니다. 정신계도 다른 차원들과 마찬가지로 일곱 개의 하위 차원으로 나뉘지만, 여기에는 특이한 이중적 구분이 존재합니다. 일곱 개의 하위 차원은 다시 두 개의 주요 그룹으로 나뉘며, 상위 세 개는 극도로 미세하고 정제된 성질로 인해 '형상이 없는 차원(아루파, arûpa,)'으로 불립니다. 이에 반해 하위 네 개는 '형상이 있는 차원(루파, rûpa)'으로 불리며, 보다 구체화된 활동이 일어나는 공간입니다.

그에 따라 인간은 이 차원에서 두 가지 의식의 몸체를 갖게 되며, 이 둘 모두를 일단 '정신체'라 부를 수는 있습니다. 그러나 보다 명확한 구분을 위해 하위 차원에서 기능하는 몸체를 '정신체'라 부르고, 상위 차원에서 기능하는 더 고차적인 몸체는 후술할 이유에 따라 '원인체(causal body)'라 부릅니다. 신지학을 공부하는 이들은 상위 마나스(Manas)와 하위 마나스(Lower Manas)의 구분[21]에 익숙할 것입니다. 원인체는 상위 마나스에 속하며, 자아(Ego)의 영구적 몸체로서 생을 거듭하면서도 지속됩니다. 반면 정신체는 하위 마나스에 속하고, 죽음 이후 데바찬으로 들어가 일정 기간 존속하지만, 데바찬의 하위 영역인 하위 정신계에서의 삶이 종료되면 해체됩니다.

---

21  마나스(Manas): 인간 내면의 '생각하는 원리'로, 자아의식을 형성하고 이성적 사고를 가능하게 하는 정신적 요소이다. 마나스는 상위 마나스와 하위 마나스로 구분되며, 이 두 측면은 윤회 과정을 통해 통합되고 정화되어야 한다. 진정한 인간의 자아는 마나스를 통해 형성된다.
 * 상위 마나스(Higher Manas): 원인체(causal body)와 연결되어 있으며, 고귀한 이상과 영적 자질, 직관적 사고의 중심으로 작용한다.
 * 하위 마나스(Lower Manas): 심령체와 결합하여 감정과 욕망과 함께 작용하며, 일상적 사고와 감각 중심의 판단을 담당한다.

## 1) 하위 정신체: 생각의 도구

### (1) 정신체의 본질

정신체는 자아(Ego), 곧 '생각하는 존재'가 모든 사고와 추론 활동을 위해 사용하는 핵심적인 몸체입니다. 이 의식의 몸체는 하위 정신계에 해당하는 물질로 구성되며, 우리의 평범한 깨어있는 의식 속에서 '정신'이라 부르는 모든 현상 역시 이 정신체를 통해 심령체와 육체에 영향을 미치며 나타나는 것입니다. 하지만 이 정신체가 충분히 발달하지 않은 사람의 경우, 이 정신체는 아직 미약하게 조직되어 있고 다소 비정형적이며 무력한 상태에 머물러 있습니다. 이는 마치 미개발된 상태의 심령체와도 같습니다.

따라서 정신체가 미발달한 사람은 자신의 정신적 능력을 그 자체의 차원에서 독립적으로 사용할 수 없습니다. 그 사람이 정신 능력을 발휘할 때면, 그 생각은 먼저 심령 물질과 물질계의 물질로 스스로를 감싼 후에야 비로소 그 자신에게 의식될 수 있습니다.

정신체를 구성하는 물질은 극도로 희박(rare)하고 미세한 성질을 지닙니다. 우리는 이미 심령 물질이 물질계의 에테르보다도 훨씬 가볍고 섬세하다는 것을 보았습니다. 이제는 이보다 훨씬 더 미세한 물질, 즉 심령 시야나 물리적 감각은 물론 인간의 내면 감각으로도 인식할 수 없는 수준의 물질을 이해할 필요가 있습니다. 이 물질은 7가지 우주 차원 중 정신계, 즉 세 번째 차원에 속하는 매우 미세한 물질입니다. 이 차원은 위로는 붓디계와 아트믹계가 있으며, 아래로는 심령계와 물질계가 존재합니다. 이 정신계 안에서 자아는 사고와 이해의 능력으로 작용하며, 그보다 낮은 심령계에서는 감각적 욕망과 정서적 충동으로 표현됩니다.

정신체에는 인간의 오라 속에서 그 외부 모습이 드러날 때 나타나는 한 가지 두드러진 특징이 있습니다. 그것은 자아(man) 자신이 성장하고 발전함에 따라, 환생을 거듭하면서 크기와 활동성이 함께 증가한다는 점입니다. 지금까지 우리는 이러한 특징에 익숙하지 않았습니다. 육체는 환생마다 국적과 성별에 따라 다르게 만들어지지만, 아틀란티스 시대[22] 이래로 그 크기는 거의 변함이 없다고 여겨집니다. 심령체의 경우에는 자아(man)가 진보함에 따라 그 조직이 성장함을 확인했습니다. 그러나 정신체는 자아(man)의 진화가 진행됨에 따라 문자 그대로 그 크기 자체가 커집니다.

만약 우리가 매우 미발달된 사람을 관찰한다면, 그의 정신체는 식

---

22 아틀란티스 시대는 신지학에서 인류 진화의 네 번째 뿌리인종(Root Race)이 번성하던 시기를 가리킨다. 이 시기의 문명은 오늘날보다 뛰어난 심령 능력과 과학적 지식을 지녔으나, 물질적 욕망과 권력 남용으로 인해 쇠퇴했고, 결국 대격변과 대홍수로 사라졌다고 전한다. 플라톤이 언급한 '아틀란티스' 전설도 이 전통과 연결된다.

별하기조차 어렵다는 것을 알게 될 것입니다. 즉, 너무 미미하게 진화하여 그것을 보려면 상당한 주의가 필요합니다. 반면에 영적인 차원은 아니더라도 마음의 기능들을 계발하고 지성을 훈련하고 발전시킨 더 진보한 사람을 보면, 그의 정신체는 매우 명확한 발달을 이루었음을 알 수 있습니다. 그의 정신체는 활동의 몸체로서 인식될 수 있는 조직을 갖추고 있습니다. 그것은 윤곽이 뚜렷하고 명확한 형체를 띠며, 그 재료는 정교하고 색상은 아름답습니다. 또한 엄청난 활동성으로 끊임없이 진동하며, 생명과 활력으로 가득 차 정신계에서 마음을 표현합니다.

따라서 정신체의 본질에 대해 말하자면, 첫째로 그것은 이 미묘한 물질로 만들어져 있다는 점이며, 둘째로 그 기능에 있어서는 자아(Self)가 지성으로서 자신을 드러내는 직접적인 몸체라는 점입니다. 셋째로는, 이 몸체가 지적 성장에 따라 생애마다 점점 더 커지고 조직화된다는 점입니다. 정신체는 심령체나 육체처럼 사람의 외형을 분명하게 갖추지는 않으며, **일반적으로 타원형, 즉 달걀 모양의 윤곽을 가지고 있습니다.** 물론 이 몸체는 육체와 심령체를 관통하여 작용하며, 발달함에 따라 인간 주위에 빛나는 분위기를 형성합니다.

### • 정신계에서의 소통 방법

앞서 말했듯이, 지적 능력이 성장할수록 이 정신체는 점점 더 크고 아름다워집니다. 인간이 고차원적인 사고 능력을 개발할수록, 이 몸체는 더욱 찬란하고 고귀한 형상으로 발전합니다. 이 몸체는 심령 시야로는 보이지 않지만, 정신계에 속하는 더 높은 감각 능력으로는 뚜렷하게 관찰될 수 있습니다. 마치 물질계의 일반적인 사람들이 심령 감각이 열리기 전까지는 심령계를 전혀 인식하지 못하는 것처럼, 정신 감각이 열리지 않은 사람은 정신계나 그 안에 있는 대상들을 인식할 수 없습니다. 비록 그 세계가 우리를 둘러싸고 있다 하더라도 말입니다.

정신계에 속하는 이 더 예리한 감각들은 우리가 이곳 물질계에서 익숙한 감각들과는 매우 다릅니다. 사실 "감각"이라는 표현 자체가 정확하지 않습니다. 여기서는 차라리 "정신 감각"이라고 부르는 것이 더 적절합니다. 정신은 자신이 속한 차원의 대상들과 마치 전체 표면으로 직접 접촉하는 것처럼 작용합니다. 시각, 청각, 촉각, 미각, 후각처럼 감각별로 나뉜 기관이 존재하지 않으며, 이곳에서와 달리 진동이 구분된 감각 기관을 통하지 않고 한 번에 정신에 도달합니다. 정신체는 감각의 개별 요소를 분리하여 인식하지 않고, 각 대상에서 오는 모든 인상을 한꺼번에 종합적으로 받아들입니다. 이는 어떤 사물이 자신에게 인상을 남길 수 있을 만큼 가까이 있다면, 그것의 모든 특성에 대해 전체적으로 '즉각적이고 완전하게' 의식하는 상태와 같습니다.

이처럼 정신이 어떻게 전체 인상을 혼란 없이 받아들이는지는 언어로 명확히 설명하기 어렵지만, 훈련된 학생이 정신계에 들어가 다른 학생과 교류할 때 나타나는 소통 방식이 그나마 적절한 비유가 될 수 있습니다. 즉, 말하는 정신은 색깔, 소리, 형태를 동시에 전달하여, 단편적인 개념이 아닌 색과 음악이 깃든 하나의 전체적인 이미지로 완전한 생각을 표현합니다. 이는 우리가 물질계에서 말이라는 상징을 통해 개념을 나누어 전달하는 것과 전혀 다른 방식입니다. 일부 독자들은 위대한 입문자들이 신의 언어, 곧 색채 언어로 기록한 고대 문서에 대해 들어본 적이 있을 것입니다. 그 언어는 많은 제자들에게 알려져 있으며, 색상과 형태를 동반한 정신계의 언어입니다. 여기서는 하나의 생각이 미세한 정신 물질 안에서 복합적인 진동으로 나타나며, 그 진동은 자연스럽게 형태와 색, 소리로 표현됩니다. 정신은 색깔이나 소리, 형태 중 하나를 의도적으로 생각하는 것이 아니라, 단지 생각 자체인 진동의 복합체를 만들어 내고, 이 생각이 자연스럽게 모든 방식으로 나타나는 것입니다. 정신계의 물질은 끊임없이 이러한 진동을 통해 색상, 소리, 형태를 생성하며, 이는 그 차원에서의 '표현 언어'입니다. 만약 어떤 사람이 육체와 심령체에서 벗어나 정신체 안에서 기능하게 되면, 그 사람은 감각 기관의 제약에서 완전히 벗어나게 되며, 이전에는 자신과 단절되어 있던 모든 진동들에 대해 전면적으로 수용적이 됨을 깨닫게 될 것입니다.

### • 우리가 '나'라고 부르는 것의 실체

 그러나 인간이 일상 의식 속에서 생각하고, 그 생각을 심령체와 육체를 통해 표현할 때, 그 생각을 만들어 내는 주체는 바로 정신체입니다. 생각은 정신체에서 시작되어 먼저 심령체로, 그리고 다시 육체로 흘러갑니다. 우리가 "생각한다"라고 할 때, 우리는 정신체를 통해 생각하는 것입니다. 다시 말해, 정신체는 생각을 일으키는 도구이자, 스스로를 "나"라고 느끼게 하는 의식의 자리입니다.

 육체의 의식을 살펴보았을 때, 우리는 인간이 육체 안에서 일어나는 모든 일을 전부 알지 못한다는 것을 확인했습니다. 육체의 활동은 부분적으로, 자율적으로 이루어지며, 우리는 개별 세포가 어떻게 '생각'하는지를 그대로 공유할 수 없습니다. 그러나 정신체에 이르면 상황이 달라집니다. 여기서는 인간과 정신체가 워낙 밀접하게 결합되어, 거의 동일한 것처럼 느껴집니다. "나는 생각한다", "나는 안다"라는 말 앞에서, 우리는 과연 그 너머를 상상할 수 있을까요? 대부분의 사람에게, 이 정신이 바로 자아 탐구의 최종 목적지처럼 보입니다.

 그러나 일상 의식 또한 심령체의 감각처럼, 자아로 가는 여정의 한 단계에 불과합니다. 그 단계를 넘어서는 법을 배운 사람은, 정신체마저도 진정한 인간이 쓰는 하나의 '도구'일 뿐임을 깨닫게 됩니다. 하지만 대다수의 사람들은 여전히 인간과 정신체를 분리해 인식하지 못하고, 정신체를 자신의 가장 고귀한 표현이자 최고의 몸체, 그리고 닿을 수 있는 가장 높은 자아로 여깁니다.

이런 인식은 현 진화 단계의 인간에게는 자연스럽고도 불가피합니다. 지금 인류는 이 정신체를 활성화시켜 최고의 기능을 발휘하도록 만드는 과정에 있기 때문입니다. 과거 인류는 육체를 의식의 매개로 활성화했고, 현재는 그것을 당연히 사용하고 있습니다. 인류 중 뒤처진 부류는 여전히 심령체를 활성화하는 중이지만, 상당수는 이 작업을 이미 부분적으로 마쳤습니다. 그리고 제5 근원 인종에 해당하는 오늘날의 인류는 정신체를 발전시키는 단계에 있으며, 지금 우리에게 주어진 가장 중요한 과업은 바로 이 정신체를 구축하고 진화시키는 일입니다.

### (2) 정신체의 구축과 발달

그러므로 우리는 정신체가 어떻게 구축되고 성장하는지에 대해 깊은 관심을 기울여야 합니다. 정신체는 바로 우리의 생각에 의해 형성되고 성장합니다. 우리가 지적 능력을 사용하고, 예술적 자질을 계발하며, 더 고귀한 감정을 함양할 때, 우리는 하루하루, 달마다, 해마다 정신체의 구조를 실질적으로 확장시키고 있는 것입니다.

만약 당신이 지성적 능력을 거의 사용하지 않는다면, 예를 들어 스스로 생각하기보다는 외부로부터 생각을 수동적으로 받아들이는 사람이라면 당신의 마음속으로 밀려드는 대부분의 생각은 남의 것이 될 것입니다. 이런 상태에서는 여러 생을 반복하더라도 정신체는 성장하지 못합니다. 윤회를 거듭해도, 결국 이전 생과 거의 동일한 상태로 되돌아오게 됩니다. 정신체는 오직 생각의 기능을 의식적으로 그리고 능동적으로 활용할 때만 발달할 수 있습니다. 이러한 창조적 활용과 훈련, 그리고 사유 활동을 통한 지속적인 노력 속에서 진정한 인간의 진화가 이루어지는 것입니다.

이 사실을 자각한 순간, 당신은 아마도 일상적인 삶에서 의식의 방향과 태도를 근본적으로 바꾸고자 할 것입니다. 당신은 의식이 어떻게 작동하는지를 주의 깊게 관찰하기 시작할 것이고, 곧 많은 생각들이 실은 당신 자신의 창조물이 아니며, 단지 외부로부터 무심코 받아들인 생각들이라는 사실을 깨닫게 될 것입니다. 어디서 왔는지 알 수 없는 생각들, 목적도 흐릿한 생각들이 불쑥 떠오르며, 당신은 어쩌면 마음이 정제된 지성의 중심이라기보다 무수한 생각들이 그냥 흘러 지나가는 통로에 불과하다는 데 실망을 느낄지도 모릅니다.

이런 자각에 도달했다면, 이제 스스로 실험해 보십시오. 당신의 마음에 머무는 생각들 중 진정으로 당신 자신의 의식에서 비롯된 것이 얼마나 되는지, 혹은 단지 외부로부터 흘러들어 온 것들이 얼마나 되는지를 관찰해 보십시오. 하루 중 때때로 잠시 멈추어 지금 당신이 무엇을 생각하고 있는지 살펴보면, 대개는 아무것도 분명히 생각하지 않고 있다는 사실을 발견하게 됩니다. 또는 어떤 생각을 하고는 있으나 그 인상이 너무나 미미하여 의식에 흔적조차 남기지 못할 정도로 흐릿하게 생각하고 있음을 알게 될 것입니다.

이러한 자각이 반복될수록 당신은 점차 더 자의식적으로 변화할 것입니다. 그다음 단계로, 마음속에 떠오른 생각들이 처음 들어왔을 때와 나갈 때 사이에 어떤 변화가 있었는지를 관찰해 보십시오. 생각이 잠시 머무르는 동안, 당신은 그 생각에 어떤 영향을 주었는가? 그 생각은 당신으로 인해 성장했는가, 아니면 그대로 사라졌는가? 이런 탐구를 통해 당신의 마음은 점차 능동적이고 창조적인 힘을 회복할 것입니다.

이 과정에서 당신이 현명하다면 다음과 같은 자세를 취하게 될 것입니다. 우선, 당신은 마음속에 머무르게 둘 생각을 선별할 것입니다. 고귀하고 유익한 생각이 떠오르면 그것을 붙들고 깊이 숙고하며, 풍성하게 가꾸고, 더 큰 통찰을 더하여 심령계로 보내려 할 것입니다. 반대로 악한 생각이나 해로운 사상이 떠오르면, 가능한 모든 신속함으로 그것을 몰아내려 할 것입니다.

곧 당신은 이러한 선택적 사고 태도에 따라 뚜렷한 변화를 경험하게 될 것입니다. 선한 생각들을 환영하고, 악한 생각들을 단호히 배척함에 따라, 당신의 마음에는 점점 더 많은 고귀하고 유익한 생각들이 흘러들어 오고, 부정적이고 혼탁한 생각들은 점차 접근하지 않게 될 것입니다. 마음을 선한 생각들로 가득 채우면, 이는 마치 유사한 진동을 끌어당기는 자기장처럼 작용하여, 당신 주위의 고귀한 생각-에너지체들과 공명하게 됩니다.

이와 동시에, 악한 생각에 마음속 피난처를 제공하지 않음으로써, 그런 진동들은 자동적으로 튕겨져 되돌아가게 됩니다. 결국 당신의 정신체는 좋은 생각-에너지체들을 끌어당기고, 해로운 진동을 물리치는 능동적인 특성을 갖추게 됩니다. 그렇게 모아진 유익한 정신 물질은 당신의 정신체를 더욱 강화하며, 해가 갈수록 그 질과 양이 더욱 풍요로워집니다.

그리고 마침내 심령체와 육체를 벗어나 정신계로 들어가는 순간이 오면, 당신은 바로 이 정신적 축적물을 지니고 그 영역에 들어서게 됩니다. 그리하여 당신은 생애 동안 축적한 의식의 내용을 그에 적합한 세계로 가져가고, 데바찬에서 그 모든 잠재력들을 능력과 지혜로 변화시키는 작업을 하게 될 것입니다.

### (3) 정신체의 카르마적 순환과 훈련

데바찬 기간이 끝나면, 정신체는 그 기간 동안 정련된 특성들을 영구적 몸체인 원인체에 넘겨주어 다음 환생의 준비를 마칩니다. 인간이 다시 물질계로 돌아올 때, 이 능력들은 하위 정신계의 물질로 재구성되어, 다음 지상의 삶을 위한 더 정교하고 발달된 정신체를 형성합니다. 이처럼 형성된 정신체는 새로운 삶의 초기 단계, 즉 어린아이로 태어날 때부터 타고난 지적 능력의 형태로 표현됩니다.

우리가 현재의 삶 동안 하고 있는 모든 정신적 활동은 곧바로 이러한 정신체의 구성 물질을 축적하는 과정입니다. 그리고 데바찬 동안, 이러한 물질들은 더 정제되어, 단편적인 생각들로부터 지속적인 사고 능력, 잠재적 에너지로부터 구체적인 지적 역량과 활동성으로 변환됩니다. 이것이 바로 데바찬의 본질적인 작용입니다. 그리고 이러한 작용은, 우리가 지상의 삶에서 얼마나 의식적으로 생각(정신)의 능력을 활용했는지에 따라 엄격하게 제한됩니다. 그렇기 때문에 현재의 삶에서 가능한 한 정신적 훈련과 집중에 힘쓰는 것이 매우 중요합니다.

곧, 다음 환생에서 어떤 정신체를 갖게 될지는 지금 이 생에서 우리가 어떻게 정신체를 훈련하고 활용하느냐에 달려 있습니다. 이는 데바찬에서 우리가 어떤 활동을 수행할 수 있는지를 결정하고, 다시 지상으로 돌아올 때 어떤 자질을 지닌 인간으로 태어날지를 규정하는 핵심 요소입니다. 결국 우리는 삶들을 서로 분리된 것으로 간주할 수 없으며, 무(無)로부터 유(有)를 창조할 수도 없습니다. 카르마는 우리가 뿌린 대로 수확하게 합니다. 농부가 어떤 씨앗을 뿌리고 얼마나가꿨는가에 따라 수확량이 결정되듯, 우리의 지적·영적 수확 또한 그에 상응하는 결과로 나타납니다.

정신체의 '자동적인 작용'은 그것이 사용하는 정신계 물질의 특성을 이해하면 보다 쉽게 파악할 수 있습니다. 정신체는 본성상 우리 세계를 둘러싼 정신계의 보편적인 에너지장과 연결되어 있으며, 이 에너지장에는 다양한 종류의 정신 물질이 널리 퍼져 있습니다. 이 물질들은 각기 다른 조합과 성질을 지니고 있으며, 그 조합에 따라 다양한 진동을 발생시킵니다. 정신체는 자신의 내면에 이미 형성되어 있는 진동 패턴에 가장 잘 맞는 물질을 이 에너지장으로부터 자연스럽게 끌어당겨 흡수합니다. 마치 육체가 대사 작용을 통해 끊임없이 세포를 교체하는 것처럼, 정신체 역시 끊임없이 내부 물질이 교체되고 갱신됩니다. 오래된 입자들이 소모되면, 그 자리는 동일하거나 유사한 특성을 지닌 새로운 입자들이 채우게 되는 것입니다.

따라서 만일 인간이 자신의 정신체 안에서 악한 경향을 발견하고, 그것을 변화시키려 노력한다면, 그는 의식 안에 새로운 종류의 진동을 일으키게 됩니다. 이 새로운 진동은 기존의 진동 패턴에 익숙한 정신체 내부의 구조와 마찰을 일으켜 심리적 갈등과 고통을 유발할 수 있습니다. 그러나 시간이 지남에 따라, 오래된 진동에 반응하던 입자들이 배출되고, 새로운 진동과 공명하는 물질로 서서히 대체되면서, 정신체는 그 물질적 구조 자체를 변화시킵니다. 그렇게 되면, 정신체는 악에 반응하지 않고 선에 매력을 느끼는 새로운 형태로 진화합니다. 이 초기 전환의 과정은 일반적으로 극심한 내적 저항을 동반하지만, 일단 새로운 구조가 자리 잡으면 올바른 생각은 점점 더 쉬워지고, 마침내는 내적 충동과 기쁨을 동반하는 자발적 작용으로 나타나게 됩니다.

정신체를 강화하는 또 다른 효과적인 수단은 집중 수행(concentration)입니다. 이는 마음을 한 지점에 고정하고, 흩어지거나 표류하지 않도록 단단히 붙드는 훈련입니다. 우리는 생각을 지속적이고 명확하게 유지하는 훈련을 해야 하며, 마음이 이리저리 옮겨 다니거나, 쓸모없는 생각들에 에너지를 낭비하지 않도록 해야 합니다.

가장 좋은 훈련은 한 생각이 다른 생각으로 자연스럽게 이어지는 추론의 흐름을 유지하는 것입니다. 이렇게 하면 우리의 사고는 점점 더 질서 있고 논리적이 되며, 그 자체로 정신계에서의 자아의 도구로서 정신체를 단련하는 작용을 합니다. 이 집중력과 연속적인 사고 훈련은 더욱 명확하고 안정적인 정신체, 빠른 성장과 균형 잡힌 힘으로 나타나게 될 것이며, 그 결과는 분명 충분한 보상으로 되돌아올 것입니다.

## 2) 원인체: 영원한 인간의 몸

### (1) 원인체의 형성

이제 두 번째 정신체, 즉 그 고유한 이름으로 불리는 원인체(causal body)로 넘어가겠습니다. 이 이름은 하위 차원에서 '결과'로 드러나는 모든 '원인'이 바로 이 몸체에 담겨 있기 때문에 붙여졌습니다. 원인체는 '마나스의 몸체'로, 개체(the individual)인 진정한 인간의 형상적 측면입니다.

원인체는 인간의 모든 참된 보물이 영원을 위해 보관되는 그릇이자 창고입니다. 하위 자아가 그 구조 속에 쌓아 올릴 가치 있는 것을 바치면 바칠수록, 이 몸체는 성장합니다. 오직 견딜 수 있는 것만이 이 원인체 속에 짜여 들어가며, 다음 생까지 이어질 모든 자질의 씨앗도 이곳에 저장됩니다. 그러므로 하위 차원에서 나타나는 모든 표현과 활동은, 시간의 제약을 받지 않는 이 '진정한 인간(원인체로서의 개체)'의 성장과 발달에 전적으로 달려 있습니다.

앞서 말했듯이, 원인체는 개체성의 '틀'이 되는 측면입니다. 현재 인류의 진화 주기에 국한하여 말하자면, 이 원인체가 존재하기 전에는

'인간(자아)'은 없다[23]고 할 수 있습니다. 하지만 영혼의 거처가 될 육체와 에테르체라는 장막이 먼저 준비될 수는 있습니다. 또한 욕망, 감정, 식욕 같은 특성들이 점차 모여 심령체 안에 카마(욕망)적 본성을 형성할 수도 있습니다. 하지만 육체와 심령체를 통한 성장이 완료되고, 진화된 하위 몸체들 안에서 정신계의 물질이 나타나기 시작하기 전까지는 '인간(자아)'이라 할 수 없습니다.

자아(Self)가 자신의 거처를 준비하려는 의지로 작용하기 시작하면, 정신계의 물질이 서서히 진화하기 시작합니다. 그때 위로부터, 인간의 진화를 늘 감싸고 있는 아트마-붓디[24]의 거대한 바다에서 한 줄기 흐름이 내려옵니다. 이 흐름은 아래에서 위로 자라나고 펼쳐지는 정신 매질과 만나 결합합니다. 그리고 그 결합은 정신 매질을 풍요롭게 하여, 바로 그 접점에서 원인체, 곧 개별화된 자아가 형성됩니다.

정신계의 고귀한 영역을 투시할 수 있는 사람들에 따르면, 이 진정한 인간의 '틀'이 되는 측면은 가장 미세한 물질의 섬세한 막과 같아

---

23 원인체 없는 인간 육체의 진화 주기: 여기서 '인간'은 윤회하는 개별 자아(Ego)를 의미한다. 신지학에 따르면 원인체 형성 이전에도 육체는 존재했으나, 이는 지성이 없는 '동물-인간(animal-man)' 상태였다. 진화의 특정 시점인 '개별화' 순간에, 정신 원리(마나스)가 영적 원리(아트마-붓디)와 준비된 육체를 연결하면서 최초의 원인체가 형성되었다. 이로써 비로소 진정한 의미의 '인간'이 탄생한 것이다.

24 아트마-붓디(Ātma-Buddhi): 우주적 영(靈) 원리인 아트마(純정신)와 직관적 인식 능력인 붓디(直觀)의 결합체로, 인간 안의 가장 고차원적인 이중 원리이다. 이는 진정한 '영적 자아'의 바탕을 이룬다.

서, 그것이 형성되는 순간은 인간이 분리된 존재로 개별 진화의 삶을 시작하는 순간을 나타냅니다. 이 섬세하고 색깔 없는 미세 물질의 막이 바로 윤회 전체를 관통하여 지속되는 '몸체'이며, 모든 생을 꿰뚫는 실, 즉 수트라트마(실-자아)[25]입니다.

이 몸체는 법칙에 부합하고, 고귀하며 조화로워, 궁극적으로는 영속 가능한 모든 성질들의 저장소입니다. 그것은 인간이 지금까지 도달한 진화의 상태를 나타내는 지표이며, 위대한 생각, 순수한 감정, 고상한 이상 등은 모두 위로 상승하여 이 실체 안에 흡수되어, 인간의 영원한 성장의 일부가 됩니다.

### (2) 원인체의 성장과 손상

평범한 사람의 삶을 예로 들어, 그 일생 중 얼마만큼이 원인체의 형성에 기여할 수 있을지 살펴보겠습니다. 원인체는 섬세한 막처럼 시각화할 수 있으며, 이 막은 더욱 강해지고, 아름다운 색채로 채색되며, 생명력으로 활기를 띠고, 찬란하게 빛나야 합니다. 또한 인간의 성장과 발달에 따라 점점 더 커져야 합니다.

---

25  수트라트마(Sûtrâtmâ, 실-자아): 윤회하는 모든 생애를 꿰뚫는 '영적 실'로, 각각의 환생을 꿰매는 자아의 연속성을 상징한다. '수트라(sûtra)'는 실, '아트마(Ātma)'는 자아를 뜻한다.

진화의 초기 단계에 있는 인간은 정신적 자질보다는 강렬한 욕망과 본능적 충동을 더 자주 표현합니다. 이러한 인간은 감각 자극을 추구하고 그것에 몰두하며, 그 욕망들을 삶의 목표로 삼습니다. 인간 내면의 삶은 끊임없이 자신을 구성하는 섬세한 정신계 물질 일부를 방출하고, 그 주위에 정신체가 형성됩니다. 이 정신체는 다시 심령계로 뻗어 나가 심령체와 접촉하며 결합하게 됩니다. 이러한 결합은 생각들이 아래로 흐를 수 있는 통로를 형성하며, 인간의 생각은 감각적 욕망과 본능의 세계로 전달되고, 그곳에서 감정적 충동과 뒤섞입니다. 이로 인해 정신체와 심령체는 서로 얽혀 밀접하게 결합되며, 죽음의 순간이 와도 쉽게 분리되지 않을 만큼 강한 유대를 형성합니다.

그런 흐름 속에서도, 만약 인간이 삶의 어느 시점에서 이기심 없는 생각을 품고 행동하게 된다면 이야기는 달라집니다. 예를 들어, 사랑하는 사람을 돕고자 하는 마음으로 기꺼이 시간이나 에너지를 내어 주는 경우나, 친구를 돕기 위해 자발적인 희생을 선택하는 경우가 그러한 예입니다. 이런 고귀한 생각은 더 높은 차원의 본질을 지니게 되며 지속적인 생명력을 갖고, 원인체로 상승하여 그 조직에 흡수됩니다. 그렇게 흡수된 생각은 원인체를 더욱 아름답고 생기 있게 만들며, 정신적 색채의 첫 강렬한 표현으로 작용할 수 있습니다.

하지만 실제로는, 인간의 삶 속에서 이러한 순수하고 영속적인 생각이 자주 나타나지는 않습니다. 일상생활 대부분이 정신적 성장과 직접적인 연관성이 없기 때문에, 원인체의 성장은 매우 느리고 더디게 이루어집니다.

이와 같은 현실 속에서 무지에서 비롯된 모든 사악한 성향들은, 그것들에게 거처와 형태를 제공했던 심령체가 심령계에서 소멸될 때, 그 씨앗들이 내면으로 끌려 들어가 잠재 상태에 놓이게 됩니다. 이 씨앗들은 정신체 안으로 이끌려 들어가지만, 데바찬 세계에서는 표현될 물질이 없어 잠재된 채로 머뭅니다. 이윽고 정신체마저 소멸될 때, 그것들은 원인체 안으로 흡수되어 마치 가사 상태처럼 활동을 멈추고 잠재됩니다. 그러다가 자아(Ego)가 지상의 삶으로 돌아와 심령계에 도달할 때, 이 씨앗들은 외부로 다시 투사되어 과거로부터 가져온 사악한 성향들로 나타나는 것입니다.

따라서 원인체는 인간 존재 안에서 선과 악의 씨앗을 모두 간직하는 저장소입니다. 육체와 심령체가 소멸된 이후에도 남아 있는 모든 것이 이곳에 저장되며, 그중에서도 순수하고 고귀한 속성은 원인체를 이루는 조직 안에 흡수되어 구조를 강화하고 성장을 돕습니다. 반면에 해로운 성향은 대부분 씨앗 형태로 잠재되어 남게 되며, 다음 생에서 다시 나타날 수 있습니다.

그러나 인간이 삶 속에서 마음속 생각을 행동으로 옮길 때 저지르는 악행은, 단지 잠재 상태로 남아 있는 죄의 경향보다 훨씬 더 큰 해를 원인체에 끼칩니다. 악은 진정한 자아의 영적 성장을 방해할 뿐 아니라, 그것이 반복적이고 고착된 성향일 경우, 개별 존재 자체의 본질적 일부를 침식시키는 작용까지 일으킬 수 있습니다. 만약 어떤 인간의 악행이 지속되고, 끊임없이 그릇된 길을 따른다면, 정신체는 심령체와 심하게 얽혀 죽음 이후에도 완전히 분리되지 못합니다. 그 결과 정신체의 일부가 찢겨 나가게 됩니다. 심령체가 해체될 때, 이 잃어버린 부분은 정신계의 '정신 매질'로 흩어져 돌아가 버리며, 개체는 그것을 영영 잃게 됩니다.

원인체를 '섬세한 막' 혹은 '거품'에 비유해 봅시다. 악덕으로 물든 삶은 이 막을 단순히 얇게 만들 뿐 아니라, 그 구조를 더 견고하게 쌓아 올리는 일을 한층 어렵게 만듭니다. 마치 막이 성장할 수 있는 능력 자체에 손상이 가해져, 부분적으로는 성장이 멈추고 일부 기능이 위축되는 것과 같습니다. 그리고 일반적인 경우, 원인체가 입는 손상은 이 정도 수준을 넘지 않습니다.

하지만 만일 자아(Ego)가 지성과 의지 측면에서는 매우 강력하게 성장하면서도, 그에 상응하는 이타심과 사랑의 확장을 이루지 못한다면 심각한 문제가 발생할 수 있습니다. 인식과 능력은 넓어지지만, 자기중심성이라는 내적 벽이 더욱 단단해지고, 발전된 힘들을 공동선을 위한 봉사에 쓰지 않고 오직 자신만을 위해 집중하게 될 경우, 이때부터는 더 심오하고 뿌리 깊은 형태의 악이 생겨날 수 있습니다.

이는 여러 고대 경전에서 암시된 '의식적으로 진화에 저항하는 존재'의 가능성과 일치합니다.

이 경우 원인체는 여전히 강한 정신계 진동의 중심으로 작용하지만, 그 진동은 이기적인 목적에 의해 왜곡됩니다. 원인체는 그 본래 속성이었던 눈부신 광채를 잃고, 수축되고 탁한 색조를 띠며 어두워지게 됩니다. 이와 같은 손상은 미숙한 자아(Ego)나 감정적 약점에 의해서는 결코 발생하지 않으며, 반드시 고도로 발달한 정신 능력과 강한 마나스의 에너지가 전제되어야 합니다. 그렇기에 순수한 야망, 교만, 그리고 지적 능력을 사적 목적에 활용하려는 성향은 단순한 본능적 결함보다 훨씬 더 위험하며, 치명적인 결과를 초래합니다.

이와 같은 존재가 바로 여러 전통에서 "흑마법사"라고 불리는 이들입니다. 이들은 욕망과 감정의 본성을 어느 정도 극복하고, 강력한 의지와 지성을 발전시켰으나, 그 힘들을 전체 생명과 조화되지 않은 방향으로, 오직 자신을 위해 움켜쥐고 축적하며 결코 나누지 않으려는 방식으로 사용합니다. 이들은 우주적 통합을 향한 흐름에 반하여 분리를 고수하고, 진화의 흐름을 가속화하기보다는 오히려 저지하려 하며, 전체 생명과 조화를 이루기보다는 불협화음을 만들어 냅니다.

결과적으로, 이와 같은 자아는 자신의 내적 구조 전체를 해체시킬 위험에 놓이게 됩니다. 그것은 진화의 열매를 모두 상실하고 존재 자체를 붕괴시키는, 다시 말해 자아(Ego)의 파열이라는 치명적 위기로 이어질 수 있습니다.

### (3) 의식적 진화와 우주적 법칙

원인체의 본질을 이해하기 시작한 우리 모두는 그 진화를 우리 삶의 명확한 목표로 삼을 수 있습니다. 우리는 비이기적으로 생각하려 노력함으로써 그 성장과 활동에 직접 기여할 수 있습니다. 생과 세기, 그리고 수천 년의 시간을 거듭하며 이 개체의 진화는 계속됩니다. 이처럼 의식적인 노력으로 그 성장을 돕는 것은 곧 신성한 의지와 조화를 이루는 일이며, 우리가 이곳에 존재하는 궁극적인 목적을 수행하는 것입니다. 한번 이 원인체의 구조 속으로 짜여 들어간 선한 것은 그 무엇도 결코 잃어버리거나 소멸되지 않는데, 이는 원인체야말로 불멸의 인간 그 자체이기 때문입니다.

이러한 원리를 통해 우리는 진화의 법칙을 이해하게 됩니다. 즉, 모든 악한 것은 당장은 아무리 강해 보일지라도 그 자체 안에 파멸의 씨앗을 품고 있는 반면, 모든 선한 것은 그 안에 불멸의 씨앗을 지니고 있습니다. 그 비밀은 모든 악이 본질적으로 부조화하며 우주 법칙에 스스로를 대립시킨다는 사실에 있습니다. 따라서 악은 조만간 그 법칙에 의해 부서지고 산산조각 나며 먼지가 될 운명입니다. 반면에 모든 선은 법칙과 조화를 이루므로, 그 법칙에 의해 온전히 받아들여져 앞으로 나아가게 됩니다. 그것은 진화의 흐름, 즉 "의를 위하여 일하는 우리 자신이 아닌 그것"의 일부가 되며, 그러므로 결코 사라지거나 파괴될 수 없습니다.

바로 여기에 인간의 희망뿐만 아니라 그의 최종적인 승리에 대한 확신이 있습니다. 아무리 성장이 더딜지라도 진보는 멈추지 않으며, 아무리 길이 멀다 할지라도 그 길에는 반드시 끝이 있습니다. 우리의 자아(Self)인 개체는 계속해서 진화하고 있으며, 이제 결코 완전히 파괴될 수 없습니다. 비록 우리의 어리석음으로 인해 성장이 필요 이상으로 더뎌질 수는 있을지라도, 그럼에도 불구하고 우리가 원인체에 기여하는 모든 선한 것은 아무리 작을지라도 그 안에 영원히 남으며, 앞으로 다가올 모든 시대를 위한 우리의 영원한 자산이 됩니다.

## 4. 상위 몸체들과 인간 오라

### 1) 궁극의 몸체

우리는 이제 한 걸음 더 나아갈 수 있지만, 그렇게 되면 인간 의식으로는 감히 상상조차 하기 어려운 매우 숭고한 영역에 발을 들이게 됩니다. 왜냐하면 원인체조차도 인간 존재의 가장 높은 차원이 아니기 때문입니다. 진정한 영적 자아(Spiritual Ego)는 단순히 마나스(생각하는 원리) 자체가 아니라, 마나스가 붓디(직관적 지혜의 원리)와 깊이 결합되어 통합된 상태를 의미합니다. 이것은 인간 진화의 궁극적 완성이며, 생(生)과 사(死)의 윤회로부터 해방되는 최종의 도달점입니다.

정신계보다 더 높은 차원에는 투리야(Turīya), 곧 붓디계라 불리는 차원이 있습니다. 이 차원에서 자아는 영체, 즉 지복의 몸체[26]를 통해 의식을 경험하게 됩니다. 요기들(수행자들)은 이 영체를 통해 진정한 영원한 지복의 세계에 들어가며, 그들 자신의 의식 속에서 모든 생명

---

26 아난드마야코샤(Ānandamayakosha, 지복의 몸체): 인간 존재의 가장 미묘하고 높은 차원의 몸체로, 붓디계에 속하며 '지복(至福)의 휘장'이라 불린다. 자아가 근원적 통일성과 신성한 기쁨을 체험하는 매개로 작용한다. 요기들의 수행에서 궁극의 합일 상태에 도달할 때 활성화된다.

의 근원적 통일성을 직접 체험합니다. 이러한 통합의 인식은 단순한 신념이나 철학이 아니라, 명백한 실존적 사실로서 그들에게 주어집니다.

우리는 위대한 인간들이 사랑과 지혜와 힘 속에서 성장하며, 영적 진화의 뚜렷한 단계로 나아가는 여정을 읽을 수 있습니다. 그들은 입문의 관문을 통과하며, 스승의 인도로 처음으로 영체의 차원에 들어가게 됩니다. 이곳에서 의식은 물질계, 심령계, 정신계의 온갖 분열성과 다중성 아래에 존재하는 근원적 통일성을 경험합니다.

영체로 옷 입은 자아(man)는 이 모든 낮은 차원의 세계를 넘어섬으로써, 분리라는 개념은 오직 세 가지 하위 차원(물질계, 심령계, 정신계)에만 존재한다는 사실을 처음으로 깨닫습니다. 이 깨달음은 단순한 철학적 통찰이 아니라, 그의 의식이 모든 존재들과의 통합된 경험으로 확장되었음을 의미합니다. 그는 자신의 고유한 자의식을 유지하면서도, 동시에 다른 존재들의 의식을 품을 수 있게 됩니다. 이로써 그는 진실로, 실제로 모든 존재들과 하나가 됩니다.

인간이 끊임없이 갈망해 온 통일성은 낮은 차원에서는 진실처럼 느껴졌지만, 결국 실현될 수 없는 이상에 불과했습니다. 그러나 그 통일성은 바로 이곳에서 진정으로 실현됩니다. 여기서 인간은 가장 고귀한 꿈조차 뛰어넘는 하나 됨을 체험하며, 모든 인류가 자신의 가장 깊은 내면의 자아(Self)와 본질적으로 하나임을 깨닫게 됩니다.

## 2) 임시적 몸체들

우리가 인간의 몸체를 고찰할 때, 일시적이며 인위적으로 형성된 특정 몸체들을 제외할 수는 없습니다. 사람이 육체에서 벗어나기 시작하면, 심령체를 사용하여 활동할 수 있지만, 이때 의식은 심령계에 국한됩니다. 그러나 보다 높은 정신계로 진입하기 위해 하위 마나스에 해당하는 정신체를 사용하는 것도 가능합니다. 이 경우, 이 정신체는 일시적이며 인위적으로 재구성된 형식으로 작동하며, 이러한 상태의 정신체는 흔히 마야비 루파(Mâyâvi Rûpa), 즉 환영체라고 불립니다. 환영체는 개인이 자신의 정신체를 자신의 형상으로 형성한 뒤, 그 안에서 활동하기 위한 특수 목적의 몸체입니다. 이 몸체를 활용하면 인간은 세 가지 차원을 자유롭게 횡단할 수 있으며, 보통의 의식 상태로는 접근할 수 없는 물질계, 심령계, 정신계를 넘나드는 활동이 가능해집니다.

이 환영체는 신지학 문헌에서 자주 언급되며, 이를 통해 수행자는 먼 거리의 지역들을 여행하거나 정신계로 들어가 새로운 진리를 배우고 경험을 얻으며, 그렇게 획득한 통찰을 각성 의식 상태로 되돌려 가져올 수 있습니다.

환영체의 중요한 이점은, 심령체와 달리 심령계의 기만적 영향이나 매혹에 좌우되지 않는다는 점입니다. 훈련되지 않은 심령 감각은 오인이나 착각에 쉽게 노출되며, 그것을 신뢰할 수 있으려면 많은 경험과 분별이 필요합니다. 그러나 환영체는 이와 같은 오류에 영향받지 않으며, 진정한 시야로 보고 참된 소리를 듣습니다. 어떠한 심령적 환영도 환영체를 속일 수 없고, 어떤 매혹도 그것을 압도할 수 없습니다. 따라서 이 몸체는 의도적으로 훈련된 수행자들이 선호하여 사용하는 도구로, 필요할 때 생성되며 목적을 달성하면 사라집니다. 이와 같이 환영체를 활용하는 수행자는 본래 접근할 수 없었던 배움의 영역에 도달하고, 평소에는 받을 수 없었던 지시와 통찰을 획득할 수 있게 됩니다.

한편, 마야비 루파라는 용어는 때때로 다양한 일시적 몸체를 지칭하는 데에도 사용되어 왔습니다. 하지만 지금까지 설명한 이 특정 형태의 정신체에 한정하여 사용하는 것이 더 명확하고 타당합니다. 예를 들어, 마야비 루파와는 달리 의식의 몸체라기보다는 단지 하나의 생각-에너지체로 구성된 형체들도 존재합니다. 이러한 형체는 심령계의 정령적 원소로 이루어진 사념의 형체라 할 수 있습니다. 이러한 생각-에너지체는 특정한 생각이나 의지를 담고 있지만, 개별적 의식을 지닌 몸체라고 보기는 어렵습니다. 이들은 단순히 의도의 표현으로 일시적으로 존재하는 것이며, 그러한 특성상 여기에서는 간단히 언급하는 것으로 충분합니다.

## 3) 의식의 다차원적 현현인 오라

이제 우리는 인간의 오라가 가장 깊은 의미에서 실제로 무엇인지 이해할 수 있는 단계에 도달했습니다. 인간의 오라는 네 가지 의식 차원에 걸쳐 동시에 나타나며 작용하는 인간 자신의 총체입니다. 각 차원에서 그가 발휘하는 능력은 오라의 발달 상태에 따라 결정됩니다. 이것은 곧 인간의 의식이 각 몸체를 통해 구체적으로 드러나는 방식입니다. 다시 말해 의식이 표현되는 모든 몸체를 의미하며, 한마디로 인간의 형태적 측면이라고 할 수 있습니다.

그래서 우리는 오라를 단지 그를 둘러싼 고리나 빛의 구름 같은 것으로 여겨서는 안 됩니다. 오라는 보다 본질적인 실재입니다. 가장 영광스러운 현현은, 붓디계에서 드러나는 영체이며, 이는 살아 있는 아트마적 불꽃이 작용하는 신성한 현존으로, 입문자들에 의해 인식되는 인간의 최고 형태입니다. 그다음은 원인체로, 이는 개별 존재가 거주하는 상위 정신계에서의 표현입니다. 그 아래에는 하위 정신계에 해당하는 정신체, 그리고 심령체, 에테르체, 물질 육체가 차례로 위치하며, 각각은 그 고유한 차원의 물질로 이루어져 있고, 해당 영역에서 인간의 모습을 구체화합니다.

훈련된 학생이 인간을 투시적으로 관찰할 때, 그 학생은 이 모든 몸체들이 인간을 구성하고 있으며, 각기 다른 물질적 밀도에 따라 구별되어 보인다는 것을 확인하게 됩니다. 이러한 몸체들의 상태와 구조는 그 인간이 진화에서 어느 단계에 있는지를 분명하게 나타냅니다.

더 높은 투시력이 발달함에 따라, 학생은 이 몸체들이 어떻게 작동하는지를 더욱 명확하게 보게 됩니다. 물질 육체는 가장 중심에 자리하며, 다른 모든 몸체들에 비해 가장 조밀한 결정체처럼 보입니다. 그 외의 몸체들은 이 물질체를 투과하고 경계를 넘어 외부로 확장되어 있으며, 물질체는 가장 작은 규모를 가집니다.

그다음으로는 심령체가 있으며, 이는 평범한 인간의 대부분을 구성하는 카마(욕망)적 본성, 즉 열정, 욕망, 감정 상태를 나타냅니다. 심령체는 인간의 정서적 정화 수준에 따라 밀도와 색조가 달라지는데, 낮은 진화 단계에서는 매우 조밀하고 탁하며, 보다 정화된 유형일수록 더 미세하고 투명해집니다. 진화가 더 진행된 존재의 심령체는 매우 미묘하고 섬세합니다.

그다음으로는 정신체가 있으며, 이는 대부분의 인간에게 아직 미완성 상태이지만, 어느 정도 발전한 경우에는 아름다운 색과 구조를 띠며, 그 색조는 개인의 정신적·도덕적 성향에 따라 매우 다양합니다.

그 위에는 원인체가 존재합니다. 원인체는 대부분의 인간에게서는 거의 식별되지 않을 정도로 미미하게 발달되어 있으며, 흐릿한 색을 띠고 활동성도 약합니다. 그러나 진보된 영혼을 볼 경우, 관찰자의 시야에 가장 먼저 들어오는 것은 바로 이 원인체와 그 위의 영체입니다. 이 상위 몸체들은 인간의 진정한 정체성과 본질을 보여 주는 요소이며, 밝은 빛과 영광으로 빛나고, 지상 세계의 어떤 색상으로도 표현할 수 없는 미묘하고 찬란한 색조를 발산합니다. 그것은 지상의 스펙트럼에는 존재하지 않는, 말로 설명할 수 없는 고차원의 색채이며, 하위 차원에서 인지할 수 있는 색들과는 전혀 다른 새로운 색의 차원을 보여 줍니다. 이러한 색채의 출현은 그 인간이 고차원적 자질과 능력 안에서 성장해 왔음을 상징합니다.

만약 누군가가 충분히 운이 좋아 위대한 존재 중 한 분을 볼 수 있다면, 그는 생명과 색채로 이루어진 거대한 살아 있는 형상으로 나타납니다.[27] 그 모습은 찬란하고, 눈부시며, 그 자체로 그 존재의 본질과 위엄을 드러냅니다. 인간의 언어로는 형언할 수 없을 만큼 아름답고, 상상을 초월할 정도로 숭고하며 영광스럽습니다. 그러나 그 존재가 지금 그와 같듯이, 결국 모든 인간은 언젠가 그와 같은 위대한 존재로 진화할 것입니다. 그 존재가 이룬 모든 위대한 경지는, 오늘날 모든 인간의 내면 깊숙한 곳에도 잠재성으로 존재합니다.

---

27 위대한 존재의 모습과 인간의 심령체 및 정신체의 발달 단계에 대한 시각 자료는 C. W. 리드비터의 저서 〈영혼의 지도, 당신의 보이지 않는 진실〉에서 찾아볼 수 있다. 이 책은 리드비터가 투시한 인간의 다차원적 몸체와 그 진화 과정에 대한 상세한 설명을 담고 있다.

### 4) 보호막으로서의 오라

오라에 대해 실용적인 관점에서 주목할 만한 점이 하나 있습니다. 인간은 자신의 오라 물질을 활용하여 구형의 보호막을 형성함으로써, 외부로부터 유입되는 생각의 침투로부터 자신을 효과적으로 보호할 수 있습니다. 오라는 생각의 자극에 매우 민감하게 반응하며, 상상력을 사용해 오라의 바깥 경계가 단단하고 조밀한 껍질처럼 응축된다고 상상하면, 실제로 오라 주변에 그러한 보호막이 형성됩니다.

이 보호막은 심령계의 공간에서 정처 없이 떠도는 생각-에너지체들의 유입을 막아 주어 훈련되지 않은 마음에 가하는 혼란스러운 영향을 방지할 수 있습니다. 또한, 이 보호막을 형성함으로써 우리가 때때로 느끼는 에테르 생명력의 고갈을 막을 수 있습니다. 이러한 에너지 고갈은 특히, 자신도 모르게 주변 사람들의 에너지를 흡혈귀처럼 빨아들이는 사람들과 접촉할 때 느껴집니다. 따라서 민감한 사람이 이러한 고갈로 인해 심한 피로를 느낀다면, 이처럼 자신을 보호하는 것이 현명한 일일 것입니다.

오라는 생각에 민감하게 반응하며, '나는 지금 이 보호막 안에 있다'는 의식만으로도 실제로 오라가 그와 같은 구조로 재편성됩니다. 인간의 생각이 미묘한 물질에 끼치는 영향력이 바로 이와 같은 것입니다.

주변을 둘러보면, 우리는 다양한 인간 존재들이 각기 다른 진화 수준에 따라 자신을 드러내고 있음을 발견합니다. 각 존재는 자신이 도달한 의식 차원에 상응하는 의식의 몸체들을 형성하고 있으며, 그 몸체들을 통해 다양한 세계에서 살아가고 기능하고 있습니다. 오라는 그 인간이 어떤 존재인지를, 얼마나 성장해 왔는지를 명확히 드러냅니다. 우리가 더 고귀하고 순수한 삶을 살아갈수록 오라는 정화되고 고양되며, 점점 더 높은 자질과 능력을 그 안에 짜 넣게 됩니다.

이보다 더 희망에 찬, 더 힘 있고 실천적인, 더 기쁨에 넘치는 삶의 철학이 있을까요? 만일 우리가 오직 육안으로만 인간 세상을 본다면, 그것은 타락과 고통으로 가득하며, 절망적인 모습으로 보일 수 있습니다. 실제로 물리적 눈에는 그렇게 보일 것입니다. 그러나 더 높은 인식으로 세상을 바라보면, 우리는 전혀 다른 실재를 발견합니다.

물론 우리는 여전히 인간의 고통, 비참함, 절망을 봅니다. 그러나 동시에 우리는 그것들이 덧없고 일시적인 것, 인류의 유년기에 속하는 현상임을 알고, 인류가 그 단계를 극복해 갈 것이라는 확신도 함께 가집니다. 가장 야만적이고 가장 타락한 존재조차도, 신성한 가능성을 지니고 있으며, 그 가능성이 미래에 어떻게 실현될지 우리는 감지할 수 있습니다.

이것이 바로 신지학이 서구 세계에 전한 희망의 메시지이며, 단순한 이상이나 환상이 아니라, 현실 속에서 실현될 보편적 해방의 약속입니다. 그것은 무지로부터의 해방이며, 동시에 고통과 혼돈으로부터의 해방입니다. 이 메시지는 꿈이나 희망의 수준에 머무르지 않으며, 실제적 확실성으로 작용합니다.

삶 속에서 의식적으로 성장해 나가는 모든 인간은 이 메시지의 한 구현이며, 진리를 확증하는 증거입니다. 곳곳에서 이미 첫 열매들이 맺히고 있고, 머지않아 온 인류는 하나의 성숙한 수확으로 나아갈 것입니다. 그리하여 인간을 창조한 로고스의 목적은 마침내 완전히 실현될 것입니다.

## 5. 인간: 의식의 발달과 궁극의 통일

### 1) 물질계에서의 의식 발달

#### (1) 의식의 여명

이제 우리는 초점을 옮겨, 의식의 몸체 자체가 아니라 그 몸체에 대한 의식의 작용을, 그리고 몸의 외부가 아니라 그 안에서 기능하는 실체를 고찰해야 합니다. 여기서 "인간(the man)"이란, 이전 장에서 언급된 더 높은 마나스적 혹은 정신적 차원에 존재하는, 계속해서 이어지는 개체를 의미합니다. 그는 생을 거듭하며 반복적으로 몸에 들어왔다 나가기를 계속하고, 오랜 세월에 걸쳐 서서히 발전하며, 경험을 모으고 동화함으로써 성장합니다. 바로 이 인간, 즉 우리가 이제 익숙해진 세 가지 차원인 물질계, 심령계, 정신계에서 기능하는 이 존재가 우리의 연구 주제가 될 것입니다.

인간은 물질계에서 자의식을 발전시키면서 자신의 경험을 시작합니다. 바로 이 물질계에서 각성 의식, 즉 인간이 일상적으로 사용하는 자각의 상태가 드러납니다. 이러한 자의식은 뇌와 신경계를 통해 작동하며, 우리는 이를 통해 논리적 추론을 수행하고, 삶의 경험을 기억하고, 다양한 문제에 대해 판단을 내립니다. 우리가 인식하는 정신적 능력들은, 모두 이 자아(man)가 과거 수많은 윤회 과정에서 점차 축적해 온 진화의 산물입니다. 자아(man)가 계속해서 발달함에 따라, 자의식은 점점 더 분명해지고, 활기를 띠며, 생명력 있는 작용체로서 성숙해집니다.

아직 발달이 늦은 단계에 있는 인간을 관찰하면, 그 자의식은 질적으로 매우 낮고, 양적으로도 제한적이라는 것을 알 수 있습니다. 그 미발달한 인간은 조밀한 물질로 구성된 육체와 그에 대응하는 에테르체를 통해 작용하지만, 정신적 활동은 매우 유치하고 미숙합니다. 뇌와 신경계 전체에서 일어나는 모든 작용이 비가시적인 차원까지 포함하여 끊임없이 발생하지만, 그 활동은 서투르고 분별력이 부족하며, 외부로부터의 자극에 민감하면서도 내적 사고는 거의 없습니다.

그 사람이 하는 정신적 작용은 대부분 단순하고, 유아적이며, 사소한 자극에만 반응합니다. 예컨대, 창가에 앉아 거리의 사람들과 차량을 지켜보며, 누군가가 웅덩이에 넘어지거나 물을 뒤집어쓰는 장면을 보고 환희에 차 웃음을 터뜨리는 식입니다. 이 단계의 인간은 내면에서 주도적으로 끌어내는 생각이 적기 때문에, '자신이 살아 있음을 느끼기 위해 항상 외부의 자극을 추구'합니다.

이와 같은 수준의 자아(man)가 지닌 주요 특징은 강렬한 감각을 끊임없이 추구한다는 점입니다. 그 사람은 생생하고 날카로운 감각을 통해 자신이 존재하고 있다고 느끼고, 그렇게 해서 사물과 자신 사이의 구분을 배워야 합니다. 이처럼 감각을 통한 자각은 초보적이지만 필수적인 진화 단계이며, 이 과정을 통해 인간은 내부 감각과 외부 자극 사이의 경계를 식별할 수 있게 됩니다. 예컨대, 자극과 그에 따른 감각, 충격과 그로 인한 반응을 구분함으로써 그는 '자아'와 '비자아'라는 존재의 알파벳을 학습합니다.

이 단계의 가장 낮은 유형의 인간은 길가에 앉아, 벽에 기대어, 무의미한 말을 주고받으며 빈둥대고, 간헐적으로 낄낄 웃습니다. 만약 그 사람의 뇌 속을 들여다볼 수 있다면, 그는 지나가는 대상에게서 매우 흐릿한 인상을 받을 뿐이며, 그러한 인상들 간의 연결도 매우 미약하다는 것을 발견할 것입니다. 그 사람의 이 인상들은 잘 정돈된 모자이크라기보다는 흩어진 조약돌 더미처럼 단편적이고 분산되어 있습니다.

### (2) 생각의 탄생과 근원

물리적 뇌와 에테르 뇌가 '의식의 몸체'가 되는 방식을 탐구하려면, 우리는 의식이 스스로를 '나'라고 느끼기 시작하는 초기 단계, 곧 나다움(Ahamkâra)[28]의 출현 시점까지 거슬러 올라가야 합니다. 이러

---

28  아함카라(Ahamkâra, 나다움): 인도 철학에서 말하는 '아함카라'는 '내가 있다'는 자각, 즉 자아의식의 시작을 의미한다. 이는 자신과 외부 세계를 구분하고, 자신을 '행위

한 의식의 초기 형태는 오늘날 우리 주변의 하위 동물들에게서도 확인할 수 있습니다.

외부 대상의 자극은 진동 형태로 물리적 뇌에 전달되며, 이 진동은 다시 심령체로 전달됩니다. 이러한 자극은 의식 안에서 '감각'으로 먼저 나타나며, 그 감각이 외부 대상과 연결될 때 비로소 명확한 인식, 곧 지각이 일어납니다. 이 지각이 시작되는 순간, 의식은 물리적 및 에테르 뇌를 자신의 '지식 수집 도구'로 사용하게 됩니다.

비록 이 단계는 인류의 진화에서는 이미 오래전에 지나갔지만, 인간이 새로운 육체로 환생할 때 이 초기 과정을 일시적으로 반복하는 것을 관찰할 수 있습니다. 예컨대, 유아는 생후 일정 시점부터 "알아보는" 능력을 보입니다. 즉, 감각 경험을 통해 외부 세계의 인상을 받아들이고, 이를 자신의 몸체와 연결함으로써 대상을 인식하게 되는 것입니다. 이는 새로운 몸체라는 '칼집' 속에서 의식이 다시 외부 세계와 연결되는 초기 작용이라 할 수 있습니다.

시간이 지나면서, 의식은 외부 자극이 직접적으로 주어지지 않아도 그 대상을 떠올릴 수 있게 됩니다. 즉, 자극이 없어도 대상을 기억된 형태로 불러올 수 있게 되는 것입니다. 이러한 기억된 지각은 아이디

---

자'로 인식하는 초기 단계로, 고유한 자아가 세계 속에서 자신을 인식하는 기점을 나타낸다.

어, 개념, 정신적 이미지로서 의식이 외부 세계로부터 수집한 인식의 저장소를 형성합니다.

이제 의식은 이 축적된 생각을 바탕으로 능동적인 작용을 시작합니다. 그 첫 단계는 생각들을 배열하는 일, 즉 '추론'을 준비하는 과정입니다. 의식은 서로 다른 생각들을 비교하고, 그 생각들 사이에서 반복되는 순서나 연관성을 발견해, 그 사이에 존재하는 관계를 추론합니다. 이 과정에서 의식은 자신이 만들어 낸 생각들을 대상으로 삼아, 거리를 두고 이를 관찰하고 분석하는 능력을 개발합니다. 예컨대, 어떤 사건이 일어난 후에 또 다른 사건이 반복적으로 뒤따른다면, 의식은 전자를 '원인', 후자를 '결과'로 인식하게 됩니다.

또한 의식은 여러 생각들을 비교함으로써 공통적인 속성과 개별적인 차이를 구별하고, 유사한 속성을 가진 대상들을 한 범주로 묶어 유형화와 분류를 시작합니다. 이와 같은 반복적 사고는, 처음에는 단순한 감각의 혼돈처럼 보이던 현상을 질서와 구조를 갖춘 '우주'로 정리해 나가는 과정입니다. 결국 의식은 자연 속의 일정한 순서와 반복성을 발견하고, 자연법칙을 추론하게 됩니다.

이 모든 과정은 물리적 뇌와 그를 통한 의식의 작용을 통해 이루어지지만, 이러한 작용만으로는 설명되지 않는 보다 근원적인 원리가 작동하고 있습니다. 물리적 뇌는 단지 진동을 수용하는 역할을 합니다. 의식은 이 진동을 심령체를 통해 감각으로 전환하고, 다시 정신체를 통해 지각으로 바꾸며, 나아가 그것을 기반으로 복잡한 사고와 법칙에 대한 인식으로 발전시켜 나갑니다.

무엇보다 중요한 점은, 이렇게 작용하는 의식이 단순히 물질계의 산물이 아니라는 사실입니다. 인간의 생각을 이끄는 모든 법칙은 우주에 본래부터 깃들어 있는 지적인 원리에 따라 작동하며, 그 원리는 마치 위에서 마음속으로 비추어지는 빛처럼 작용합니다. '생각의 법칙'은 모든 생각의 기반이 되는 조건이며, 인간이 생각할 수 있다는 사실 자체가 이 법칙의 존재를 보여 줍니다. 이 법칙이 없다면 어떤 생각도 일어날 수 없고, 생각은 바로 이 지적인 원리 속에서만 일어날 수 있습니다.

### 2) 훈련을 통한 진보

#### (1) 신경 경로의 형성과 위험성

의식이 육체라는 표현 수단을 통해 작용하려는 초기 단계에서는, 불완전한 지각과 잘못된 추론으로 인해 수많은 오류가 발생합니다. 성급한 추론이나 제한된 경험에 근거한 일반화는 많은 결론을 왜곡시킵니다. 논리학의 규칙들은 바로 이 사고 능력을 훈련시키고, 훈련되지 않았을 때 계속해서 빠지게 되는 오류를 피하게 하려고 만들어진 것입니다.

하지만 이러한 불완전함에도 불구하고, 하나의 현상에서 다른 현상으로 나아가려는 이 추론의 시도 자체는 인간이 성장하고 있다는 분명한 징표입니다. 왜냐하면 이는 인간이 외부로부터 주어진 정보에 자기 자신의 무언가를 더하고 있음을 보여주기 때문입니다.

이렇게 수집된 인식 대상들을 처리하는 과정은 물리적 몸체 자체에 영향을 미칩니다. 마음이 하나의 지각을 다른 지각과 연결할 때, 뇌에서도 그에 상응하는 진동을 일으켜 각 지각을 발생시켰던 진동의 집합들 사이에 물리적인 연결 고리를 만듭니다. 정신체가 활동을 시작하면, 그것은 심령체에 작용하고, 심령체는 다시 에테르체와 물질 육체에 영향을 주며, 그 결과로 물질 육체의 신경 물질은 전달된 충동에 따라 진동하게 됩니다.

이러한 작용은 전기적 방전 현상으로 나타나며, 분자와 분자 집단 사이에는 자기적 흐름이 생성되어 복잡한 상호작용을 일으킵니다. 이 작용은 우리가 흔히 '신경 경로'라고 부르는 것들을 형성하는데, 이러한 경로를 따라 흐르는 전류는 다른 경로를 가로질러 흐를 때보다 훨씬 수월하게 흐를 수 있습니다. 만약 과거에 특정 진동에 관여했던 분자 집단이, 의식 속에서 동일한 생각이 반복됨에 따라 다시 활성화된다면, 그 집단에서 발생한 교란은 이전에 형성된 연결 경로를 따라 쉽게 전달됩니다. 이어서, 그 경로를 따라 다른 관련된 분자 집단들이 연속적으로 활성화되며, 이러한 흐름은 일정한 변형 과정을 거쳐 최종적으로 연상된 생각 흐름의 진동 형태로 정신 안에 다시 나타납니다.

이러한 이유로 연상 작용은 매우 중요합니다. 하지만 뇌의 이 같은 작용은 때때로 매우 곤란한 결과를 낳기도 합니다. 예를 들어, 어리석거나 우스꽝스러운 생각이 진지하고 신성한 생각과 연결된 경우가 그러합니다. 의식은 신성한 사상을 떠올리고 그에 몰두하려고 하지만, 뇌의 기계적인 작용으로 인해 의식의 동의 없이도 침입적인 생각이 불쑥 끼어들어, 마치 성소의 문을 부수고 들어온 이물처럼 그 신성함을 더럽히게 됩니다.

이런 이유로 지혜로운 사람들은 연상의 법칙에 각별한 주의를 기울이며, 가장 신성한 것들에 대해 말할 때 특히 조심합니다. 왜냐하면 어리석고 무지한 사람이 경박하거나 저급한 생각과 거룩한 생각 사이에 연결 고리를 무심코 만들어 놓을 경우, 그가 후에 진지하게 명상하려 할 때, 이전에 형성된 연상 작용으로 인해 거칠고 부적절한 이미지가 자기도 모르게 의식에 침입해 자신을 괴롭힐 수 있기 때문입니다.

이 점에서 위대한 스승인 예수의 말은 깊이 새길 가치가 있습니다.

"거룩한 것을 개에게 주지 말고, 너희의 진주를 돼지 앞에 던지지 말라."

(2) 내면의 힘, 의지력을 깨우는 훈련

또 하나의 중요한 진보의 징표는 인간이 외부로부터 주어지는 자극에 반응하는 대신, 자신의 내면에서 이끌어 낸 결론에 따라 행동을 조율하기 시작할 때 나타납니다. 이때 인간은 과거의 경험을 저장한 내적 기억의 창고로부터 행동하며, 이전의 사건들을 기억하고, 다양한 행동 방식에 따른 결과를 비교하여, 그에 기반해 현재의 행동 방식을 결정합니다. 인간은 예견하고, 예측하며, 과거의 경험을 통해 미래를 판단합니다. 이미 발생한 일들을 기억함으로써 그 사람은 앞서 나아가며 추론하기 시작합니다. 이와 같이 행동하는 그때, 인간으로서의 분명한 성장이 이루어집니다.

비록 그 사람이 여전히 물리적 뇌 안에서 기능하는 데 국한될 수 있고, 그 외의 차원에서는 활동하지 않을 수도 있지만, 그 사람은 개별적 존재로서 행동하기 시작합니다. 그 사람은 더 이상 외부 환경에 휘둘리거나 외적 압력에 의해 특정 행동 노선을 강요당하지 않고, 오히려 자신의 길을 선택하는 발달하는 의식이 되어 갑니다. 이처럼 인간의 성장은 분명한 방식으로 나타나며, 그 사람은 점차 '의지력'이라 불리는 자질을 발전시킵니다.

의지가 강한 사람과 약한 사람은 바로 이 지점에서 구별됩니다. 의지가 약한 사람은 외부의 자극인 쾌락과 혐오에 의해 움직이지만, 의지가 강한 사람은 내면으로부터 움직입니다. 그 사람은 축적된 경험이라는 창고에서 이끌어 낸 적절한 힘을 사용하여, 끊임없이 환경을 지배해 나갑니다.

이 경험의 창고는 여러 생에 걸쳐 인간이 모으고 축적한 것으로, 인간의 내면에 존재합니다. 육체의 뇌가 더 많이 훈련되고 정제되어 수용성이 높아질수록, 이 창고는 점점 더 사용 가능해집니다. 창고는 항상 인간 안에 있지만, 그는 오직 자신의 물질 의식에 각인시킬 수 있는 만큼만 그것을 사용할 수 있습니다.

기억하고, 추론하며, 판단하고, 선택하고, 결정하는 주체는 인간 자신입니다. 하지만 이 모든 일은 반드시 인간의 물질 뇌와 에테르 뇌를 통해 이루어져야 합니다. 인간은 육체, 신경 체계, 그리고 그와 연결된 에테르 유기체를 통해서만 작용하고 행동할 수 있습니다. 따라서 뇌의 수용성이 높아지고, 그 재료를 개선하며, 통제력을 높일수록, 인간은 자신을 더 잘 표현하는 도구로 뇌를 사용할 수 있게 됩니다. 그렇다면 살아있는 우리 인간은, 의식의 몸체들을 더 나은 도구로 사용하기 위해 어떻게 훈련해야 할까요? 지금 우리가 다루는 것은 몸체의 물리적 발달이 아니라, 그것을 생각의 도구로 사용하는 의식에 의한 훈련입니다. 이를 위해선 인간은 자신이 보내는 충동에 신속하고 일관되게 반응하도록 몸을 훈련시켜, 더욱 유용한 도구로 만들기로 결심해야 합니다. 이 훈련의 핵심 원리는 이것입니다. 시작은 인간이 하며, 뇌는 단지 모방할 뿐입니다.

따라서 뇌가 일관되게 반응하도록 만들기 위해, 인간은 스스로 일관되게 생각해야 합니다. 이 훈련은 두 가지 측면에서 동시에 이루어집니다. 첫째는 정신체 자체를 훈련하는 것입니다. 인간은 일관되게 생각하기로 결심하고, 자신의 정신체가 생각을 생각에 연결하며 다른 곳으로 벗어나지 않도록 길들입니다. 둘째는 뇌를 훈련하는 것입니다. 인간이 정신체를 통해 그렇게 일관되게 생각하는 바로 그 행위가, 자기 생각에 응답하여 진동하는 뇌를 직접 훈련시키는 과정이 됩니다. 이는 부주의하고 단절된 생각이 뇌에 나쁜 습관을 만드는 것과 정반대의 과정입니다.

이러한 방식으로 신경계와 에테르계라는 물리적 기관들은 체계적으로 작동하는 습관을 들이게 됩니다. 그 결과, 그 주인이 원할 때면 언제든 신속하고 질서정연하게 반응하며, 필요할 때 즉시 사용할 수 있도록 손안에 준비되어 있게 됩니다.

이처럼 훈련된 의식의 몸체와 훈련되지 않은 몸체의 차이는, 마치 두 장인의 도구 차이와도 같습니다. 한 명은 부주의한 장인으로, 그의 도구들은 더럽고 무뎌져 쓸모가 없습니다. 다른 한 명은 숙련된 장인으로, 그의 도구들은 항상 날카롭고 깨끗하게 준비되어 있어, 주의를 요하는 작업이 필요할 때면 언제든 즉시 사용할 수 있습니다. 이와 같이, 육체라는 몸체는 항상 정신의 부름에 응답할 준비가 되어 있어야 합니다.

### 3) 심령계로의 의식 확장

육체에 대한 이러한 지속적인 훈련은 단지 뇌의 능력 향상에만 그치지 않습니다. 왜냐하면 육체로 전달되는 모든 충동은 반드시 심령체를 통과하기 때문에, 심령체 또한 영향을 받기 때문입니다. 이미 보았듯이, 심령 물질은 물리적 물질보다 생각의 진동에 훨씬 더 민감하게 반응합니다. 그러므로 지금까지 논의해 온 일련의 훈련 과정은 심령체에 훨씬 더 큰 영향을 미칩니다.

이러한 영향 아래에서 심령체는 앞서 묘사된 것처럼 점차 뚜렷한 윤곽을 띠고, 잘 조직된 형태를 갖추게 됩니다. 인간이 뇌를 통제하는 법을 배우고, 집중하는 법을 익히며, 원할 때 원하는 방식으로 생각할 수 있게 되면, 그에 상응하는 변화가 꿈의 세계에도 일어납니다. 그 사람의 꿈은 생생하고, 일관되며, 논리적이고, 때로는 교훈적이기까지 합니다. 그 사람은 이제 의식의 두 번째 몸체인 심령체에서 활동하기 시작하며, 의식의 두 번째 위대한 차원인 심령계에 들어서게 됩니다. 이는 그가 육체와 분리된 심령체 안에서 의식적으로 기능하기 시작했다는 의미입니다.

 잠시 두 사람을 비교해 봅시다. 두 사람 모두 물리적 몸체 안에서 완전히 깨어 있는 상태입니다. 그러나 한 사람은 심령체를 단지 마음과 뇌 사이의 무의식적인 다리로만 사용할 뿐이고, 다른 한 사람은 그것을 의식적인 몸체로 사용합니다. 전자는 제한된 방식으로만 세상을 인식하며, 그의 심령체는 아직 의식의 실질적인 도구가 되지 못합니다. 반면, 후자는 심령적 시야를 사용하며 물리적 제약을 받지 않습니다.

 심령체를 의식의 몸체를 사용하는 사람은 모든 물질을 투과해 봅니다. 앞만 보는 것이 아니라, 뒤도 봅니다. 벽이나 물질적 장애물은 그에게 유리처럼 투명하게 보입니다. 그 사람은 또한 심령 형태, 색채, 오라, 정령들을 인식합니다. 콘서트에 가면, 음악이 고조될 때 찬란한 색채의 교향곡을 봅니다. 강연장에 가면, 연사의 생각을 색과 형태로 감지하여, 단순히 말로만 듣는 청중보다 훨씬 더 풍부하고 완전한 내용을 인식합니다.

 왜냐하면, 말이라는 상징은 단지 생각의 일부 표현일 뿐이며, 생각은 또한 색과 소리로 된 형태로 나타나 심령 물질을 옷 입고 심령체에 각인되기 때문입니다. 만약 의식이 이 심령체 안에서 깨어 있다면, 이 모든 부가적인 인상들을 받아들이고 기억하게 됩니다.

많은 사람들이 자신의 내면을 깊이 살펴본다면, 강연을 듣는 동안에는 의식하지 못했을지라도, 연사로부터 단순한 말 이상을 받아들였다는 것을 발견할 것입니다. 때로는 연사가 말한 내용보다 더 많은 것이 기억에 남습니다. 말의 의미를 넘어서는 느낌이나 암시가 떠오르며, 생각을 이끌어가는 일종의 흐름이 형성되기도 합니다. 이러한 경험은 심령체가 성장하고 있으며, 인간이 생각에 주의를 기울임으로써 심령체를 무의식적으로 사용하고 있다는 사실을 보여 줍니다. 그리고 이로 인해 심령체는 점점 더 조직화되고 있는 것입니다.

사람들이 잠자는 동안 '무의식' 상태가 되는 이유는, 심령체가 미개발되었거나 심령체와 물질 뇌 사이의 의식적 연결 고리가 없기 때문입니다. 일상 의식 속에서 인간은 심령체를 통해 정신의 흐름을 물질 뇌로 보냅니다. 하지만 인간이 외부 세계의 인상을 받아들이는 데 늘 사용하던 도구인 물질 뇌가 잠잠해지면, 그는 어찌할 바를 모르게 됩니다. 이는 마치 전쟁에 나가면서 한 번도 입어보지 않은 낯선 갑옷을 걸친 다윗과도 같은 상황입니다. 인간은 아직 독립적인 사용법을 익히지 못한 심령체라는 '낯선 갑옷'을 통해서만 들어오는 인상에 거의 반응하지 못합니다.

더 나아가, 그는 심령계에서 심령체를 독립적으로 사용하는 법을 배울 수는 있지만, 물질 육체로 돌아왔을 때 자신이 그것을 사용했다는 사실조차 인지하지 못할 수도 있습니다. 이것이 바로 인간의 더

딘 진보의 또 다른 단계입니다. 이처럼 인간은 아래 세계와의 연결을 만들기 전에, 먼저 심령체 고유의 세계에서 심령체를 사용하는 법부터 시작합니다. 그리고 마침내 인간은 그 연결을 만들어냅니다. 그러면 그는 완전한 의식을 유지한 채 하나의 몸체에서 다른 몸체로 자유롭게 넘나들게 되며, 심령 세계의 제약으로부터 벗어납니다. 그 사람은 자신의 일상 의식의 영역을 심령계까지 명확히 확장한 것입니다. 이제 그 사람은 육체 안에 있으면서도 심령 감각을 온전히 자신의 의지대로 사용할 수 있으며, 두 세계에 동시에 살고 있다고 말할 수 있습니다. 그에게는 두 세계 사이에 어떤 단절이나 간극도 없으니, 마치 태어날 때부터 맹인이었다가 눈을 뜬 사람처럼 새로운 인식의 빛 속에서 물질세계를 걷게 되는 것입니다.

### 4) 정신계로의 의식 확장

진화의 다음 단계에서, 인간은 세 번째 차원인 정신계에서 의식적으로 활동하기 시작합니다. 사실 그 사람은 오랜 시간 동안 이미 이 차원에서 활동해 왔습니다. 지금까지 심령계에서 활발한 형태로 존재하며, 뇌를 통해 물질계에 표현되는 모든 생각들을 이 정신계에서 하위 차원으로 보내왔던 것입니다.

그러나 이제 그 사람은 자신의 정신체 안에서 의식적으로 깨어 있게 되며, 생각할 때마다 자신이 형태를 창조하고 있다는 사실을 자각하게 됩니다. 그 사람은 자신이 '창조 행위'를 하고 있다는 것을 깨닫습니다. 물론 그는 오랫동안 그 힘을 무의식적으로 행사해 왔지만, 이제 그 작용을 의식하게 되는 것입니다.

독자는 『오컬트 세계』에 인용된 편지 중 하나를 떠올릴 수 있을 것입니다. 그 편지에서 한 스승은 모든 사람이 생각-에너지체를 만든다고 말하면서도, 보통 사람과 아뎁트[29]의 차이를 분명히 구분합니다. 보통 사람은 무의식적으로 생각-에너지체를 생성하지만, 아뎁트는 그것을 의식적으로 창조한다는 것입니다.

인간이 이 발달 단계에 이르면, 그 사람의 유용성은 크게 증대됩니다. 왜냐하면 그가 이제 의식적으로 생각-에너지체를 만들고, 지시할 수 있게 되었기 때문입니다. 그 사람은 자신의 정신체가 직접 가기 어려운 장소에서도 이러한 존재들을 통해 작업을 수행할 수 있습니다.

그 결과, 그 사람은 가까이서뿐 아니라 멀리서도 작업할 수 있게 되며, 자신의 효율성과 유용성은 한층 더 확장됩니다. 그는 멀리 떨어진 곳에서도 이 생각-에너지체들을 통제하고, 그것들의 작용을 지켜보

---

29  아뎁트(Adept): 아뎁트는 영적 진화의 여정에서 높은 경지에 도달한 존재, 즉 영적 스승을 의미한다. 이들은 수많은 윤회를 통해 영적 지혜와 능력을 완성했으며, 첼라(Chela)를 지도하고 인류의 영적 성장을 돕는 역할을 한다. 아뎁트는 신성한 지혜의 수호자이자 영적 진리의 전달자로서, 인류가 더 높은 의식 수준으로 진화하도록 이끈다.(편집자 주)

며 인도하고, 자신의 의지의 대리자로 활용합니다.

 정신체가 발달하고 인간이 그 안에서 의식적으로 살고 활동하기 시작하면, 그 사람은 정신계에 속한 더 넓고 더 위대한 삶을 인식하게 됩니다. 비록 그는 여전히 육체 안에 머무르고 있고, 물리적 환경을 통해 의식하고 있다 하더라도, 그 사람은 그와 동시에 더 높은 세계에 깨어 있으며, 활발히 활동하고 있습니다. 이때 그는 더 높은 능력을 사용하기 위해 육체를 '잠재워야 할' 필요가 없습니다. 그는 정신적 감각을 습관적으로 사용하며, 이를 통해 정신계로부터 다양한 인상을 받아들입니다. 그 결과, 다른 사람들의 모든 정신 활동을 마치 그들의 신체 움직임을 인식하듯이 감지합니다.

 인간이 이러한 발달 수준에 도달하면 그 사람은 자신의 세 번째 몸체, 즉 정신체 안에서 의식적으로 기능하게 됩니다. 그 사람은 그 몸체 안에서 자신이 하는 모든 활동을 추적하고, 그 능력과 한계를 체험합니다. 또한 그는 자신이 사용하는 이 정신체와 자기 자신을 구별하는 법을 배우게 됩니다. 그러면서 그 사람은 '개체적 자아'가 실제로는 환상이라는 사실을 점차 깨닫습니다. 그가 '나'라고 인식하던 것은 사실 정신체일 뿐이며, 진정한 '나'는 상위 정신계에 존재하는 원인체의 고유성(individuality)과 의식적으로 자신을 동일시합니다.

 그 사람은 진정한 인간으로서의 자신이 정신체로부터 물러나 그것을 뒤에 남겨두고 더 높은 차원으로 올라가면서도, 여전히 자기 자신으로 존재할 수 있음을 발견합니다. 그리고 마침내 그는 수많은 생이 실은 하나의 생이며, 살아있는 인간으로서의 자아(Self)는 그 모든 과정을 관통해 변함없이 자기 자신으로 존재한다는 것을 알게 됩니다.

### 5) 잠의 간극을 잇는 법, 심령체의 활성화

#### (1) 몸체들의 연결고리와 쿤달리니

이제 연결 고리에 대해 말씀드리겠습니다. 여기서 말하는 연결 고리란, 인간의 여러 몸체들 사이인 물리적 몸체, 에테르체, 심령체, 정신체, 그리고 원인체를 잇는 보이지 않는 연결 구조를 의미합니다.

이 연결 고리들은 처음에는 인간의 의식에 포착되지 않지만, 분명히 존재합니다. 만약 그것들이 존재하지 않는다면, 인간은 의식을 상위 차원에서 하위 몸체로 전이할 수 없을 것입니다. 그러나 대부분의 사람은 이러한 연결 고리들의 존재를 인식하지 못하며, 그것들은 기능적으로 활성화되지 않은 상태로 남아 있습니다. 이는 마치 물리적 몸체 안에 존재하지만 사용되지 않는 퇴화 기관과 유사합니다.

생물학을 공부한 사람이라면, 퇴화 기관에는 두 종류가 있다는 것을 알고 있을 것입니다. 첫 번째는 생물이 과거에 거쳐온 진화 단계를 보여 주는 흔적이며, 두 번째는 미래의 진화 방향을 암시하는 구조입니다. 이들 기관은 몸 안에 있지만, 기능하지 않습니다. 그것들은 과거에 활동했거나 아직 미래에 기능할 준비가 되지 않은 상태입니다.

이러한 유추에 따르면, 저는 인간의 연결 고리들을 두 번째 종류의 퇴화 기관에 비유할 수 있다고 봅니다. 다시 말해, 물질 육체와 에테르체, 심령체, 정신체, 원인체를 서로 잇는 연결 고리들은 존재하지만, 대부분의 경우 아직 비활성화된 상태로 머물러 있습니다. 그것들은 반드시 발달되어야 하며, 물리적 기관들과 마찬가지로 사용을 통해서만 발달됩니다.

생명력은 이 연결 고리들을 통해 흐르고, 정신적 에너지 역시 이 경로를 따라 흐르면서 그들을 살아 있게 하고 에너지를 공급합니다. 그러나 이 연결 고리들이 실제로 기능하기 시작하는 것은 인간이 그것들에 주의를 집중하고, 자신의 의지로 그 발달을 의도적으로 촉진할 때입니다. 의지의 작용은 이 비활성 상태의 연결 고리들을 서서히 깨어나게 하며, 매우 느리더라도 차츰차츰 실제적인 기능 수행으로 이끌어 냅니다. 인간은 그때부터 자신의 의식을 한 몸체에서 다른 몸체로 이동시키기 위해 이 연결 고리들을 사용하게 됩니다.

물리적 육체 안에는 신경 중추, 즉 신경세포로 구성된 작은 집단이 존재하며, 외부 자극이나 뇌에서 전달되는 신호 모두 이 중추들을 통과합니다. 이 중 하나라도 손상되면 즉시 장애가 발생하고, 물리적 의식은 큰 방해를 받습니다.

이와 유사하게, 심령체에도 중추적 기능을 수행하는 구조들이 존재합니다. 그러나 대부분의 미발달된 인간에게 있어 그것들은 아직 미성숙한 상태이며 실제로 작용하지 않습니다. 이 구조들이 바로 심령체와 물리적 몸체 사이, 그리고 심령체와 정신체 사이를 연결하는 고리 역할을 하며, 진화가 진행됨에 따라 인간의 의지에 의해 점차 활성화됩니다.

그 결과로 인도의 경전에서는 이 과정을 쿤달리니(Kundalinî), 즉 '뱀의 불꽃'이라고 표현합니다. 쿤달리니의 해방과 상승은 바로 이러한 연결 고리들의 각성과 통로의 개통을 의미합니다. 하지만 그 직접적인 활성화에 앞서 반드시 선행되어야 하는 것이 있습니다. 그것은 바로 몸체들의 훈련과 정화입니다.

왜냐하면 이러한 준비가 철저히 이루어지지 않은 상태에서 쿤달리니가 활성화될 경우, 그것은 의식을 고양시키는 에너지가 아니라 오히려 파괴적인 힘으로 작용할 수 있기 때문입니다. 이것이 우리가 정화를 강조하는 이유이며, 모든 진정한 요가 수행에서 그것이 반드시 선행되어야 하는 필수 조건으로 간주되는 이유이기도 합니다.

(2) 단절 없는 의식의 성취와 봉사

인간이 이러한 연결 고리들의 활성화에 대해 안전하게 도움을 받을 자격을 갖추게 되면, 그 사람은 언제나 진지하고 이타적인 구도자를 돕고자 준비되어 있는 존재들로부터 자연스럽게 도움을 받게 됩니다. 그 도움은 외부에서 강제되는 것이 아니라, 그가 자격을 갖추었기에 '응답'으로서 주어지는 것입니다. 그러던 어느 날, 그 사람은 완전히 깨어 있는 상태에서 자신이 육체에서 미끄러져 나오는 경험을 하게 됩니다. 그리고 놀랍게도, 의식의 어떤 단절도 없이 자신이 자유롭다는 것을 인식합니다. 이러한 경험이 몇 차례 반복되면, 몸체에서 몸체로 이동하는 것은 더 이상 낯설지 않고, 익숙하며, 수월한 일이 됩니다.

일반적인 경우, 심령체가 수면 중에 육체를 떠날 때에는 짧은 무의식의 시간이 있습니다. 설령 인간이 심령계에서 활발하게 활동하고 있다 하더라도, 물리적 뇌로 돌아왔을 때 그 무의식을 의식으로 전환하지 못합니다. 몸을 떠날 때 무의식 상태였다면, 다시 몸으로 들어올 때도 마찬가지로 무의식적일 가능성이 높습니다.

따라서 심령계에서의 활동은 생생하고 완전한 의식으로 이루어졌을지라도, 물리적 뇌에는 전혀 아무런 흔적도 남지 않을 수 있습니다. 그러나 만약 인간이 각성된 의식 상태에서 몸체를 이탈하고, 그에 앞서 몸체들 사이의 연결 고리를 기능적으로 발달시켜 두었다면, 그 사람은 그 두 차원 사이의 간극을 연결한 것입니다. 더 이상 그는 이 간극은 단절이 아니며, 그 사람의 의식은 한 차원에서 다른 차원으로 유연하고 빠르게 이동하게 됩니다. 그리고 그는 두 차원에서 동일한 자아(Self)로 자신을 인식합니다.

물리적 뇌가 정신체로부터 오는 진동에 반응하도록 충분히 훈련될수록, 그 사람은 점차 낮과 밤 사이, 육체와 심령체 사이의 간극을 자유롭게 연결할 수 있게 됩니다. 뇌는 점차 인간의 순종적인 도구가 되어, 그의 의지에서 비롯된 충동에 따라 민감하게 활동합니다. 잘 훈련된 말이 손이나 무릎의 아주 미세한 접촉에도 반응하듯이, 그 사람의 뇌는 명령을 기다리고 응답합니다.

이처럼 의식의 두 하위 몸체인 육체와 심령체를 통합한 인간에게는, 심령계가 열린 세계로 다가옵니다. 그 세계는 한층 더 큰 도움의 가능성과 막대한 에너지의 확장, 그리고 보다 넓은 봉사의 영역을 제공합니다.

이때 그는, 왜 기쁜지도 모른 채 기쁨을 느끼는 사람의 기쁨을 맛보게 됩니다. 그는 어떤 이가 감당하기 어려운 짐에 짓눌려 비틀거리는 모습을 보면서, 마치 기적처럼 그 짐이 가벼워지는 것을 봅니다. 그는 상처 입은 형제를 보며, 직접 손을 내밀지는 않았지만 그 상처가 달래지고 치유되는 모습을 목격합니다. 그는 무거웠던 마음이 어느새 가볍고 기쁨에 차 있으며, 어디서 오는지도 모를 위안과 따뜻함이 깃드는 것을 느낍니다.

그의 기쁨은 실천하는 자의 기쁨이며, 알려지지 않은 조력자의 은밀한 기쁨이며, 확장된 의식이 주는 환희입니다.

## 6) 생과 생의 간극을 잇는 원인체 활성화

### (1) 영원한 기억의 열쇠 원인체

삶과 삶 사이의 간극을 연결하기 위해서는 단순히 심령체가 완전하게 기능하고, 심령체와 육체 사이의 연결 고리들이 완전하게 작동하는 것만으로는 충분하지 않습니다. 밤낮을 통틀어 끊김 없는 기억을 유지할 수 있다는 것은, 단지 이 두 가지 조건이 충족되었음을 의미할 뿐입니다. 그러나 만약 어떤 인간이 삶과 삶 사이, 즉 생과 생 사이의 간극까지도 연결하고자 한다면, 그는 단지 심령체 안에서 완전한 의식으로 활동하는 것을 넘어서야 하며, 심지어 정신체 안에서 의식적으로 활동하는 것보다도 더 높은 단계에 도달해야 합니다. 왜냐하면 정신체는 하위 정신계의 물질로 이루어져 있고, 윤회의 핵심은 그곳이 아니라 상위 정신계에서 일어나기 때문입니다. 정신체 역시, 심령체나 육체처럼 적절한 시점에서 해체되며, 아무것도 다음 생으로 직접적으로 건너가지 못합니다.

결국 삶과 삶 사이의 기억 문제는 한 가지 질문으로 요약됩니다. 즉, "인간이 상위 정신계의 원인체로서 의식적으로 기능할 수 있는가?"입니다. 삶에서 삶으로 이어지는 것은 원인체입니다. 모든 것이 저장되는 장소, 모든 경험이 남는 장소, 그리고 모든 의식이 다시 내려오기 전에 끌어올려지는 그 차원이 바로 원인체의 세계입니다.

이제 물리적 세계 너머의 삶의 단계를 따라가며, 죽음이 그 영향력을 어디까지 미치는지를 살펴보겠습니다. 먼저 인간은 조밀한 육체에서 자신을 분리합니다. 이 육체는 곧 해체되어 산산조각 나며, 다시 물질계로 되돌아갑니다. 여기에는 더 이상 기억의 자기적 연결이 유지될 수 없습니다. 그다음, 그는 잠시 에테르체에 머무르지만, 몇 시간 내에 그것조차 떨쳐 버립니다. 이 에테르체 또한 해체되어 그 구성 요소들로 분해됩니다. 따라서 에테르 뇌와 관련된 어떤 기억도, 이후 의식 간극을 연결하는 데에 실질적인 도움이 되지 못합니다.

이후 그 사람은 심령계로 진입하고, 그 안에서 어느 정도 시간을 보내며 활동합니다. 그러나 이 심령체 또한 결국 해체되어, 물리적 몸체와 마찬가지로 그 물질은 심령계로 되돌아갑니다. 그리고 이 해체 과정에서 역시, 기억을 유지하는 데 필요한 자기적 연결은 모두 사라집니다. 그다음 단계에서 그는 정신체 안으로 이행하여, 하위 정신계에서 오랜 시간 거주하게 됩니다. 이곳에서 그는 수 세기에 걸쳐 능력을 발전시키고, 전생의 열매를 누립니다. 그러나 일정 시간이 지나면, 그는 이 정신체로부터도 철수하게 되며, 자신이 동화한 모든 것의 '본질'을 보다 지속 가능한 몸체, 즉 원인체로 끌어올립니다.

정신체 또한 그 물질적 특성상, 비록 우리에게는 매우 미세하게 보일지라도, 상위 정신계로 올라가기에는 충분히 미세하지 않습니다. 따라서 그 사람은 이 정신체 역시 떨쳐 버리고, 그 물질이 자연스럽게 해체되도록 두어야 합니다. 이것은 해체가 아닌 해방이며, 원래의 구성 요소들로의 해체적 귀환입니다. 이처럼 인간은 위로 올라가는 여정에서, 각 몸체를 하나씩 벗어나며, 마침내 상위 정신계에 도달함으로써 비로소 죽음의 해체력이 미치는 범위를 넘어섭니다.

그리하여 그 사람은 죽음의 권세가 닿을 수 없는, 원인체 속에 거주하게 되며, 그곳에 모든 생의 정수와 결과들이 완전하게 저장됩니다. 이러한 이유로 이 몸체는 '원인체(causal body)'라는 이름을 갖게 된 것입니다. 미래 환생에 영향을 주는 모든 카르마의 씨앗들은 바로 이 안에 존재합니다. 그러므로, 삶과 삶 사이의 간극을 넘어 기억을 연결하기 위해서, 인간은 반드시 자신의 원인체 안에서, 상위 정신계에서 완전한 의식으로 활동하기 시작해야만 합니다.

### (2) 영원한 자아를 깨우는 길

　미발달된 인간은 그 높은 차원에 도달하더라도 그 안에서 의식을 유지할 수 없습니다. 그는 자신의 모든 자질의 씨앗들을 지닌 채 그곳에 존재하며, 자신의 과거와 미래를 보는 한순간의 의식의 섬광을 체험합니다. 영광스러운 자아(Ego)가 잠시 빛나고, 다시 환생을 위해 하강합니다. 그는 원인체로부터 씨앗들을 바깥으로 방사하며, 방사된 각 씨앗은 자연의 무한한 저장고로부터 자기 종류에 맞는 등급의 물질을 끌어당깁니다. 그리고 그 물질을 자신의 고유한 형태로 조직하는데, 이 형태는 이전 생에서 발현된 자질의 반복입니다.

　정신적 씨앗들은 하위 정신계의 물질을 주위로 끌어당겨 새로운 정신체를 형성하며, 그 재료들은 씨앗에 내재된 자질에 따라 자연의 무한한 저장고에서 가져옵니다. 마치 도토리가 흙과 공기로부터 떡갈나무로 자라나는 데 필요한 재료를 끌어오지만 자작나무나 소나무가 될 수는 없듯이, 이 정신적 씨앗들도 정신계로부터 새로운 정신체를 위한 재료를 끌어와 반드시 자신의 자질을 표현하는 몸체로 스스로를 감쌉니다. 이처럼 카르마는 각 몸체를 형성하는 원인을 제공하며, 인간은 자신이 뿌린 것을 거두게 됩니다.

　그 자아(man)가 심령계로 들어서면, 심령적 씨앗들이 방사됩니다. 그것들은 적절한 심령 물질을 자신에게 끌어당겨 식욕, 열정, 감정 등을 지닌 새로운 욕망체, 즉 새로운 심령체를 구축합니다. 과거 생의 의식을 보존한 채 이 모든 과정을 통과하기 위해서는, 그 의식은 반드시 원인체가 속한 차원에서 완전히 깨어 있어야 합니다.

사람들이 자신의 과거 생을 기억하지 못하는 이유는 그들이 아직 원인체를 하나의 몸체로서 의식하지 못하기 때문입니다. 원인체는 그들 삶의 본질을 담는 그릇이며 진정한 '나'가 머무는 곳이지만, 아직 자의식적인 활동은 없습니다. 그것은 현재 말하자면 무의식적으로 기능할 뿐이며, 그것이 완전히 자의식적이 되었을 때에만 기억은 차원에서 차원으로, 그리고 생애에서 생애로 이어질 수 있습니다. 인간이 진보함에 따라 과거로부터의 섬광이 그의 의식 속으로 꿰뚫고 들어오기 시작할 것이지만, 그 기억이 본래의 몸체 안에 확고히 자리 잡기 전까지는 연속적인 기억이 될 수 없습니다.

여기서 다음과 같은 질문이 제기될 수 있습니다.
"그러한 섬광의 재발을 촉진하는 것이 가능합니까?"
"이러한 더 높은 차원에서 의식 작용을 점진적으로 가속화할 수 있습니까?"

그 답은 '그렇다'입니다. 인내와 용기를 갖춘 사람이라면 그 과업에 착수할 수 있습니다. 그는 점점 더 영구적인 자아(Self) 안에서 살기 시작하고, 자신의 관심과 생각의 에너지를 일시적이고 사소한 것들로부터 거두어들일 수 있습니다. 이것이 몽상가가 되어 비현실적이고, 가정과 사회에서 쓸모없고 무책임한 구성원이 되라는 의미는 아닙니다. 정반대입니다. 세상이 그에게 요구하는 모든 의무는 오히려 더 완벽하게 수행될 것입니다. 왜냐하면, 그에게 의무는 거룩한 의무이기 때문이며, 누구든 요구할 권리가 있는 일이 있다면, 그 사람은 그것을 철저히 수행해야만 하기 때문입니다. 그는 결코 무능하게 일할 수 없습니다. 자신의 최고 능력과 최대의 주의력을 기울여 모든 의무를 수행할 것입니다. 그러나 그 사람의 관심과 생각은 그것들에 머물지 않으며, 결과에도 얽매이지 않습니다.

그 사람은 의무를 마치는 즉시 의식은 더 높은 세계로 되돌아가고, 생각의 에너지는 위를 향해 상승하며, 거기서부터 진정한 삶을 살기 시작합니다. 그는 세속적 삶의 하찮은 것들이 지닌 본질적 무가치함을 인식하게 됩니다. 이처럼 꾸준히 자신을 높고 추상적인 사고로 훈련시키며, 의식의 더 높은 연결 고리들을 점진적으로 활성화해 나갈 때, 그 사람은 의식의 더 높은 연결 고리들을 활성화시키고 자신인 그 의식을 이 낮은 삶으로 가져오기 시작할 것입니다.

## 7) 완전한 인간

### (1) 시공간의 장벽을 넘어서

인간은 어떤 차원에서 기능하든 하나이며 동일한 존재입니다. 그리고 그의 완전한 승리는, 다섯 가지 차원 모두에서 끊어지지 않는 의식으로 기능하게 될 때 이루어집니다. 우리가 스승이라고 부르는, 즉 완전해진 인간들은 각성 의식 안에서 세 가지 낮은 차원은 물론, 만두키아 우파니샤드에서 투리야(Turîya)라 불리는 네 번째 통일의 차원[30], 그리고 그 너머에 있는 열반의 차원[31]에서도 기능합니다. 그들 안에서 진화는 완성되었고, 이 순환은 마침내 끝맺음에 도달하였습니다. 그리고 지금 그들이 그러하듯이, 느리지만 꾸준히 위로 향해 나아가는 모든 존재들도 적절한 때가 되면 그와 같이 될 것입니다. 이것이 바로 의식의 통일입니다. 이제 몸체들은 여전히 도구로서 사용되지만, 더 이상 인간을 속박하지 못합니다. 인간은 자기가 해야 할 작업에 따라, 자신이 가진 몸체들 중 하나를 자유롭게 선택하여 사용

---

30  붓디계(buddhic plane): 신지학에서 일곱 차원 중 네 번째에 해당하는 차원으로, 직관과 통일의 의식이 작용하는 세계이다. 이 차원에서는 개체적 자아의 경계가 약화되고, 존재들은 서로의 의식을 직접적으로 공유할 수 있다. 우주적 사랑, 통합, 자아 초월의 경험이 중심이 되며, '통일의 차원' 혹은 '영적 직관의 차원'으로도 불린다.

31  아트믹계(atmâic plane / nirvanic plane): 일곱 차원 중 다섯 번째에 해당하는 차원으로, 의지의 원리 또는 영혼의 중심적 힘이 작용하는 세계이다. 이 차원은 영원한 존재의 의식, 개체로서의 완전한 해방, 신성과의 합일이 실현되는 경지로 간주된다. 붓디계보다 더 미묘하고 근원적인 수준으로, '열반의 차원'으로도 불린다.

합니다.

 이러한 방식으로, 물질·시간·공간은 하나씩 정복되고, 통합된 인간에게는 그것들은 더 이상 장벽으로 존재하지 않습니다. 인간은 상승의 각 단계에서 이 장벽들이 점차 줄어드는 것을 발견합니다. 예를 들어, 심령계에서는 물질이 현세보다 훨씬 덜 분리적이기 때문에, 다른 존재들과의 분리를 덜 효과적으로 유발합니다. 심령체 안에서의 이동은 매우 신속하므로, 공간과 시간은 사실상 정복됩니다. 인간은 자신이 공간을 가로지르고 있음을 알지만, 그것이 너무도 빠르게 일어나기에, 더는 장벽으로서의 의미를 갖지 못합니다.

 그 첫 정복에서조차, 물리적 거리는 이미 무력화됩니다. 그 사람이 정신계로 올라가면, 또 하나의 새로운 능력을 발견합니다. 어떤 장소를 생각하면, 그는 이미 그곳에 있습니다. 어떤 친구를 떠올리면, 그 친구는 그의 앞에 있습니다. 정신계의 의식은 물질·시간·공간의 장벽을 넘어, 의지에 따라 어디에나 존재할 수 있습니다. 무엇이든 보고자 하는 순간, 그것은 즉시 인식됩니다. 듣고자 하는 모든 것은 하나의 인상으로 들려옵니다. 이처럼 하위 세계에서 알려진 모든 시간·공간·물질은 영원한 현재 속에서 사라지고, 순서는 더 이상 존재하지 않게 됩니다.

## (2) 궁극의 승리 그리고 하나 됨

인간이 더 높은 차원으로 상승할수록, 의식 내부의 장벽도 점차 사라집니다. 그 사람은 다른 의식들, 다른 살아 있는 존재들과 하나임을 자각하게 됩니다. 그들은 사고하는 그대로 사고하고, 느끼는 그대로 느끼며, 아는 그대로 함께 알 수 있습니다. 인간은 그들의 한계를 자신의 것으로 받아들일 수 있으며, 그들이 어떻게 사고하는지를 정확히 이해할 수 있습니다. 그러면서도, 자신의 고유한 의식의 중심성은 유지됩니다. 그는 자신의 넓은 의식을 사용하여, 더 좁고 제한된 사고를 돕고, 그와 자신을 동일시함으로써 부드럽게 사고의 범위를 확장시킬 수 있습니다.

이제 그는 더 이상 분리된 자아가 아니며, 모든 것 안에서 하나인 자아(Self)를 깨달았습니다. 그 통일의 차원에서 자신의 에너지를 낮은 세계로 흘려보내고, 자연 속에서 전혀 새로운 기능을 수행합니다. 심지어 하위 동물들에 대해서도, 그는 세상이 그들에게 어떻게 느껴지는지를 감지할 수 있습니다. 그 결과, 그들이 진정으로 필요로 하는 도움을 정확히 제공하고, 그들이 무의식적으로 갈망하는 방향으로 빛을 비춰 줄 수 있습니다. 이처럼, 그의 정복은 자신만을 위한 것이 아니며, 모든 존재들을 위한 것입니다. 그는 자신보다 진화의 길이 짧은 모든 생명들을 섬기기 위해, 더 넓고 위대한 힘을 부여받은 것입니다.

이러한 방식으로 인간은 모든 세계에서 자의식적으로 존재하게 됩니다. 그 사람은 모든 고통의 외침과 모든 기쁨과 슬픔의 떨림에 반응하는 법을 배웁니다. 그는 점차 모든 것에 도달하고, 모든 것을 껴안으며, 스승은 '더 이상 배울 것이 없는 자'가 됩니다.

이는 그가 특정 순간에 가능한 모든 지식을 자신의 의식 안에 담고 있다는 의미가 아닙니다. 그에게 가려진 것은 아무것도 없으며, 그가 의식을 어느 한쪽으로 향하기만 하면 깨닫지 못할 것이 없다는 뜻입니다. 살아 있는 모든 것의 진화의 수레바퀴 안에서, 그가 이해하지 못하는 것은 없으며, 따라서 도울 수 없는 것도 없습니다.

이것이 인간의 궁극적인 승리입니다. 만약 제가 말씀드린 모든 것이, 우리가 여기서 '나'라고 부르는 저 협소한 개체적 자아만을 위해 존재한다면, 그것은 무가치하고 하찮은 것이 될 것입니다. 만약 이 모든 단계가 고통받는 모든 존재의 슬픔으로부터 분리된, 고립된 정점으로 여러분을 이끌 뿐이라면, 이 모든 이야기는 할 가치조차 없습니다. 진정한 목표는 우리를 만물의 심장인 하나의 중심, 즉 '전체-자아(All-Self)'로 이끄는 데 있습니다.

스승의 의식은 그가 향하는 모든 방향으로 확장되며, 어느 지점이든 그와 동화됩니다. 그는 알고자 하는 모든 것을 인식하며, 이는 그가 완벽하게 도울 수 있도록 하기 위함입니다. 그 사람이 느끼지 못하는 것이 없고, 키우지 못하는 것이 없으며, 강화하지 못하는 것이 없고, 진화에서 돕지 못하는 것이 없습니다.

그에게 세상은 하나의 거대한 진화하는 전체이며, 그 안에서 자신의 자리는 진화를 돕는 자입니다. 그는 모든 단계에 자신을 동일시할 수 있고, 각 단계에서 필요한 도움을 줄 수 있습니다. 그는 초기 자연계의 정령적 존재들이 아래로 진화해 나가도록 돕고, 광물, 식물, 동물, 인간의 진화를 각자의 방식으로 도우며, 그들 모두를 자신으로서 돕습니다.

그의 삶의 영광은 이렇습니다. 모든 것이 그 자신임에도 불구하고, 그는 모든 것을 도울 수 있습니다. 그리고 그 돕는 행위 속에서, 그는 자기가 돕는 대상을 자신임을 깨닫습니다. 이것이 어떻게 가능한가 하는 신비는, 인간이 발달함에 따라 점차적으로 드러나기 시작합니다. 의식은 점점 더 활기차고 생생하게 확장되며, 자신에 대한 자각을 잃지 않고 점점 더 많은 것을 포괄하게 됩니다.

점이 구체가 되었을 때, 그 구체는 자신이 점이었음을 깨닫습니다. 그리고 각 점은 모든 것을 포함하고, 자신이 다른 모든 점들과 하나임을 압니다. 외부 세계는 내면의 반영에 불과하다는 사실이 드러납니다. 실재는 하나의 생명이며, 분리라는 것은 결국 극복되어야 할 환상임이 밝혀집니다.

2부
# 인간 존재의 7구성 원리

## 1. 신지학 입문, 인간의 구성 요소

### 1) 신지학 입문 시 겪는 어려움

신지학의 핵심 교리인 인류의 형제애와 더 넓은 지식, 영적 성장에 대한 희망에 이끌려 많은 탐구자들이 신지학에 매료됩니다. 하지만 신지학에 깊이 접근하려는 첫 시도에서, 이들은 신지학자들이 사용하는 낯설고 혼란스러운 용어들에 의해 종종 거부감을 느낍니다. 그들은 아트마-붓디(Âtma-Buddhi), 카마-마나스(Kâma-Manas), 삼중체(Triad), 데바찬(Devachan) 등 복잡한 용어들을 듣고는 신지학이 자신들에게 너무 난해한 학문이라고 즉시 판단해 버립니다. 그러나 만약 그들의 초기 열정이 산스크리트어 용어의 소나기로 인해 꺼지지 않았다면, 그들은 아주 훌륭한 신지학자가 될 수도 있었을 것입니다.

이 매뉴얼에서는 미약한 이해를 가진 탐구자들을 더욱 부드럽게 다룰 것이며, 질문하는 이들에게 산스크리트어 용어를 함부로 던지지 않을 것입니다. 사실, 신지학자들 사이에서 이러한 용어의 사용이 일반화된 이유는 영어에 그에 상응하는 단어가 없기 때문입니다. 만약 그 개념을 전달하려면 길고 어색한 문장을 대신 사용해야만 합니다. 예를 들어, "카마(Kâma)"라는 단어는 "우리 본성의 감정적이고 욕망적인 측면"이라는 긴 설명보다 훨씬 짧고 정확하므로, 이러한 명칭을 익히는 초기의 어려움이 있더라도 장황한 설명을 계속 사용하는 것보다 오히려 선호되어 왔습니다.

## 2) 인간의 7가지 구성 요소

신지학적 가르침에 따르면, 인간은 일곱 가지로 구성된 존재입니다. 흔히 말하듯, 인간은 '칠중체(septenary constitution)'로 이루어져 있습니다. 즉, 인간의 본질은 일곱 가지 측면으로 구분될 수 있으며, 일곱 가지 다른 관점에서 연구될 수 있고, 일곱 가지 원리로 구성되어 있습니다.

인간을 가장 명확하게 이해하는 방법은, 인간을 하나의 통합된 존재, 즉 '영(Spirit)' 또는 '참된 자아(True Self)'로 간주하는 것입니다. 이 참된 자아는 우주의 가장 높은 영역에 속하며, 보편적이고, 모든 사람에게 동일합니다. 이는 하나님의 한 줄기 빛, 신성한 불꽃에서 나온 불꽃에 비유할 수 있습니다.

참된 자아는 신성한 완전성을 반영하는 개별적 존재가 되기 위해, 마치 아들이 성장하여 아버지를 닮아 가듯, 시간이 흐르면서 점차 개별성을 띠게 됩니다. 이를 위해 영 또는 참된 자아는 여러 겹의 겉옷을 입는데, 각 겉옷은 우주의 특정 영역에 속하며, 자아가 해당 영역과 접촉하고, 그곳에서 지식을 얻고 활동할 수 있게 합니다.

이렇게 하여 자아는 경험을 얻고, 모든 잠재된 가능성은 점진적으로 활동적인 힘으로 발현됩니다. 이러한 겉옷, 즉 외피들은 이론적으로나 실제적으로 서로 구별됩니다. 만약 투시력자가 한 사람을 본다면, 각 겉옷은 눈으로 구별할 수 있으며, 특정 외피의 본질에 따라 육체적 삶 중이든 죽음 시에든 서로 분리될 수 있습니다.

**우주의 차원에 따른 인간의 7 원리**

| | 차원명 | 원리명 | 기능 및 특성 |
|---|---|---|---|
| 상위 삼중체 | 아트믹계 | 7. 아트마 | 신성한 의지, 모든 생명의 근원인 유일자아(The One Self)의 광선 |
| | 붓디계 | 6. 붓디 | 직관과 사랑의 원리, 영적 통찰과 통합의 매개체 |
| | 정신계 (상위/하위) | 5. 마나스 | 윤회의 주체. 불멸의 상위 자아와 소멸하는 개체적 자아의 이중적 측면을 가짐 |
| 하위 사중체 | 심령계 | 4. 카마 | 욕망과 정서, 본능적 충동의 중심. 감각적 자극의 원천 |
| | 물질계 | 3. 프라나 | 우주적 **생명 에너지**. 에테르체를 통해 물질 육체를 활성화시키는 원동력 |
| | | 2. 에테르체 | 물질 육체의 미세한 복제체. 프라나의 통로이며, 육체와 미세한 몸들을 연결 |
| | | 1. 물질 육체 | 조밀한 물질 육체. 감각기관과 생리 기능의 주체 |

어떤 단어를 사용하든 사실은 동일하게 유지됩니다. 인간은 본질적으로 칠중(sevenfold)이며, 진화하는 존재로, 그 본성의 일부는 이미 발현되었고, 인류 대다수에게는 현재 잠재된 상태로 남아 있습니다. 인간의 의식은 자신 안에서 이미 활동적으로 진화된 이러한 측면들만큼 기능할 수 있습니다.

현재 인간 발전의 순환(cycle) 동안, 이러한 진화는 우주의 일곱 차원 중 다섯 차원에서 일어납니다. 여섯 번째(모나드계)와 일곱 번째(아디계), 즉 두 개의 더 높은 차원은 현재 진화 단계에서는 극히 드문 예외를 제외하고는 도달할 수 없기 때문에, 현재 우리의 목적을 위해서는 논외로 할 수 있습니다. 여기서 '차원(plane)'이라는 용어는 단지 상태, 단계, 또는 경지를 의미합니다. 따라서 우리는 인간의 본성이 완전히 진화되었을 때, 일곱 가지 다른 상태, 일곱 가지 다른 단계, 일곱 가지 다른 경지에서 의식적으로 존재할 수 있도록 본질적으로 준비되어 있다고 설명할 수 있습니다. 전문 용어로는, 인간은 일곱 가지 존재 차원(planes of being)에서 활동할 수 있다고 말할 수 있습니다.

쉽게 이해할 수 있는 예를 들어 봅시다. 사람은 자신의 육체, 즉 물질세계를 통해 의식하며, 배고픔이나 갈증, 맞거나 베였을 때의 고통을 느낄 수 있습니다. 하지만 한 병사가 전투의 한가운데에 있다면, 그의 의식은 강한 감정과 흥분 상태에 집중되어 있어서 상처를 입고도 그것을 바로 알아차리지 못할 수 있습니다. 그의 의식이 육체에서 벗어나 감정과 흥분의 상태에서 작동하고 있기 때문입니다. 전투가 끝나고 흥분이 가라앉으면, 의식은 다시 물질세계로 돌아오고 그는 비로소 상처의 고통을 '느끼게' 됩니다.

철학자의 경우도 비슷합니다. 그가 어떤 복잡한 문제에 깊이 몰두할 때는, 육체적 욕구나 감정, 사랑과 증오 같은 감정적 반응에 대한 의식이 사라집니다. 그의 의식은 사고의 차원, 즉 지성의 영역으로 옮겨 가고, 그는 '몰입'하게 됩니다. 다시 말해, 육체적 삶과 관련된 모든 자극에서 벗어나 오직 생각의 세계에 집중하게 되는 것입니다.

이처럼 인간은 여러 차원, 여러 조건 속에서 살아갈 수 있으며, 주어진 순간에 그의 본성의 한 부분 또는 다른 부분이 활동으로 전환됩니다. 따라서 인간이 무엇인지, 그의 본성, 능력, 가능성에 대한 이해는, 그를 단순히 혼란스러운 자질과 상태들의 묶음으로 분석하지 않은 채 두는 것보다, 이러한 명확히 정의된 선을 따라 연구될 때 더 쉽고 유용하게 동화될 수 있습니다.

### 3) 삼중체와 사중체

인간의 필멸하는 삶과 불멸하는 삶을 고려할 때, 이 일곱 가지 원리를 두 개의 그룹으로 나누는 것이 편리하다는 사실을 알게 되었습니다. 하나는 세 가지 상위 원리를 포함하는 것으로, 이를 삼중체(Triad)라 부르며, 다른 하나는 네 가지 하위 원리를 포함하는 것으로, 사중체(Quaternary)라 부릅니다. 삼중체는 인간 본성의 불멸하는 부분이며, 기독교 용어로는 "영(spirit)"과 "영혼(soul)"에 해당합니다. 사중체는 인간의 필멸하는 부분으로, 일반적으로 기독교에서 말하는 '육체(body)'에 해당합니다.

육체, 영혼, 영으로 인간을 구분하는 이러한 전통은 성 바울(St. Paul)이 사용했으며, 모든 진지한 기독교 철학자들에 의해 인정되어 왔습니다. 비록 일반 대중 신자들은 이를 종종 무시하거나 혼동하고 있지만 말입니다. 일상 대화에서는 흔히 인간이 "영혼과 육체"로 구성된다고 말하면서, "영(spirit)"과 "영혼(soul)"이라는 용어를 혼용하는 경우가 많습니다. 이로 인해 사고에 큰 혼란이 초래되며, 인간의 구성에 대한 명확한 이해를 갖는 데 심각한 장애가 됩니다.

만약 누군가 신지학자들이 이해하기 어려운 구분을 하고 있다고 비판한다면, 신지학자는 생각 없는 평범한 신자들과 달리, 기독교 철학자들에게 호소할 수 있을 것입니다. 어떤 철학이든, 그것이 아무리 기초적인 것이라 하더라도, 배우고자 하는 사람의 지성과 주의를 요구하지 않고는 가치 있는 철학이 될 수 없습니다. 용어 사용의 신중함은 모든 참된 지식의 기본 조건입니다.

## 2. 제1 원리 - 생명의 불꽃이 깃든 육체

인간의 일곱 가지 원리 중 가장 겉으로 드러나는 것은 바로 밀도 높은 육체입니다. 육체는 물질적 분자들로 이루어져 있으며, 오감(五感)을 담당하는 감각 기관, 이동을 가능하게 하는 기관, 뇌와 신경계, 생명 유지에 필수적인 다양한 기능을 수행하는 기관들로 구성됩니다. 이 책에서는 인간의 구성 요소를 간략히 설명하는 것이 목적이므로, 육체에 대한 자세한 설명은 생략하겠습니다. 그러나 주목할 점은, 인간 생명을 구성하는 세포들이 수많은 '생명의 불꽃(fiery lives)'으로 이루어져 있다는 신지학적 관점을 20세기 초 서구 과학이 점차 받아들이기 시작했다는 사실입니다.

H. P. 블라바츠키는 이에 대해 다음과 같이 말했습니다.
"과학은 아직 오컬트 원리처럼 우리의 몸뿐만 아니라 동물, 식물, 돌의 몸까지도 그러한 존재들[박테리아 등, 더 큰 종을 제외하고는 어떤 현미경으로도 감지할 수 없는 존재들]로 완전히 구성되어 있다는 오컬트의 원리까지 나아가지 못했습니다. (…) 모든 존재의 물리적, 화학적 구성 요소가 동일하다는 것이 밝혀졌으므로, 화학 과학은 소를 구성하는 물질과 인간을 구성하는 물질 사이에 차이가 없다고 말할 수 있습니다. 그러나 오컬트 원리는 화학적 구성 요소만 동일한 것이 아니라고 말합니다. 오컬트 원리는 산과 데이지, 인간과 개미,

코끼리와 그 코끼리를 태양으로부터 보호하는 나무의 몸을 구성하는 원자들도 동일한 극미하고 보이지 않는 생명들로 이루어져 있다고 말합니다. 유기적이든 무기적이든, 모든 입자는 생명입니다. 우주의 모든 원자와 분자는 그러한 형태에 생명을 주기도 하고 죽음을 주기도 합니다."[32]

따라서 미생물들은 생명력의 건설적인 에너지 아래 "물질적인 몸과 세포를 구축합니다". 이 구절은 우리가 제3 원리인 '생명'과 이러한 미생물들을 다룰 때 설명될 것입니다. "생명"이 더 이상 공급되지 않으면 미생물들은 "파괴적인 존재로서 날뛰게" 되며, 자신들이 구축했던 세포들을 파괴하고 해체하여 몸이 분해됩니다.

순전히 물리적인 의식은 세포와 분자의 의식입니다. 세포가 혈액에서 필요한 것을 취하고 필요 없는 것을 거부하는 선택적인 작용은 이러한 자기의식의 한 예입니다. 이 과정은 우리의 의식이나 의지와는 무관하게 진행됩니다. 또한, 생리학자들이 무의식적 기억이라고 부르는 것은 물리적 의식의 기억입니다. 우리가 뇌 의식을 그곳으로 전달하는 방법을 배우기 전까지는 우리에게 실제로 무의식적인 것입니다. 우리가 느끼는 것은 세포가 느끼는 것과 다릅니다. 상처의 고통은 앞에서 말했듯이 물리적 차원에서 작용하는 뇌 의식에 의해 느껴

---

32 The Secret Doctrine, Vol. I, p. 281, Revised Edition.

집니다. 그러나 분자의 의식은, 우리가 세포라고 부르는 분자들의 집합체처럼, 손상된 조직을 수리하기 위해 서두르게 합니다. 이는 뇌가 의식하지 못하는 작용입니다. 그리고 그 기억은 필요가 없어진 후에도 동일한 행동을 반복하게 만듭니다. 그 결과 상처의 반흔, 흉터, 굳은살 등이 생깁니다. 학생들은 생리학 논문에서 이 주제에 대한 많은 세부 사항을 찾을 수 있습니다.

밀도 높은 육체의 죽음은 통제하는 생명 에너지가 사라져 미생물들이 제 갈 길을 가게 될 때 발생합니다. 더 이상 조화를 이루지 못하는 수많은 생명들은 서로 분리되어 "흙으로 빚어진 인간"의 세포 입자들을 흩뿌리며, 우리가 부패라고 부르는 현상이 시작됩니다. 육체는 제약 없고 무질서한 생명들의 소용돌이가 되며, 그들의 상호작용으로 인해 형성되었던 형태는 넘치는 개별 에너지에 의해 파괴됩니다. 죽음은 생명의 한 측면에 불과하며, 하나의 물질적 형태의 파괴는 또 다른 형태를 구축하기 위한 서곡에 지나지 않습니다.

## 3. 제2 원리 – 물질과 영혼의 매개체, 에테르체

### 1) 에테르체의 특징

'링가 샤리라'[33], '심령체', '에테르체', '유체', '복체', '망령', '도플갱어'[34], '심령 인간' — 이것들은 인간 구성의 두 번째 원리인 에테르체를 가리키는 많은 이름 중 일부입니다. 이 가운데 가장 적절한 이름은 에테르체입니다. 이 용어는 두 번째 원리만을 지칭하며, 그 구성과 외형을 암시하기 때문입니다. 반면에 다른 이름들은 다른 원리들이 구성에 포함되었는지 여부와 무관하게, 우리의 물리적 감각에 영향을 미치는 물질보다 더 미묘한 물질[35]로 형성된 몸을 일반적으로 설명하는 데 사용되어 왔습니다. 그러므로 여기서는 이 이름을 일관되게 사용하겠습니다.

에테르체는 우리의 오감으로 인지할 수 있는 물질보다 더 희박하

---

33 링가 샤리라(Linga Sharira): 산스크리트어로 "형상의 몸"이라는 뜻으로, 에테르체를 가리키는 용어이다.(편집자 주)
34 도플갱어(Doppelgänger): 어떤 사람의 외모나 성격이 똑같은 또 다른 존재를 가리키는 개념으로 본 문장에서는 에테르체가 육체에서 분리된 형태를 나타내는 것으로 해석될 수 있다.(편집자 주)
35 미묘한 물질(subtle matter): 일반적인 오감으로는 감지할 수 없는, 더 높은 차원의 물질을 의미한다. 에테르체를 구성하는 물질은 물리계에 속하지만, 일반적인 물질보다는 더 미묘한 형태를 가진다.(편집자 주)

거나 미세한 물질로 형성되지만, 여전히 물리계에 속하며, 그 기능 또한 물리계에 한정됩니다. 그것은 물리계의 조밀한 부분을 형성하는 우리의 "고체, 액체, 기체" 상태 바로 위에 있는 물리 물질의 상태입니다. 이 에테르체는 자신이 속한 조밀한 육체의 정확한 이중체 또는 대응체이며, 조밀한 육체로부터 멀리 떨어질 수는 없지만 분리될 수 있습니다. 정상적이고 건강한 사람에게서는 분리가 어렵지만, 물리적 또는 물질화 영매로 알려진 사람들에게는 에테르체가 큰 노력 없이 빠져나옵니다.

### 2) 에테르체의 분리와 영향

에테르체가 조밀한 육체에서 분리되면, 투시력자에게는 가느다란 실로 연결된 정확한 복제본처럼 보입니다. 양쪽 육체 사이의 결합이 매우 밀접하기 때문에, 에테르체에 가해진 부상은 조밀한 육체에도 영향을 미치는데, 이 현상은 '반향(repercussion)'이라고 알려져 있습니다. A. 드아시에(A. d'Assier)는 그의 저서 『Posthumous Humanity』에서 이러한 반향 현상의 사례들을 다수 소개합니다.[36] 에테르체가 조밀한 육체에서 분리되면, 일반적으로 육체의 활력이 상당히 감소하고, 조밀한 육체의 에너지가 줄어들면서 에테르체는 더 활성화됩니다. 올콧 대령은 말합니다:[37]

---

36　Posthumous Humanity, A. d'Assier, pp. 51-57.
37　Posthumous Humanity, A. d'Assier, p. 63.

"훈련된 전문가에 의해 에테르체가 투사[38]될 때, 육체조차도 무기력해 보이며, 정신은 '몽상'이나 멍한 상태에 빠집니다. 눈은 생기 없는 표정을 짓고, 심장과 폐의 활동은 미약하며, 종종 체온이 많이 낮아집니다. 이러한 상황에서 갑작스러운 소음을 내거나 방으로 뛰어드는 것은 매우 위험합니다. 에테르체가 즉각적인 반응으로 몸속으로 다시 빨려 들어가면서 심장이 경련적으로 수축하고, 심지어 사망에 이를 수도 있기 때문입니다."

에밀리 사제(Émilie Sagée)[39]의 경우, 그녀의 에테르체가 보였을 때 그 소녀가 창백하고 지쳐 보인다는 점이 주목되었습니다. "에테르체가 더 뚜렷하고 물질적인 모습일수록, 실제 물질적인 사람은 효과적으로 지치고, 고통받으며, 나른했습니다. 반대로, 에테르체의 모습이 약해지자 환자는 기력을 회복하는 것으로 보였습니다." 이 현상은 에테르체가 육체에서 생명 원리인 에테르 생명력(vitality)의 운반체임을 아는 신지학도에게는 완벽하게 이해됩니다. 에테르체의 부분적인 철수는 이 원리가 더 조밀한 분자들에 미치는 에너지를 감소시켜야 하기 때문입니다. 프레보스트의 선견자들과 같은 투시력자들은, 조밀한 팔다리가 절단된 신체에도 여전히 에테르 팔이나 에테르 다리가 남아 있는 것을 볼 수 있다고 말합니다. 이에 대해 드아시에(A.

---

38  투사(projected): 여기서는 의식적인 의지에 의해 에테르체를 육체에서 분리시키는 것을 의미한다.(편집자 주)
39  Posthumous Humanity, A. d'Assier, pp. 62-65.

d'Assier)는 다음과 같이 설명합니다.[40]

"생리학을 연구하면서, 저는 한 가지 흥미로운 사실에 주목하곤 했습니다. 팔이나 다리를 잃은 사람이 이미 사라진 손가락이나 발가락 끝에서 감각을 느끼는, 이른바 '환지통(幻肢痛)'을 겪는 경우입니다. 생리학자들은 이를 '감각 기억의 역전' 현상으로 설명합니다. 즉, 실제로는 잘려나간 부위의 신경이 자극을 받는 것뿐인데, 뇌가 그 감각을 이미 존재하지 않는 손이나 발에서 오는 것으로 착각한다는 이론입니다. (…) 하지만 저는 이러한 설명이 어딘가 부자연스럽고, 결코 만족스럽지 않았습니다. 훗날 '인간의 유체'에 대해 연구하면서, 저는 이 환지통 문제를 다시 떠올렸습니다. 그리고 이 기이한 현상의 원인을, 물리적인 절단과 상관 없는 '보이지 않는 또 하나의 몸'에 귀속시키는 것이 더 간단하고 논리적인 설명이 아닐까 하고 자문하게 되었습니다."[41]

### 3) 심령현상과 에테르체

에테르체는 영매 현상에서 매우 중요한 역할을 합니다. 이 부분에서도 투시력자의 관찰이 도움이 됩니다. 투시력자는 에테르체가 영매의 왼쪽에서 흘러나오는 것을 볼 수 있으며, 그것이 종종 "물질화

---

40   Posthumous Humanity, A. d'Assier, p. 103.
41   Posthumous Humanity, A. d'Assier, p. 104.

된 영혼"의 형태로 나타나, 참석자들의 사고의 흐름에 따라 다양한 모습으로 쉽게 변형됩니다. 영매가 깊은 트랜스 상태에 빠질수록, 이 형상은 더 큰 힘과 활력을 얻게 됩니다. 투시력자인 바흐트마이스터 백작 부인은, 자신이 본 동일한 "영혼"이 각 참석자들에게는 각각 다른, 가까운 친척이나 친구의 모습으로 인식되었다고 증언합니다. 하지만 그녀 자신의 눈에는 그것은 단지 영매의 에테르체였을 뿐이었습니다.

마찬가지로, H. P. 블라바츠키도 에디 가(家)[42]에 머물 당시의 경험을 전했습니다. 그녀는 그곳에서 일어나는 놀라운 심령 현상을 관찰하는 동안, 의도적으로 나타난 "영(靈)"의 형상을, 주변 사람들은 전혀 모르는 자신의 지인(知人)의 모습으로 바꾸어 보였습니다. 블라바츠키는 자신의 강력한 의지력으로 영매의 에테르체라는 유동적인 물질을 이용하여 이 형상을 만들어 냈다고 설명합니다. 주변 사람들은 그녀가 만들어 낸 바로 그 모습을 실제로 보았던 것입니다.

이러한 교령회(séance)에서 일어나는 물체의 움직임, 또는 물리적 접촉 없이 다른 시간에 나타나는 이동 현상들은 모두 에테르체의 작용에 의한 것입니다. 학생들은 이러한 현상을 원할 때 생성하는 방법을 배울 수 있습니다. 그러나 이 현상 자체는 크게 중요하지 않습니

---

42    Henry Steel Olcott와 Eddy 형제들이 운영했던 심령 현상 관찰 공간.(편집자 주)

다. 에테르 손을 내미는 것이나 조밀한 육체를 움직이는 것이나 본질적으로는 차이가 없으며, 기적적인 것도 아닙니다. 일부 사람들은 무의식적으로 이러한 현상을 일으킵니다. 물체를 뒤집거나 소음을 내는 등의 행동을 통해서입니다. 이들은 자신의 에테르체를 제어하지 못한 채, 마치 아기가 처음 걸음마를 시도하듯이 주변을 헤매는 것입니다.

### 4) 에테르체의 의식과 감각

에테르체는 조밀한 육체처럼, 자기 자신의 부분에만 퍼진 확산된 의식을 지닐 뿐이며, 정신 능력은 없습니다. 또한, 조밀한 육체로부터 분리되었을 때는 정신 능력의 매개체로서도 쉽게 기능하지 않습니다. 이것은 흥미로운 지점으로 이어집니다. 감각의 중심은 네 번째 원리에 위치하며, 이는 물리적 기관과 정신적 지각 사이를 연결하는 다리 역할을 한다고 할 수 있습니다. 물리적 우주에서 오는 인상은 조밀한 육체의 물질 분자에 부딪혀, 감각 기관, 즉 우리의 "감각"을 구성하는 세포들을 진동시킵니다. 이러한 진동은 다시 에테르체에 있는 해당 감각 기관의 더 미세한 물질 분자들을 움직이게 합니다. 이 진동은 심령체, 즉 잠시 후에 살펴볼 네 번째 원리로 전달되며, 그곳에 해당 감각 중심이 있습니다. 이 진동은 다시 더 희박한 하위 정신계(lower mental plane)의 물질로 전파되고, 그곳에서 반사되어 대뇌 반구의 물질 분자에 도달하면, 우리의 "뇌 의식"이 됩니다. 이처럼

럼 상호 연관된 무의식적 연속 작용은 우리가 아는 의식의 정상적인 활동에 필수적입니다.

수면이나 자연적, 혹은 유도된 트랜스(trance) 상태에서는 일반적으로 처음 두 단계와 마지막 단계가 생략되고, 인상은 심령계에서 시작하여 심령계로 돌아가기 때문에 뇌 기억에 흔적을 남기지 않습니다. 그러나 자연적으로 타고났거나 훈련된 심령술사, 즉 자신의 능력을 발휘하기 위해 트랜스 상태가 필요 없는 투시력자는, 육체에 대한 통제력을 잃지 않고 의식을 육체계에서 심령계로 이동시킬 수 있으며, 심령계에서 얻은 지식을 뇌 기억에 각인시켜 필요할 때 사용할 수 있도록 보존할 수 있습니다.

### 5) 죽음과 에테르체

죽음은 에테르체에게도 조밀한 육체에 일어나는 것과 같은 변화를 의미합니다. 즉, 에테르체를 구성하는 부분들이 파괴되고, 그 분자들이 흩어지는 것입니다. 신체 유기체 전체에 생명을 불어넣는 활력의 몸체인 에테르체는 죽음의 시간이 다가오면 육체에서 스며 나오며, 투시력자에게는 보라색 빛 또는 보라색 형태로 죽어 가는 사람 위에 떠 있는 것으로 보입니다. 이때 에테르체는 여전히 앞에서 언급된 가느다란 실로 육체와 연결되어 있습니다. 이 실이 끊어지면, 마지막 숨결이 밖으로 떨려 나가고, 주변 사람들은 "그는 죽었다"라고 속삭입니다.

에테르체는 물리적 물질로 이루어져 있기 때문에 시체 근처에 남아 있으며, 죽음의 순간이나 그 이후에 사망 장소 근처에 있는 사람들에게 때때로 "망령", "환영", 또는 "잔존체"로 목격됩니다. 그것은 조밀한 대응체와 보조를 맞추어 서서히 분해되며, 그 잔해는 민감한 사람들에게 묘지나 교회 마당에서 무덤 위에 떠 있는 보라색 빛으로 보입니다.

이것이 인간의 물리적 외피를 처리하는 방식에서 매장보다 화장을 선호하는 이유 중 하나입니다. 불은 몇 시간 내에 분자들을 소멸시키는데, 그렇지 않으면 점진적인 부패 과정 속에서만 천천히 해방될 것입니다. 따라서 화장은 조밀한 물질과 에테르 물질을 빠르게 원래 차원으로 되돌려 보내어, 새로운 형태를 구축하는 데 다시 사용될 수 있도록 합니다.

# 4. 제3 원리 - 생명의 숨결, 프라나

## 1) 프라나, 생명의 숨결

모든 우주, 모든 세계, 모든 인간, 모든 동물, 식물, 광물, 분자와 원자, 존재하는 모든 것은 생명의 거대한 바다, 영원한 생명, 무한한 생명 속에 잠겨 있습니다. 이 생명은 증가하거나 감소할 수 없는 절대적 생명입니다. 우주는 단지 생명의 발현일 뿐이며, 객관화된 생명, 분화된 생명입니다.

모든 유기체는 분자처럼 미세하든 우주처럼 광대하든, 스스로 생명의 일부를 취하여 자신의 생명으로서 이 보편적인 생명의 일부를 구현한다고 생각할 수 있습니다. 마치 살아 있는 스펀지가 자신을 감싸고, 둘러싸고, 스며드는 물속에서 몸을 뻗는 것을 상상해 보십시오. 그 안에는 여전히 바다의 물이 모든 통로를 순환하며 모든 구멍을 채우고 있습니다. 그러나 우리는 스펀지 바깥의 바다 또는 스펀지가 차지한 바다의 일부를 생각할 수 있으며, 각각에 대해 개별적으로 진술하고자 한다면 생각 속에서 이들을 구별할 수 있습니다. 이처럼 각 유기체는 보편적인 생명의 바다에 잠겨 있는 스펀지이며, 그 바다의 일부를 자신의 생명의 숨결로 내부에 담고 있는 것입니다. 신지학에서는 이렇게 흡수하여 소유된 생명을 프라나(Prâna), 즉 "숨결"이라는 이름으로 구별하며, 인간 구성의 제3 원리라고 부릅니다.

정확히 말하면, 고대 히브리인들이 "네페쉬(Nephesh)", 즉 아담의 콧구멍에 불어 넣어진 "생명의 숨결"이라고 부른 것은 단순한 프라나만을 의미하는 것이 아닙니다. 그것은 프라나와 네 번째 원리가 결합된 것으로, 이 둘이 합쳐져 "생명의 불꽃"[43]을 이룹니다. 또한 이것은 "짐승이나 곤충, 또는 물질적 생명과 마찬가지로 인간의 생명 숨결"[44]이며, "인간의 동물적 생명의 숨결 — 동물에게 내재된 본능적인 생명의 숨결"[45]로 이해됩니다. 하지만 지금 여기서는, 모든 동물과 인간의 육체에 생기를 불어넣는 원리로서의 프라나에만 집중하고자 합니다.

생명의 전달 수단으로서, 에테르체는 프라나와 조밀한 육체 사이를 연결하는 통로, 즉 다리 역할을 합니다. 『비밀의 교리』에서는 프라나가 과학이 발견한 미생물 중 가장 낮은 하위 구분을 가진다고 설명합니다. 이들은 물리적 세포를 구성하는 "보이지 않는 생명체"이며[46], "흙의 성막"(tabernacle of clay), 즉 물리적 육체를 형성하는 "무수히 많은 생명체"를 의미합니다.[47]

---

43  The Secret Doctrine, Vol. I, p. 262.
44  The Secret Doctrine, Vol. I, p. 263, footnote.
45  The Secret Doctrine, Vol. I, p. 262, diagram.
46  앞서 174~176쪽 참조.
47  The Secret Doctrine, Vol. I, p. 245.

## 2) 생명의 불꽃: 물질을 창조하는 에너지

과학은 인간의 몸 안에 박테리아나 다른 아주 미세한 존재들이 존재한다는 사실을 희미하게나마 인식하고 있습니다. 그러나 과학은 이들을 단지 질병을 일으키는, 가끔 나타나는 비정상적인 방문자로 여길 뿐입니다. 반면, 오컬트(신비학)에서는 광물이나 인간의 몸, 공기, 불, 물 속의 모든 원자와 분자에 생명이 깃들어 있다고 봅니다. 신비학자들은 우리 몸 전체가 이러한 생명체들로 이루어져 있다고 주장합니다. 현미경으로 볼 수 있는 가장 작은 박테리아조차, 오컬티스트들에게는 훨씬 더 미세한 존재들과 비교할 때 마치 코끼리처럼 거대한 것으로 간주됩니다.

이러한 미생물들, 즉 보이지 않는 생명체들을 지배하고 통제하는 것이 바로 "생명의 불꽃(fiery lives)"입니다. 생명의 불꽃은 미생물들을 직접적으로 조율하고, 필요한 에너지를 공급하며, 그 자체로 미생물들의 생명 원리가 되어 간접적으로 육체를 구성하는 세포들을 만들어 나갑니다. 이 생명의 불꽃은 프라나(Prâna), 즉 생명력의 본질적 표현이자, 미생물들이 물리적 세포를 형성할 수 있도록 하는 생명적 구성 에너지입니다.

고대 주석 중 하나는 이 원리를 다음과 같이 웅장하고 명확하게 요

약합니다.[48]

"일반인들에게 세계는 그들이 아는 물질 요소들로 이루어져 있습니다. 그러나 깨달은 자(Arhat)의 관점에서 보면, 이러한 원소들은 그 자체로 '신성한 생명'을 이룹니다. 그리고 드러난 차원(Manifestation Plane)에서는 각각 수십억 개의 생명으로 나뉩니다. 유일한 실재의 차원에서는 불만이 유일합니다. 그러나 환영에 불과한 존재(Manifested Being)의 차원에서는, 불의 입자들이 다른 생명체를 소비함으로써 살아가는 '불의 생명체'가 됩니다. 그러므로 그들은 '파괴자(Devourers)'라고 불립니다. (…) 이 우주의 모든 보이는 것은 의식적이고 신성한 근원 인간부터 물질을 구성하는 무의식적인 존재에 이르기까지 그러한 생명들에 의해 구축되었습니다. (…) '형상이 없고 창조되지 않은 유일한 생명(One Life)'에서 수없이 많은 생명들이 분화되어 나왔고, 이로 인해 우주가 탄생한 것입니다."[49]

우주와 마찬가지로, 인간 안에도 이처럼 셀 수 없이 많은 생명들이 존재합니다. 이 모든 창조적 생명력은 신지학자들에 의해 프라나(Prâna)라고 불립니다.

---

48　The Secret Doctrine, Vol. I, p. 269.
49　The Secret Doctrine, Vol. I, p. 269.

## 5. 제4 원리 – 욕망체의 본질과 사후세계

### 1) 욕망체의 본질과 기능

인간을 구성하는 일곱 가지 원리 가운데, 이제 우리는 종종 "동물적 영혼"이라 불리는 단계에 이르렀습니다. 신지학 용어로는 이를 카마 루파(Kâma Rûpa), 또는 욕망의 몸체라고 부릅니다. 욕망의 몸체는 본질적으로 조밀한 구조를 가지고 있으며, 두 번째 원리인 심령계(astral plane)에서 기능합니다. 이 몸체에는 본능, 감각, 느낌과 감정에 속하는 욕망, 강렬한 감정, 다양한 감정 체계가 포함되어 있습니다. 이러한 요소들은 서양 심리학에서 마음의 하위 영역으로 다루어집니다. 현대 서양 심리학에서는 마음을 느낌(feeling), 의지(will), 지성(intellect) 세 가지 주요 그룹으로 분류합니다.

감정은 다시 감각과 정서로 나뉘며, 다양한 세부 항목으로 구분됩니다. 신지학에서 말하는 카마(욕망) 또는 욕망체는, 이러한 "감정" 전체를 포괄하며, 우리의 정념적이고 감정적인 본성 전체를 대표합니다. 기아, 갈증, 성적 욕망과 같은 모든 동물적 욕구가 여기에 포함되며, 사랑(낮은 의미에서), 증오, 시기, 질투와 같은 욕정들도 모두 욕망체의 작용입니다. 이는 곧, 감각적 경험에 대한 욕망, 물질적 즐거움에 대한 욕망, 즉 "육신의 정욕, 안목의 정욕, 이생의 자랑"에 해당합니다.

욕망체는 인간 본성 중에서 가장 물질적인 측면에 해당하며, 인간을 지상 생활에 강하게 붙잡아 두는 힘입니다. 『비밀의 교리』에서는 다음과 같이 설명합니다.[50]

"우리의 '원리' 중에서 가장 거친 것은 분자적으로 구성된 물질이 아닙니다. 가장 거친 것은 인간의 육체, 즉 스툴라 샤리라(Sthula Sharîra)도 아닙니다. 가장 거친 것은 사실 중간 원리, 즉 본능적 중심(the real animal centre)입니다. 반면에 우리의 몸은 단지 껍데기에 불과하며, 우리 안의 짐승이 평생 동안 행동하는 무책임한 요소이자 매개체입니다."

카마(욕망)는 마나스(Manas, 정신) 즉, 마나스의 하위 부분과 결합하여 카마-마나스(Kâma-Manas)를 형성할 때, 비로소 정상적인 인간의 두뇌 지능이 완성됩니다. 이 측면은 곧 별도로 다루겠습니다. 카마(욕망)만을 독립적으로 살펴볼 때, 그것은 우리 안의 야수이며, 테니슨이 언급한 "원숭이와 호랑이"에 비유될 수 있습니다. 이 힘은 인간을 지상에 묶어 두며, 감각의 환상으로 인해 모든 높은 갈망을 억압합니다.

---

50    The Secret Doctrine, Vol. I, pp. 280-281.

카마와 프라나(Prâna)가 결합하면, 우리가 앞서 본 것처럼 "생명의 숨결"이 됩니다. 이는 신체의 모든 입자에 퍼져 있는 생명력 있는 감각 원리로, 감각 기관들이 활동할 수 있도록 생동감을 부여합니다. 우리는 이미 물리적 신체의 감각 기관이 에테르체(etheric double)와 연결되어 있음을 살펴보았습니다. 하지만 프라나가 없으면 이 기관들은 단지 물질적인 운동에 불과합니다. 즉, 물리적 신체의 진동이, 카마(욕망) 즉 감각의 원리에 의해 "느낌"으로 변환되지 않는다면, 단순한 기계적 움직임으로만 남게 됩니다.

실제로 "느낌"은 카마(욕망) 차원에서의 의식 활동입니다. 한 사람이 감각이나 욕망에 지배될 때, 신지학자는 그가 카마 차원에 있다고 표현합니다. 이는 그의 의식이 해당 차원에서 기능하고 있다는 의미입니다.

이를 쉽게 설명하기 위해, 나무를 예로 들어 보겠습니다. 나무는 빛의 광선을 반사합니다. 이 광선은 에테르 진동을 통해 우리의 눈에 도달하고, 물리적 신경 세포에 진동을 일으킵니다. 이 진동은 물리적 차원에서 심령계로 전달됩니다. 그러나 단순히 진동이 발생했다고 해서 우리가 나무를 "보게" 되는 것은 아닙니다. 나무를 인식하려면, 이 진동이 감각의 자리 즉 카마 차원에 도달해야 합니다. 카마(욕망)가 우리로 하여금 세계를 인식하고, 느끼고, 경험하게 만드는 것입니다.

## 2) 죽음과 욕망체의 진화

심령계의 물질, 즉 에테르 원소(elemental essence)는 욕망의 몸체를 구성하는 재료입니다. 이 물질은, 그 특별한 성질로 인해, 자기 자신을 통해 감각을 경험할 수 있는 껍질로 기능할 수 있습니다. (※ 에테르 원소의 구성에 대한 상세 논의는 여기서 다루지 않습니다.)

욕망체, 또는 흔히 심령체라고 불리는 이 몸체는 진화의 초기 단계에서는 단순한 구름 같은 덩어리 형태이며, 의식의 독립적인 몸체로 기능할 수 없습니다. 깊은 수면 중에 욕망체는 육체에서 벗어나지만, 육체 가까이에 머무르며, 그 안의 마음(mind)도 육체만큼이나 거의 잠들어 있습니다. 그러나 욕망체는 심령계의 자신의 구성과 유사한 힘에 영향을 받을 수 있으며, 이는 관능적인 종류의 꿈을 유발합니다.

평균적인 지적 발달을 이룬 사람의 욕망체는 더 고도로 조직되어 있으며, 육체로부터 분리될 때 그 윤곽과 특징이 육체를 닮은 것으로 보입니다. 그러나 그때조차도 욕망체는 심령계의 주변 환경을 의식하지 못하며, 마음을 껍데기처럼 둘러싸고 있습니다. 마음은 그 안에서 활발하게 기능할 수 있지만, 아직 욕망체를 의식의 독립적인 몸체로 사용할 수는 없습니다. 오직 고도로 진화된 사람만이 욕망체를 철저히 조직화하고 활성화하여, 심령계에서 물리적 육체가 물리계에서 그러하듯이 의식의 몸체로서 기능할 수 있게 됩니다.

죽음 이후, 인간의 상위 자아는 한동안 욕망체에 머무르며, 그 기간은 욕망체를 구성하는 요소들의 조밀함이나 미묘함에 따라 달라집니다. 인간이 그 욕망체에서 벗어나면, 그것은 한동안 "형상(shell)"으로 남게 됩니다. 만약 죽은 존재가 낮은 유형이며, 지상 생애 동안 자신이 지녔던 정신력을 정념적 본성에 주로 불어넣었다면, 그 일부가 형상에 얽혀 남아 있게 됩니다. 이 경우, 그 잔재는 매우 낮은 수준의 의식을 지니고, 동물적인 교활함을 나타내며, 양심이 없습니다. 이런 존재는 전적으로 불쾌한 성격을 띠며, 흔히 "저급령(spook)"이라 불립니다.

이러한 저급령은 동물적 욕망이 조장되고 충족되는 모든 장소에 이끌려 떠돌아다니며, 동물적 충동이 강하고 억제되지 않은 사람들의 자기적 흐름 속으로 빨려 들어갑니다. 수준이 낮은 영매들은 필연적으로 이러한 지극히 바람직하지 않은 존재들을 끌어들이게 됩니다. 이 저급령들은 점점 희미해지던 생명력을 영매의 심령회 장소에서 강화시키고, 심령계의 반영을 포착하여 낮은 수준의 "육체 없는 영적 형상(disembodied spirits)"처럼 작용합니다.

그뿐만 아니라, 만약 그러한 심령회에 유사한 수준의 낮은 영적 발달을 지닌 남성이나 여성이 참석해 있다면, 그 저급령은 그 사람에게 끌려가 들러붙을 수 있으며, 이로 인해 살아 있는 사람의 욕망체와 죽은 사람의 소멸 중인 욕망체 사이에 자기적 흐름이 형성되어, 극도로 불행한 결과를 초래할 수 있습니다.

　욕망체가 이러한 잔존체의 형태로 지속되는 시간은, 죽은 인격체가 지닌 동물적·욕망적 본성의 발달 정도에 따라 결정됩니다. 지상 생활 동안 ① 동물적 본성에 탐닉하고 억제하지 못했으며, ② 인간의 지적 및 영적 측면이 무시되거나 억압되었다면, 사후에도 생명 에너지가 강하게 욕망적 방향으로 흐르게 됩니다. 이 경우, 육체가 사망한 뒤에도 욕망체는 오랜 기간 지속됩니다. 특히, 지상 생활이 갑작스러운 사고나 자살로 중단된 경우, 카마(욕망)와 프라나(Prâna) 사이의 연결이 쉽게 끊어지지 않아 욕망체는 더욱 강력하고 생명력 있게 남게 됩니다. 반대로, 지상 생활 동안 욕망이 정복되고 다스려졌다면, 즉 욕망이 정화되어 인간의 더 높은 본성에 복종하도록 훈련되었다면, 욕망체를 활성화할 요소가 거의 남지 않습니다. 이 경우, 욕망체는 빠르게 분해되고 사라지게 됩니다. 네 번째 원리에 닥칠 수 있는 또 하나의 끔찍한 운명이 남아 있지만, 이는 다섯 번째 원리를 다룬 이후에야 명확히 설명할 수 있습니다.

## 6. 사중체와 생각하는 존재

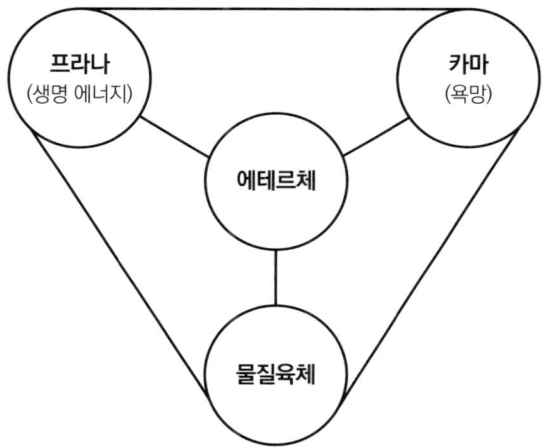

사중체의 도표: 일시적이고 소멸하는 것[51]

우리는 이와 같이 인간의 하위 본성에 대해 살펴보았으며, 인간이 진화의 여정 속에서 짐승과 함께 걷는 지점에 이르렀습니다. 사중체(Quaternary)는 정신(Mind)과 접촉하기 전까지는 단순히 하등 동물에 불과합니다. 사중체는, 진화를 위해 정신이 다가와 자신을 인간

---

51   Secret Doctrine, Vol. I, p. 262. 참조
    * 에테르체는 여기서 링가 샤리라(Linga Sharira)로 불리는데, 이는 힌두 철학에서 잘 알려진 용어를 완전히 새로운 의미로 사용함으로써 발생된 혼란 때문에 현재는 폐기된 이름입니다. H. P. 블라바츠키는 세상을 떠나기 전 제자들에게 너무 부주의하게 만들어진 용어 체계를 개혁할 것을 촉구했고, 우리는 그녀의 유언을 실천하기 위해 노력하고 있습니다.

으로 변화시켜 주기를 기다리고 있는 존재입니다.

신지학에서는, 인간이 오랜 시대에 걸쳐 각 구성 요소(원리)들을 차례차례 갖추어 나가며 지금의 모습에 이르렀다고 설명합니다. 처음 인간은 하위 네 가지 요소(사중체)만을 갖춘 상태였습니다.

이는 신의 보살핌 아래 놓여 있지만, 아직 신성과 직접 연결되지 않은 상태에 비유할 수 있습니다. 그들은 더 높은 단계로 이끌어 줄 정신(Manas)을 기다리고 있었습니다. 이 정신을 통해 인간은 신성과 하나가 되는 길을 열 수 있습니다. 바로 이 하나됨(합일)이 인간 존재의 궁극적인 목적입니다.

이 영겁(aeonian)에 걸친 진화 과정은 거대한 시간의 흐름 속에서는 매우 느리게 진행되지만, 각 인간의 개인적인 진화 속에서는 상대적으로 빠르게 전개됩니다. 여러 시대를 거쳐 지구상의 인간들에게서 연속적으로 진화한 각 원리는, 주어진 시점의 진화 단계에서 각 개인 안에 부분적으로 발현됩니다. 나머지 원리들은 아직 잠재된 상태로 남아 있으며, 점진적으로 깨어날 준비를 하고 있습니다.

이제 사중체의 진화는 정신(mind) 없이는 더 이상 진보할 수 없는 지점에 도달했습니다. 이 과정은 H. P. 블라바츠키의 『비밀의 교리』의 기초를 이룬 고대의 시(詩)들에서도 웅변적으로 묘사되어 있습니다. 다음은 그중 한 구절입니다.

"숨결(The Breath)은 형상을 필요로 했고, 아버지들(천상의 존재들)이 그것을 주었습니다. 숨결은 조잡한 몸, 즉 육체를 필요로 했고, 대지(Earth)가 그것을 빚었습니다. 숨결은 생명의 영을 필요로 했고, 태양의 라하스(Solar Lhas, 태양계의 신적 존재들)가 그 형상에 숨을 불어 넣었습니다. 숨결은 그 몸의 거울, 즉 에테르 복체를 필요로 했고, 디아니(Dhyânis, 천상의 지성 존재들)는 '우리가 우리 자신의 것을 주었다'라고 말했습니다. 숨결은 욕망의 운반체, 즉 카마를 필요로 했고, '물이 빠지는 곳'[52]이 '그것은 이미 가지고 있다'라고 말했습니다. 그러나 숨결은 우주를 포용할 정신, 즉 마나스를 필요로 했습니다. 아버지들은 '우리는 그것을 줄 수 없다'라고 말했고, 지구의 영은 '나는 그것을 가져본 적이 없다'라고 말했습니다. '내가 나의 것을 준다면, 그 형상은 소멸될 것이다'라고 위대한 불(Great Fire, 로고스를 상징하는 듯함)이 말했습니다. (…) 인간은 비어 있고 무의미한 부타(Bhûta, 잔존체)로 남았습니다."[53]

따라서, 정신이 없는 개체적 자아는 아직 완전한 인간이라 할 수 없습니다. 사중체 자체만으로는 인간, 즉 생각하는 존재(Thinker)가 될 수 없습니다. 왜냐하면 "생각하는 존재"야말로 인간을 인간답게

---

52  Drainer of Waters, 아마도 달의 상징으로, 욕망을 조절하는 힘을 의미하는 듯함.(편집자 주)
53  '숨결'은 '영'을 의미하며, 인간의 성전(tabernacle, 몸)이 세워질 대상이다. '조잡한 몸'은 조밀한 육체, 즉 물질체를 의미한다. '생명의 영'은 프라나를 의미하고. '그 몸의 거울'은 에테르체를 의미한다. '욕망의 운반체'는 카마를 의미한다.(편집자 주)

만드는 진정한 본질이기 때문입니다.

하지만 이 시점에서 학생은, 지금까지 탐구해 온 인간의 구성을 잠시 멈추고, 곰곰이 숙고해 보아야 합니다. 사중체는 인간의 "죽을 수 있는 부분(mortal part)"이며, 신지학에서는 이를 "개체적 자아(the personality)"로 정의합니다. 인간의 구성을 제대로 이해하고, 나아가 고급 신지학 저술을 지적으로 파악하기 위해서는 이 "개체적 자아"를 매우 명확하고 확실하게 이해하는 것이 중요합니다.

물론 "개체적 자아"가 진정한 인간다움을 갖추기 위해서는 정신(Mind)의 빛 아래로 들어가야 합니다. 마음의 빛은 마치 태양빛이 세상을 비추듯이 "개체적 자아"를 계발하고 깨우쳐야 합니다. 그러나 마음의 빛이 비추지 않은 상태에서도, "개체적 자아"는 명확히 정의된 하나의 존재(entity)입니다.

"개체적 자아"는 육체, 에테르체, 생명, 그리고 욕망체로 이루어져 있습니다. "개체적 자아"는 열정을 가지고 있지만, 이성은 없습니다. 감정은 있지만, 지성은 없습니다. 욕망은 있지만, 이성적으로 구체화된 의지는 없습니다. "개체적 자아"는 자신의 주인, 즉 정신의 도래를 기다리고 있습니다. 이 마음의 접촉이야말로 "개체적 자아"를 참된 인간으로 변화시킬 것입니다.

# 7. 제5 원리 — 마나스, 생각하는 존재, 혹은 마음

## 1) 상위 마나스와 하위 마나스

우리는 이제 연구의 가장 복잡한 부분에 도달했습니다. 독자는 다섯 번째 원리가 사람 안의 다른 원리들과 맺는 관계를 이해하기 위해 상당한 주의와 사색을 기울여야 합니다.

"마나스(Manas)"라는 단어는 "생각하다"라는 동사의 어근인 산스크리트어 man에서 유래했습니다. 마나스는 우리 안의 "생각하는 존재"이며, 서양에서는 막연하게 "마음(Mind)"이라고 불립니다. 저는 독자 여러분이 마나스를 단순히 "마음"으로 여기기보다는 "생각하는 존재(Thinker)"로 인식하기를 권하고자 합니다. "생각하는 존재"라는 표현은, 생각하는 누군가, 즉 개인(entity)을 암시하기 때문입니다. 그리고 이것이 바로 신지학에서 말하는 마나스(정신)의 개념입니다. 마나스는 불멸의 개인이며, 진정한 "나"입니다. 그는 일시적인 "개체적 자아(the personality)"를 거듭하여 입고, 그 자체는 영원히 지속됩니다.

『침묵의 소리』[54]에서는 입문 후보자에게 보내는 권고에서 이렇게 말합니다: "영원히 지속하는 자처럼 인내하라. 너의 그림자들(개체적 자아)은 살다가 사라진다. 너 안에서 영원히 살 것, 즉 인식하는 자, 곧 지식[55]인 존재는 덧없는 삶의 것이 아니다. 그것은 과거에 존재했으며, 현재도 존재하고 있으며, 미래에도 존재할 것이다. 그를 위해서는 시간의 종이 결코 울리지 않을 것이다."[56]

H. P. 블라바츠키는 『신지학의 열쇠』에서 마나스를 다음과 같이 명확하게 설명합니다:

하나의 '영(Spirit)', 즉 천상의 존재를 상상해 보십시오. 그 존재는 무엇이라 부르든 그 본성은 신성하지만, 아직 만유(the ALL)와 하나가 될 만큼 순수하지는 않기에, 그 궁극적 목표를 이루기 위해서는 반드시 자신의 본성을 정화해야 합니다. 이 정화는 오직 분화된 우주에 존재하는 모든 경험과 감정을 하나하나, 즉 영적으로나 육체적으로 직접 겪어냄으로써만 가능합니다. 따라서 그 영은 먼저 하위의 여러 영역에서 경험을 쌓고, 존재의 사다리를 한 단계씩 오르며 꾸준히 상승한 뒤, 마침내 인간의 차원에서 겪어야 할 모든 경험을 통과해야 합니다. 그 존재의 본질은 바로 '생각(Thought)' 그 자체이므로, 복

---

54　침묵의 소리(The Voice of the Silence): 신지학에서 중요하게 여기는 경전 중 하나로, 영적 가르침을 담고 있다.(편집자 주)
55　지식(Knowledge): 여기서는 단순한 정보나 지식이 아닌, 영적인 깨달음 또는 진리에 대한 직접적인 인식을 의미한다.(편집자 주)
56　H. P. Blavatsky, The Voice of the Silence, p. 31.

수형으로는 '마나사푸트라(Manasaputra)', 즉 '우주적 마음의 아들들'이라 불립니다. 이렇게 개별화된 '생각'이야말로, 우리 신지학자들이 '진정한 인간 자아(the real human Ego)', 즉 살과 뼈라는 감옥에 갇힌 '생각하는 존재(thinking entity)'라고 부르는 것입니다.

또한 덧붙입니다:
"이것은 분명 물질이 아닌 영적인 실체입니다. (여기서 말하는 물질은, 우리가 객관적인 우주 차원에서 알고 있는 물질을 의미합니다.) 이러한 실체들은 '인류'라고 불리는 동물적 물질 덩어리에 생명을 불어넣고, 윤회하는 자아(Egos)들입니다. 그들의 이름은 마나스(Manas), 즉 정신들입니다."[57]

## 2) 인간 진화와 마나스

이러한 개념은 과거 인류가 어떻게 진화해 왔는지를 간단히 살펴보면 더욱 쉽게 이해할 수 있습니다. 인간의 네 가지 구성 요소인 사중체가 서서히 만들어졌을 때, 그것은 마치 주인이 없는 빈집과 같았습니다. 그 집은 거주할 존재를 기다리고 있었습니다. '마나사푸트라(Manasaputra)', 즉 '마음의 아들들'이라는 이름은 여러 단계의 지성을 가진 존재들을 가리킵니다. 이들은 인간으로서의 진화를 훨씬

---

57   H. P. Blavatsky, The Key to Theosophy, pp. 183-184.

이전에 마친 강력한 '불꽃의 아들들'부터, 우리보다 앞선 주기에서 개별적 존재로 태어나 지구에서 인간 진화를 완성하기 위해 준비된 존재들까지 포함합니다.

일부 초인적 지성체들은 우리 초기 인류의 지도자와 스승으로 환생했습니다. 이들은 고대 문명을 세운 창시자이자 신성한 통치자가 되었습니다. 앞서 언급한 존재들 중 많은 수는 이미 어느 정도의 정신 능력을 가지고 있었고, 아직 정신이 발달하지 않은 인간 사중체 안에 깃들었습니다. 이들이 바로 윤회하는 마나사푸트라들입니다. 이들은 여러 시대를 거쳐 윤회를 반복하며, '윤회하는 에고(Reincarnating Ego)', 우리 안의 '마나스(Manas)', 즉 변치 않는 개인, 인간의 다섯 번째 원리가 됩니다.

나머지 인류는 여러 시대를 거치면서 더 높은 마나사푸트라들로부터 '마음의 첫 불꽃'을 받았습니다. 이 불꽃은 그들 안에 잠재되어 있던 마음의 씨앗(germ of mind)을 자극하여 성장시켰고, 이로써 인간 영혼(human soul)이 시간 속에서 태어나게 되었습니다. 여기서 영원한 신성한 영(Divine Spirit)이 인간의 영혼으로 나뉘어 개체적 삶을 시작하는데, 어떤 영혼은 다른 영혼보다 먼저 인간으로서의 여정을 시작합니다. 그 결과, 축적된 경험과 성장의 차이에 따라 정신 능력의 큰 차이가 나타납니다.

이 다섯 번째 원리에 부여된 여러 이름 때문에 신지학을 처음 접하는 많은 이들이 혼란을 느끼는 경우가 많습니다. 잠시 용어를 설명하면 '마나사푸트라'는 우리가 '역사적인 이름'이라고 부르는 명칭입니다. 이 이름은 진화의 특정 시기에 이미 개별화된 영혼의 무리가 인류의 영역으로 들어왔음을 나타냅니다. '마나스'는 이 원리의 지적인 본성을 설명하는 '일반적인 이름'입니다. '개인', '나', 또는 '에고'라는 이름은 이 원리가 영원하며 죽지 않는다는 것을, 또한 다른 모든 것과 구별되는 개별적인 존재라는 것을, 서양 철학 용어로 '객체(Object)'와 반대되는 '주체(Subject)'라는 것을 알려 줍니다. '상위 자아(the Higher Ego)'라는 용어는 곧 설명할 '개체적 자아(Personal Ego)'와 대비됩니다. '윤회하는 에고(Reincarnating Ego)'라는 이름은 이 원리가 계속해서 윤회하며, 지상에서 겪은 모든 삶의 경험을 하나로 통합한다는 사실을 강조합니다.

다른 여러 이름들도 존재하지만, 신지학 입문서에서는 위에 소개한 용어들이 가장 자주 등장합니다. 이 각각의 용어는 자체로는 어렵지 않습니다. 그러나 명확한 설명 없이 여러 이름이 혼용될 경우, 학생은 자신이 얼마나 많은 원리를 이해했는지, 그리고 그들이 서로 어떤 관계를 맺고 있는지를 혼란스러워하며 큰 고뇌에 빠질 수 있습니다.

### 3) 윤회와 하위 마나스

이제 우리는 하나의 화신, 즉 한 번의 삶 동안 나타나는 마나스의 작용을 살펴보겠습니다. 이는 모든 삶의 전형이 될 것입니다. 에고는 이전 생에서 만들어진 원인들에 의해, 다음 생에서 태어날 인간이 속할 가족에게로 이끌립니다. (신지학의 핵심 원리인 윤회에 대한 자세한 설명은 여기에서는 생략합니다. 윤회는 별도로 다루어야 할 중요한 주제이기 때문입니다.)

그리하여 생각하는 존재(Thinker)는 자신이 거주할 '생명의 집'이 완성될 때까지 기다립니다. 그러나 여기서 문제가 발생합니다. 생각하는 존재는 본질적으로 정신적 실체이기 때문에, 정신계(third plane) 이상의 높은 차원에 존재하며, 조밀한 물질계의 거친 물질 분자에 직접적인 영향을 미칠 수 없습니다. 따라서 생각하는 존재는 자신의 일부를 투사하여, 그것이 심령 물질로 덮이게 합니다. 이 심령 물질은 에테르 물질의 도움을 받아 아직 태어나지 않은 아이의 전체 신경계를 관통하게 되고, 물질 육체가 성장함에 따라 인간의 사고 원리(mental principle)를 형성하게 됩니다.

이 투사는 마나스의 반영, 그림자, 광선 등으로 불립니다. 이는 상위 마나스와 구별되는 하위 마나스를 가리킵니다. 모든 윤회 주기 동안, 마나스는 이중적인 성격을 지닙니다.

이와 관련하여 H. P. 블라바츠키는 다음과 같이 설명합니다.[58]

"한 번 갇히거나 환생하게 되면, 마나스의 본질은 이중적으로 변합니다. 다시 말해, 개별적인 존재로 여겨지는 영원한 신성한 마음의 광선은 두 가지 속성을 갖게 됩니다.

(a) 상위 마나스인 하늘을 향하는 본질적이고 내재적인 마음과

(b) 인간 두뇌의 뛰어난 기능 덕분에 이성적 모습을 갖춘 동물적 사고, 즉 욕망(카마)에 이끌리는 하위 마나스입니다."

### 4) 욕망과 하위 마나스의 결합

이제 우리는 하위 마나스에만 주의를 집중하여, 인간 구성 요소 속에서 하위 마나스가 어떤 역할을 하는지 살펴보겠습니다. 하위 마나스는 사중체에 둘러싸여 있으며, 한 손으로는 카마(욕망)를 붙잡고, 다른 한 손으로는 아버지인 상위 마나스를 붙잡고 있는 것으로 비유할 수 있습니다. 하위 마나스가 카마(욕망)에 완전히 끌려 삼중체와 분리되어 추락할 것인지, 아니면 지상 생활의 정화된 경험들을 승리적으로 근원으로 되돌려 보낼 것인지는, 각 환생에서 제시되고 해결되어야 하는 삶의 문제입니다.

---

58  H.P. Blavatsky, The Key to Theosophy, p. 184.

지상 생활 동안, 카마와 하위 마나스는 결합하여 작용하며, 이를 편리하게 "카마-마나스(Kâma-Manas)"라고 부릅니다. 앞서 살펴본 것처럼, 카마는 동물적이고 본능적인 욕망 요소를 제공합니다. 하위 마나스는 이러한 욕망을 합리적으로 정당화하고, 지적 능력을 더합니다. 이 결합을 통해 우리는 '두뇌-마음(brain-mind)', '두뇌-지능(brain-intelligence)'이라는 개념을 이해하게 됩니다. 즉, 카마-마나스는 뇌와 신경계에서 작용하며, 물리적 차원에서 육체 기관을 도구로 사용합니다.

인간의 경우, 이 두 원리(카마와 하위 마나스)는 생애 동안 밀접하게 얽혀 거의 분리되지 않은 채 작동합니다. 하지만 학생들은 "카마-마나스"가 새로운 독립 원리가 아니라, 네 번째 원리(카마)와 다섯 번째 원리(마나스)의 하위 부분이 얽힌 복합체라는 사실을 명확히 이해해야 합니다. 이 관계를 비유로 설명하면 이렇습니다. 불꽃이 심지에 불을 붙일 때, 타오르는 불꽃의 색은 심지의 재질과 심지가 담겨 있는 액체의 성질에 따라 달라집니다. 이와 마찬가지로, 인간 안에서 마나스의 불꽃은 뇌와 카마의 심지에 불을 붙이며, 그 빛의 색조는 카마의 본성과 뇌 기관의 발달 정도에 따라 달라집니다.

만약 카마(욕망)의 본성이 강하고 훈련되지 않았다면, 순수한 마나스의 빛은 더럽혀지고, 섬뜩한 색조와 불쾌한 연기로 오염될 것입니다. 또한, 뇌 기관이 불완전하거나 충분히 발달되지 않았다면, 빛은 흐릿해져 외부 세계로 뚜렷이 비추지 못하게 될 것입니다.

## 5) 육체적 조건과 하위 마나스

H. P. 블라바츠키가 "고차원적 지성(Genius)"에 관한 글에서 명확히 언급했듯이 다음과 같습니다.

"우리가 한 사람에게서 '천재의 발현'이라 부르는 것은, 한 개인의 자아(Ego)가 자신의 외적 형태, 즉 조각된 인간(육체) 안에서 자신을 표현하려는 노력의 성공 여부에 달려 있습니다. 뉴턴, 아이스킬로스, 셰익스피어의 자아는 무지한 사람이나 시골뜨기, 바보, 심지어 백치의 자아와 본질적으로 동일한 실체를 지니고 있습니다. 그들의 내부에 존재하는 고차원적 지성의 자기주장은, 육체적 인간의 생리적, 물질적 구성에 달려 있습니다. 어떤 자아도 본질에 있어서 다른 자아와 다르지 않습니다."[59]

한 사람을 위대한 인물로 만들고, 다른 사람을 평범하거나 어리석은 사람으로 만드는 것은 앞서 말했듯, 육체라는 껍질인 뇌와 신체의 질과 구성에 달려 있습니다. 진정한 내면의 인간(자아)의 빛을 외부로 충실히 전달할 수 있는지의 여부에 달려 있는 것입니다. 그리고 이러한 적합성 또는 부적합성은 결국 카르마(Karma)의 결과입니다.

---

59  Lucifer November, 1889, p. 228.

또 다른 비유를 들자면, 육체적 인간은 악기이고, 자아는 연주자입니다. 완벽한 멜로디의 잠재력은 악기에 있으며, 아무리 뛰어난 연주자라도 망가진 악기에서는 흠 없는 소리를 끌어낼 수 없습니다. 이 '완전한 화음'은 인간 내면 깊숙한 곳에 존재하는 신성한 생각을 말과 행동으로 충실히 표현하는 것에 달려 있습니다. 비유를 이어가자면, 육체적 인간은 파가니니의 손에 들린 최고급 스트라디바리우스 바이올린일 수도 있고, 금이 간 싸구려 바이올린일 수도 있으며, 혹은 그 중간 수준의 평범한 악기일 수도 있습니다.

이 사고 원리가 작용해야 하는 기관에 의해 그 발현에 부과되는 여러 한계와 특성들을 고려할 때, 우리는 인간 안에서 하위 마나스(lower Manas)의 작용을 이해하는 데 큰 어려움을 느끼지 않을 것입니다. 여기서 말하는 한계와 특성은, 이전 생에서 에고가 행한 작용에 기인한 것임을 기억해야 합니다. 정신적 능력, 지적 힘, 예리함, 섬세함과 같은 이 모든 것은 하위 마나스의 발현입니다. 이 능력은 때로 천재라 불리는 경지에 이를 수 있으며, 블라바츠키가 언급했듯이 이는 "문화와 순수한 지적 예리함의 결과로서의 인공적 천재"에 해당합니다. 하위 마나스의 본성은 종종 카마(욕망)적 요소, 즉 강한 감정적 충동, 허영심, 오만함 등의 형태로도 드러납니다.

### 6) 하위 마나스와 진화의 경로

상위 마나스는 인간 진화의 현재 단계에서는 거의 직접 드러나지 않습니다. 희미하게나마, 저 높은 영역으로부터 황혼 속에 섬광처럼 비추는 때가 있는데, 신지학자는 이러한 섬광을 진정한 고차원적 지성이라고 부릅니다.

"선(善)과 결합된 천재성의 모든 발현 속에서, 하늘에서 추방된 신성한 자아(Ego)의 부인할 수 없는 존재를 보라. 물질에 속한 인간이여, 너는 바로 그 자아를 감금하는 감시자인 것이다."

신지학은 "인간에게 나타나는 다양한 창조적 능력"(총칭하여 '천재성')이 맹목적인 우연이나 단순한 유전적 경향 때문이 아니라, 이전 수많은 삶 동안 자아(Ego)가 축적해 온 선행(善行)과 경험 때문이라고 가르칩니다. 왜냐하면 신성한 자아는 본질적으로 전지전능하지만, 개체적 자아를 통해 지구적 경험을 축적하고, 객관적 차원에서 그 결실을 맺을 필요가 있기 때문입니다. 이는 물리적 차원에서의 경험을 통해 그 추상적인 경험의 결실을 적용하기 위함입니다. 우리 철학은 또한 다음과 같이 덧붙입니다. "과거 긴 생애 동안 특정한 소질을 계발하는 것이 결국 어떤 삶에서 고차원적 지성으로 꽃을 피우게 된다."[60] 진정한 고차원적 지성이 발현되기 위해서는, 반드시 순수한 삶

---

60 Lucifer November, 1889, pp. 229-230.

이 전제되어야 합니다.

카마-마나스는 인간의 개체적 자아입니다. 우리는 이미 사중체 전체가 개체적 자아, 즉 "그림자"에 해당함을 살펴보았습니다. 하위 마나스는 개체적 자아가 스스로를 "나"로 인식하게 만드는 개별화된 감각을 제공합니다. 즉, 하위 마나스는 지적으로 변하며, 다른 모든 자아와 분리된 존재로서 자신을 인식하게 됩니다. 그러나 이 인식은 근본적으로 환영(illusion)입니다. 하위 마나스는, 자신 너머에 존재하는 일체성을 깨닫지 못한 채, 물질적 삶의 인상과 감각의 환상에 이끌려, 욕망에서 비롯된 격렬한 감정들의 폭풍 속으로 자신을 던져 넣습니다.

그리고 기억하십시오. 감각과 동물적 본성에 마지막 쾌락을 더하는 것도 바로 이 하위 마나스입니다. 예견하지도 기억하지도 못하는 격한 감정이 무슨 의미가 있겠습니까? 섬세한 상상력과 환상, 꿈의 미묘한 색채가 없다면 황홀경이 어떻게 존재할 수 있겠습니까? 그러나 하위 마나스를 지상에 더욱 강하게 묶는 더 강력하고 속박적인 사슬이 있을 수 있습니다. 그것들은 야망, 명성에 대한 욕망, 정치가의 권력이든, 지적인 최고의 성취든 간에 단련됩니다. 어떤 일이 사랑이나 칭찬을 받기 위해, 혹은 그 일이 "내 것"이지 다른 사람의 것이 아니라는 인정을 받기 위해 이루어지는 한, 그리고 마음의 가장 깊은 곳에, 자신이 다른 모든 존재와 분리된 존재로 인식되기를 바라는 미묘한 갈망이 하나라도 남아 있는 한, 그 야망이 아무리 웅대하고, 자비가 아무리 광범위하며, 성취가 아무리 고상하더라도, 마나스는 여전히 카마에 오염되어 있으며, 그 본래의 근원처럼 순수하지는 않습니다.

# 8. 영혼의 진화와 마나스

## 1) 하위 마나스의 진동과 뇌 의식

우리는 제5 원리인 마나스가 각 지상 생활 주기 동안 이중적인 양상을 띤다는 것, 그리고 카마(욕망)와 결합한 마나스가 '카마-마나스'로 불리며 인간의 뇌와 신경계에서 기능한다는 것을 살펴보았습니다. 그러나 상위 마나스와 하위 마나스의 활동을 보다 명확히 구분하기 위해 탐구를 계속할 필요가 있습니다. 이렇게 함으로써, 많은 사람들이 인간의 마음에서 이루어지는 작용을 지금보다 훨씬 덜 모호하게 이해할 수 있게 될 것입니다.

이제 살펴봅시다. 다른 모든 세포와 마찬가지로, 뇌와 신경계의 세포들도 분자(말 그대로 '작은 덩어리')라고 불리는 미세한 물질 입자로 구성되어 있습니다. 이 분자들은 서로 직접 접촉하지 않지만, 영원한 생명의 표현인 인력(引力)에 의해 함께 모여 있습니다. 서로 접촉하지 않기 때문에, 움직임이 주어지면 분자들은 앞뒤로 진동할 수 있으며, 실제로 이들은 끊임없이 진동하고 있습니다. H. P. 블라바츠키는 이 점에 대해 다음과 같이 지적합니다.

"분자의 운동은 유일한 영원한 생명의 가장 낮고 물질적인 표현이다. 이 운동은 '위대한 숨결(The Great Breath)'로 표현되며, 우주의 모든 차원에서 모든 운동의 근원이다. 산스크리트어에서 '영(Spirit)', '호흡(Breath)', '존재(Being)', '운동(Motion)'을 의미하는 어근들은 본질적으로 동일하며, 라마 프라사드는 '이 모든 어근은 동물의 호흡, 즉 숨을 내쉬고 들이쉬는 소리에서 유래한다'고 말한다."[61]

이제 하위 마음, 즉 카마-마나스는 신경 세포의 분자에 작용하여 운동을 일으키고 이들을 진동하게 만듭니다. 이렇게 해서 물질계에서 마음의 의식이 시작됩니다. 마나스(정신) 자체는 물질적 분자에 직접 작용할 수 없지만, 그 광선인 하위 마나스는 심령 물질로 몸을 감싸고 욕망적 요소와 결합함으로써 물질 분자에 운동을 일으킬 수 있습니다. 결국, 이를 통해 "뇌 의식"이 생성됩니다. 이 뇌 의식에는 뇌의 기억과 인간 마음의 모든 다른 기능이 포함됩니다. 이는 우리가 일상 생활에서 알고 경험하는 마음의 작용입니다. H. P. 블라바츠키는 다음과 같이 덧붙입니다.

"물질계의 다른 모든 현상과 마찬가지로, 이러한 발현 또한 최종 분석에서는 진동의 세계와 관련된다. 그러나 그 기원은 물질계가 아니라 고차원의 조화 세계에 속한다."

즉, 그 기원은 마나스적 본질, 다시 말해 '광선'에 있으며, 이 광선이 물질계에서 뇌 분자에 작용할 때 비로소 진동이라는 형태로 변환

---

61   Lucifer, October, 1890, pp. 92-93.

되는 것입니다. 카마-마나스의 이러한 작용은 신지학자들에 의해 "심령(psychic)"이라 불리고 있습니다. 모든 정신적·감정적 활동은 이 심령적 에너지의 작용에 의해 발생하며, 그 발현은 반드시 그것이 작용하는 물리적 도구의 상태에 의해 제약을 받습니다. 이는 이미 앞서 (7장) 넓게 설명된 바 있으며, 이제 그 진술의 논리가 더욱 명확해질 것입니다.

만약 뇌의 분자 구성이 섬세하고, 특히 욕망 기관들(간, 비장 등)의 작용이 건강하고 순수하여 뇌와 연결되는 신경 분자의 구성을 손상시키지 않는다면, 심령의 숨결이 악기를 휩쓸고 지나갈 때, 이 진정한 에올리언 하프에서 조화롭고 훌륭한 선율이 울려 퍼지게 됩니다. 반면, 분자 구성이 조잡하거나 손상되어 있거나, 알코올의 방출로 혼란스럽거나, 과식이나 성적 과잉으로 혈액이 오염된 경우, 에올리언 하프의 줄들은 지나치게 느슨하거나 팽팽해지며, 먼지로 막히거나 거친 사용으로 해어지게 됩니다. 이러한 상태에서 심령적 숨결이 줄을 스쳐 지나가더라도, 줄은 침묵하거나 불협화음의 거친 소리를 낼 뿐입니다. 이는 숨결이 없어서가 아니라, 하프의 줄 자체가 손상되어 제대로 진동하지 못하기 때문입니다.

이제 우리는 '마음' 혹은 '지성'이라 불리는 것이 무엇인지 더욱 명확히 이해할 수 있을 것입니다.
H. P. 블라바츠키는 이를 "마나스(Manas) 자체, 즉 우리의 다섯

번째 원리의 '희미하고 너무 자주 왜곡된 반영'"이라고 표현했습니다. 그녀는 카마-마나스를 "물질에 둘러싸여 묶여 있기 때문에 물질의 영향을 받는 인간의 이성적이지만 지상적 또는 물리적 지성"이라고 설명합니다. 그것은 "하위 자아, 즉 우리의 유기적 신체를 통해 발현되어 이 환영(illusion)의 세계에서 작용합니다. 그 결과, 카마-마나스는 스스로를 '에고(ego)', 즉 '나는 존재한다'라고 상상하며, 불교 철학이 '분리의 이단'이라 부르는 상태에 빠지게 됩니다. 이것이 바로 개체적 자아(personality)입니다." 그리고 여기서 비롯되는 것은 "심령적 지혜(psychic wisdom)"입니다. 즉, 이는 최상의 경우에도 '지상적 지혜(terrestrial wisdom)'일 뿐이며, 이는 인간, 또는 더 정확히 말하면 살아 있는 신체의 동물적 욕망에서 기인한 혼란스러운 자극들에 의해 영향을 받는 것입니다.[62]

## 2) 하위 마나스와 기억

카마-마나스가 인간의 개체적 자아에 속하고, 그것이 육체의 두뇌에서 기능하며, 두뇌의 분자에 작용하여 진동을 일으킨다는 사실을 명확히 이해하는 것은, 윤회의 원리를 학생이 이해하는 데 큰 도움이 됩니다. 다만 이 중요한 윤회의 원리는 이 시리즈의 다른 책에서 다루게 될 것입니다. 여기서는 하위 마나스가 불멸의 생각하는 존재

---

62  Lucifer, October 1890, p. 179.

(Thinker)로부터 발산된 광선이며, 하나의 개체적 자아를 비추고 있다는 사실을 상기시키는 것으로 충분합니다. 또한 뇌 의식에서 활성화되는 모든 기능은 그 기능이 발생하는 특정 뇌와 특정 개체적 자아에 관련된 것임을 주목해야 합니다.

진동하는 뇌 분자는 육체를 가진 인간의 물질적 기관입니다. 이들은 인간의 수태 이전에는 뇌 분자로서 존재하지 않았으며, 인간의 사후에도 뇌 분자로서 지속되지 않습니다. 이들의 기능적 활동은 육체의 생명, 즉 일시적인 개체적 자아의 생명이라는 한계 내에서만 이루어집니다. 우리가 물질계에서 '기억'이라 부르는 능력은 바로 이 뇌 분자들이 하위 마나스의 충동에 반응하는 데 달려 있습니다. 윤회하는 개체적 자아들의 뇌 사이에는 상위 마나스를 통해서만 연결 고리가 존재합니다. 상위 마나스는 각각의 개체적 자아를 비추고 계몽하기 위해 연속적으로 광선을 발산합니다. 그러므로 인간의 의식이 물질계와 카마-마나스 차원을 넘어 상위 마나스 차원으로 상승하지 않는 한, 하나의 개체적 자아에 대한 기억이 다른 개체적 자아로 이어질 수 없다는 것은 필연적입니다.

개체적 자아의 기억은 인간 본성의 일시적인 부분에 해당합니다. 오직 자신의 의식을 불멸의 생각하는 존재의 차원으로 끌어올릴 수 있는 사람만이, 지난 생애들의 기억을 회복할 수 있습니다. 이런 사람들은 개인적 존재(소멸하는 존재)와 불멸의 존재(영속하는 존재) 사이를 연결하는 광선 위를 따라 의식적으로 '여행'할 수 있습니다. 인간의 육체에 갇혀 있는 동안에도, 만약 우리가 하위 자아와 참된 자아를 연결하는 이 광선을 따라 의식을 상승시킬 수 있다면, 우리는 그곳에서 상위 마나스를 발견할 수 있습니다. 상위 마나스 속에는 영원한 자아(Ego)의 기억 속에 저장된 과거 생애 전체가 보존되어 있습니다. 그리고 동일한 광선을 통해 우리는 그 기록을 뇌 기억으로 가져올 수 있습니다.

그러나 이는 인간 진화의 후기 단계에 해당하는 성취입니다. 이 단계에 도달하기 전까지는, 마나스 광선에 의해 각각 형성된 연속적인 개체적 자아들이 서로 분리되어 있으며, 기억이 그들 사이의 간극을 연결해 주지 않습니다. 이 사실은 이 문제를 숙고하는 사람이라면 누구에게나 자명할 것입니다. 그러나 개체적 자아와 불멸의 자아 간의 차이는 서구에서는 다소 생소한 개념이기 때문에, 학생들의 이해를 돕기 위해 이 차이를 명확히 해두는 것이 필요합니다.

### 3) 하위 마나스의 세 가지 경로

하위 마나스는 세 가지 중 하나를 선택할 수 있습니다.
**첫째, 하위 마나스는 끊임없는 노력과 힘쓰는 과정을 통해 자신의 근원으로 상승**하여 "하늘에 계신 아버지"와 하나가 될 수 있습니다. 여기서 "하늘에 계신 아버지"는 상위 마나스를 의미하며, 이 마나스는 지상의 요소로 오염되지 않고 순수합니다.

**둘째, 부분적으로 상승하고 부분적으로 하강**하는데, 이는 대부분의 경우 평균적인 인간에게 해당하는 경로입니다.

**셋째, 가장 비극적인 경우,** 하위 마나스가 욕망적 요소에 너무 깊이 얽혀 하나가 되어, 결국 부모인 상위 마나스로부터 분리되어 소멸하는 운명을 맞을 수 있습니다.

이 세 가지 운명을 논하기에 앞서, 하위 마나스의 활동에 대해 몇 가지를 덧붙여야 합니다. 하위 마나스가 카마(욕망)로부터 자유로워질 때, 하위 마나스는 인간의 하위 본성에 대한 주권자가 되어 자신의 진정한 본성과 본질을 점점 더 많이 드러냅니다. 카마에는 육체적 욕구에 이끌리는 욕망이 존재하며, 마나스에서 나오는 의지(Will)는 종종 격렬한 육체적 충동에 의해 포로가 됩니다. 그러나 하위 마나스는 "카마로부터 일시적으로라도 분리되면 가장 높은 정신적 능력의 안내자가 되고, 육체를 가진 인간에게 자유 의지의 기관이 된다"라고 합니다.[63]

이러한 자유를 얻기 위해서는 카마가 반드시 정복되어, 정복자의 발아래 복종해야 합니다. 의지가 해방되려면, 마나스적 성 조지(St. George)가 욕망의 용(드래곤)을 처치해야 합니다. 카마가 정복되지

---

63    Lucifer, October 1890, p. 94.

않는 한, 욕망은 의지의 주인으로 남게 됩니다. 또한 하위 마나스가 카마로부터 점차 자유로워짐에 따라, 인간 개체에게 상위 근원으로부터 오는 충동을 더욱 잘 전달할 수 있게 됩니다. 그리하여 상위 자아의 빛이 하위 마나스를 통해 뇌로 스며들어, 세상에 드러나는 고차원적 지성이 번뜩이게 됩니다.

이러한 작용은 H. P. 블라바츠키가 지적한 바와 같이, 인간을 정상적 인간 능력의 수준 이상으로 끌어올릴 수 있습니다. 그녀는 다음과 같이 말합니다:

"상위 자아는 육체에 직접적으로 작용할 수 없다. 왜냐하면 그 의식은 완전히 다른 차원과 사고의 차원에 속하기 때문이다. 반면에 하위 자아는 육체에 작용하며, 그 행동과 행동 양태는 그것이 '하늘에 계신 아버지'에게 더 끌릴지, 아니면 육체적 인간인 '본능'에게 더 끌릴지에 대한 자유 의지와 선택에 따라 결정된다."[64]

우주적 마음의 본질 일부인 상위 자아는, 그 자신의 차원에서는 무조건적 전지(全知)입니다. 그러나 지상에서는 오직 개체적 자아(the personal self)를 매개로만 활동할 수 있기에, 잠재적으로만 전지를 구현할 수 있습니다. 상위 자아는 과거, 현재, 미래의 모든 지식을 담고 있는 몸체입니다. 이 근원으로부터 발산된 상위 자아의 '분신', 즉

---

64   Lucifer, November 1890, p. 179.

개체적 자아는 인간의 감각을 초월하는 것들을 이따금 엿보고, 그 정보를 (아직 과학적으로 기능이 밝혀지지 않은) 특정 뇌세포로 전달합니다. 이 과정을 통해 인간은 선견자, 예언자, 그리고 선지자가 됩니다.[65] 이것이 진정한 예지력이며, 이에 대해 곧 몇 마디 덧붙일 것입니다. 이러한 참된 예지력은 극히 드물며, 드물기에 더욱 귀합니다. 그 "희미하고 왜곡된 반영"은 영매 현상으로 알려진 것들에서 발견되는데, 이에 대해 H. P. 블라바츠키는 다음과 같이 설명합니다:

"이제 영매란 무엇입니까? 영매란, 다른 사람이나 존재의 행위가 드러나거나 전달되는 통로 역할을 하는 사람을 의미하는 것으로 여겨집니다. 사후의 영혼과의 소통을 믿고, 이들이 민감한 사람들을 통해 나타나거나 감동시켜 메시지를 전달할 수 있다고 믿는 심령주의자들은 영매직을 축복이자 큰 특권으로 여깁니다. 반면에 심령주의자들이 하는 것처럼 '영혼의 교감'을 믿지 않는 우리 신지학자들은 그 재능을 가장 위험한 비정상적인 신경 질환 중 하나로 여깁니다. 영매는 단순히 개인적 자아나 지상 정신에서 심령의 빛의 비율이 매우 높아져서, 이 심령의 빛이 그의 전체 육체 구성을 지배하는 사람을 의미합니다. 이로 인해 그의 모든 기관과 세포는 조화를 이루고, 말하자면, 엄청난 비정상적인 긴장 상태에 놓입니다."[66]

이제 다시, 앞서 언급했던 하위 마나스에게 일어날 수 있는 세 가지

---

65   Lucifer, November 1890, p. 179.
66   Lucifer, November 1890, p. 183.

운명으로 돌아가겠습니다.

**첫째,** 하위 마나스는 근원을 향해 상승하여 "하늘에 계신 아버지"인 상위 마나스와 하나가 될 수 있습니다. 이러한 승리는 오로지 이 목표를 향해 의식적으로 나아가는 수많은 연속적 환생을 통해서만 얻을 수 있습니다. 삶이 이어질수록 육체는 마나스적 충동에 점점 더 섬세하게 반응하게 되며, 그 결과 마나스 광선은 더 이상 거친 심령 물질을 몸체로 삼을 필요가 없게 됩니다.

"마나스 광선의 임무 중 하나는 점진적으로 '눈먼 기만적 요소'를 제거하는 것입니다. 이 요소는 마나스 광선을 이 차원에서 실제적 영적 실체로 만들지만, 동시에 물질과 지나치게 밀접하게 접촉시켜 그 신성한 본성을 흐리게 하고 직관을 마비시킵니다."[67]

삶을 거듭하며 마나스 광선은 이 "눈먼 기만적 요소"를 제거합니다. 마침내 카마(욕망)를 정복하고 육체가 정신에 조율될 때, 마나스 광선은 그 빛나는 근원과 하나가 됩니다. 하위 본성은 상위 본성과 완전히 조화를 이루게 되고, 아뎁트는 완전한 모습으로 나타납니다. 마치 그들이 항상 "천국에서 하나"였던 것처럼 "아버지와 아들"은 모든 차원에서 하나가 된 것입니다. 근원과 하나가 된 사람은 윤회의 수레바퀴는 멈추고, 필연의 순환은 끝이 납니다. 이후로 그는 인류를

---

67  Lucifer, November 1890, p. 182.

위해 특별한 봉사를 목적으로 자유의지로 환생할 수 있으며, 또는 육체 없이 지구 주변 차원에서 머물며 지구와 인류의 더 높은 진화를 도울 수도 있습니다.

**둘째,** 하위 마나스는 부분적으로는 상승하고, 부분적으로는 하강할 수 있습니다. 이것은 보통 인간이 겪는 일반적인 경험입니다. 모든 삶은 전쟁터이며, 인간에 대한 지배권을 놓고 하위 마나스 영역에서는 마나스와 카마가 끊임없이 싸웁니다. 한때 열망이 승리하여 감각의 사슬이 끊어지고, 근원의 빛을 간직한 하위 마나스는 강한 날개를 펼쳐 땅의 흙을 차며 위로 솟구칩니다. 그러나 아아! 너무나도 빠르게 그 날개는 지치고, 힘을 잃고, 파닥거리다 멈춥니다. 그리고 높은 하늘이 본래 영역인 그 고귀한 새는, 다시 땅의 수렁으로 무겁게 내려앉아 카마에 의해 쇠사슬로 묶이게 됩니다.

### 4) 죽음의 여정과 데바찬

환생의 기간이 끝나고 죽음의 문이 지상의 삶의 길을 닫을 때, 우리가 논의하고 있는 경우의 하위 마나스는 어떻게 될까요? 육체의 죽음 직후, 카마-마나스는 해방되어 심령 물질로 이루어진 몸을 입고 한동안 심령계에 머뭅니다. 여기에서 순수하고 더럽혀지지 않은 모든 마나스 광선이 점차 분리되며, 데바찬(devachan)의 하위 수준에서 오랜 시간을 보낸 후, 상위 자아와 동화될 수 있는 성질의 삶의 경험을 지닌 채 근원으로 돌아갑니다. 이렇게 하여 마나스는 두 환생 사이의 기간 중 후반부에 다시 하나가 됩니다. 그리고 인간 구성 요소 중 가장 높은 두 원리인 아트마-붓디(Ātma-Buddhi)에 의해 감싸지는데, 이 두 원리는 아직 우리가 본격적으로 다루지 않은 부분입니다.

마나스적 자아는 데바찬 의식 상태에 들어가, 방금 지나온 생애 동안 겪은 투쟁과 피로로부터 휴식을 취합니다. 지나간 지상 생활의 경험들은 근원으로 되돌아간 하위 광선에 의해 마나스 의식 속으로 옮겨집니다. 그 결과, 데바찬 상태는 지상 삶의 순수하고 고귀한 소원과 욕망이 완성되는 형태로, 지상 경험의 연속이 됩니다. 다만 이 과정은 고통으로부터는 완전히 자유롭습니다.

"마음은 스스로의 천국을 창조한다"라는 시적 표현은, 많은 이들이 생각하는 것보다 훨씬 더 깊은 진실을 담고 있습니다. 인간은 언제나 자신이 생각하는 바가 곧 자신이며, 데바찬 상태에서는 이러한 마음이 거친 물질적 장벽 없이 자유롭게 활동합니다. 그리하여 객관적 물질계에서 작용할 때 겪었던 제약들이 사라집니다. 데바찬 기간은 지상에서 체험한 모든 경험을 체화(assimilation)하고, 영혼의 균형을 회복하는 시간입니다. 또한 이는 새로운 여정에 앞서 준비하는 시간이기도 합니다. 데바찬은 지상의 삶(객관적 현현)의 밤을 잇는 낮이라 할 수 있습니다. 우주 전체에 존재하는 주기성인 썰물과 밀물, 고동과 휴식, 우주 생명의 리듬이 데바찬에서도 그대로 적용됩니다. 이러한 데바찬 의식 상태는 진화 단계에 따라 다양한 기간 동안 지속되며, 일반적인 경우 약 1,500년 동안[68] 이어진다고 합니다.

### 5) 욕망체와 잔존체

한편, 카마에 얽혀 있는 하위 마나스의 불순한 잔재는 욕망체에게 방금 끝난 삶의 사건들에 대한 다소 혼란스러운 의식과 단편적인 기억을 제공합니다. 만약 환생 기간 동안 감정과 욕망이 강하고, 마나스(정신)적 요소가 약했다면, 욕망체는 강력한 에너지를 부여받아 육체의 죽음 이후에도 상당 기간 동안 활동을 지속할 것입니다. 또한 활발한 욕망적 요소에 의해 마나스 광선의 많은 부분이 얽히게 되어, 욕망체는 상당한 정도의 의식을 드러내기도 합니다. 반면, 지상에서의 삶이 정욕보다는 정신력과 순수성을 특징으로 했다면, 욕망체는 극히 약하게 활성화되어 자신이 속했던 사람의 희미한 모방에 불과하게 됩니다. 이 경우 욕망체는 오랜 시간이 지나기 전에 희미해지고

---

68    15세기 주기설: 고전 신지학 문헌에서 자주 언급되는 개념으로, 자아(Ego)가 다시 지상에 환생하기까지 평균적으로 약 1,500년의 간격이 있다는 견해를 말한다. 하지만 이 수치는 지상의 시간 기준으로 환산한 상징적 평균일 뿐, 실제로 고정된 주기를 의미하지는 않는다. 신지학에 따르면 천상계(정신계)는 물질적 시간과 공간을 초월한 영역이며, 그 체류는 '영원한 현재' 속에서 이루어진다. 따라서 환생은 반드시 1,500년 후에 일어나는 것이 아니라, 자아의 진화 상태, 개인의 카르마, 영혼 집단과의 관계, 새로운 삶에서 수행할 과제 등에 따라 다양하게 전개된다. 경우에 따라 수 세기 이상이 걸리기도 하고, 반대로 수십 년 이내에 다시 환생하는 경우도 있다. 나아가 과거·현재·미래는 더 높은 차원에서 동시에 현존한다는 관점에서 보면, 환생은 선형적 시간 개념을 넘어선 보다 유동적인 과정으로 이해되어야 한다.(편집자 주)

분해되어 소멸할 것입니다.

이제 앞서 언급했던 '영적 잔존체(또는 저급령)'를 좀 더 분명히 이해할 수 있을 것입니다. 만약 마나스적 요소가 여전히 많이 남아 있다면, 이러한 잔존체는 상당한 지능을 보일 수 있습니다. 특히 동물적 본성이 강하고 거칠지만 강력한 지성을 지닌 사람의 욕망체에서 그러한 경향이 두드러집니다. 이런 유형의 지능은 섬세하거나 고상하지는 않지만, 매우 강력하고 활발하게 작용합니다.

이러한 잔존체는 살아 있는 사람들의 자기적 에너지 흐름을 흡수하여 더 활성을 띠게 되며, 낮은 수준의 지적 능력들을 드러낼 수 있습니다. 하지만 이들은 양심이 없고, 선한 충동도 전혀 없습니다. 그 본성은 해체와 붕괴를 향하고 있으며, 이들과의 접촉은 오직 해로운 결과만을 초래할 뿐입니다. 그들이 살아 있는 인간의 육체와 욕망적 요소로부터 에너지를 빨아들여 생존을 연장하든, 반대로 살아 있는 사람의 생명력을 고갈시키고 심령적 오염을 일으키든 결과는 같습니다.

또한 사람들이 반드시 심령회에 참석하지 않더라도, 이러한 욕망적 잔존체들과 접촉할 수 있다는 점을 잊지 말아야 합니다. 이들은 인간의 동물적 욕망이 충족되는 장소에 자연스럽게 끌려갑니다. 술집, 도박장, 사창가와 같은 장소는 가장 불결한 자기적 에너지로 가득 차 있으며, 세속적이고 관능적인 충동들이 얽힌 저급한 심령적 소용돌이의 중심이 됩니다.

이러한 환경에서 욕망체는 자신과 유사한 진동을 통해 더욱 강력해지고, 신체적으로 만족시킬 수 없는 욕망과 충동은 외부로 분출되며, 그 자기적 흐름은 살아 있는 인간 안의 유사한 진동을 더욱 증폭시킵니다. 그 결과, 끊임없는 작용과 반작용이 일어나고, 인간의 동물적 본성은 카마계의 영향력 아래 더 강해지며, 자기 통제력, 곧 의지는 점점 약화됩니다.

'카마-로카(Kâmaloka)'는 바로 이러한 잔존체들이 머무는 심령계의 특정 차원을 가리키는 용어입니다. 이곳은 전염병이 퍼지는 요양소처럼 유독한 자기적 진동을 방출하여, 허약한 육체에 쉽게 뿌리를 내리고 자랄 수 있습니다. 이러한 설명을 접한 많은 사람들은 신지학이 중세적 미신을 부활시킨 것이라고 비판하거나, 상상의 공포를 조장한다고 여길지도 모릅니다. 그러나 신지학은 미신을 부활시키는 것이 아니라, 중세 미신이 기초하고 생명력을 얻었던 자연적 사실들을 설명하는 것입니다. 만약 자연에 물리적 차원 외에도 다른 차원들이 존재한다면, 아무리 논리적으로 부정하려 해도 그것들의 존재를 없앨 수는 없습니다. 이들의 존재에 대한 믿음은 끊임없이 다시 등장할 것입니다. 하지만 지식은 이들을 우주 질서 안에서 이해 가능한 위치에 놓아주고, 그것들의 본성과 작용 법칙을 정확히 이해함으로써 미신을 방지할 수 있습니다.

또한 우리는, 물질계에 주로 의식을 두고 있는 사람들조차도, 마음을 깨끗이 하고 의지를 강하게 유지함으로써 바람직하지 않은 심령적 영향으로부터 스스로를 보호할 수 있다는 점을 기억해야 합니다. 우리는 신체를 건강하게 유지함으로써 질병으로부터 자신을 보호합니다. 보이지 않는 세균을 제거할 수는 없지만, 신체를 세균의 성장과 발달에 적합하지 않은 상태로 유지할 수 있습니다. 심령계에서 오는 이러한 악성 세균에 대해서도 마찬가지입니다. 우리는 심령적 부패를 발아시키고 성장시키는 카마-마나스적 토양을 만들지 않아야 하며, 악한 장소에 가지 말고, 영매적 경향을 의도적으로 조장하지 않아야 합니다. 강하고 활동적인 의지와 순수한 마음은 이러한 위험에 대한 최고의 방패입니다.

### 6) 하위 마나스의 소멸

이제 우리가 주목해야 할 카마-마나스의 **세 번째** 가능성이 남아 있습니다. 이는 앞서 "카마(욕망)적 원리에 닥칠 수 있는, 그 결과가 끔찍한" 운명이라고 언급된 경우입니다. 이 경우, 하위 마나스는 상위 마나스와 하나가 되는 대신, 욕망과 하나가 되어 근원으로부터 분리될 수 있습니다. 다행히도 이는 매우 드문 일이지만, 인간 존재의 한 극단에서 상위 마나스와의 완전한 재결합이 드문 것처럼, 이 극단적인 소멸 또한 가능성으로 존재하며 언급되어야 합니다.

개체적 자아는 욕망에 의해 지나치게 지배당하여, 욕망적 요소와 마나스적 요소 사이의 싸움에서 카마가 완전히 승리할 수 있습니다. 이 경우 하위 마나스는 카마에 심하게 예속되어, 끊임없는 마찰과 압박 속에서 그 본질이 점차 닳아 희미해집니다. 하위 마나스의 본질이 약화되면, 욕망의 부추김에 끊임없이 굴복하는 것은 필연적입니다. 그리하여 결국 상위 마나스와 하위 마나스를 연결하는 가느다란 연결 고리, 곧 "신성과 연결된 은빛 실"이 끊어지게 됩니다. 그러면 지상의 삶 동안, 하위 사중체가 그것을 연결하고 있던 상위 삼중체로부터 강제로 분리되며, 상위 본성(higher nature)은 하위 본성으로부터 완전히 단절됩니다.

이렇게 상위 본성과 분리된 인간의 동물적 본능은 고삐 풀린 상태로 방치됩니다. 이 동물적 본능은 삶이라는 사막을 통과하는 동안, 본래 자신의 안내자였어야 할 마나스적 빛의 희미한 잔재를 가지고 방황하게 됩니다. 이러한 존재는 인간 고등 정신의 파편을 지녔기 때문에, 진화하지 않은 동물보다 훨씬 더 위험한 괴물이 됩니다. 겉모습은 인간이지만, 인간적 진실, 사랑, 정의는 결여된 부패한 존재입니다. 우리는 이러한 괴물을 사람들 사이에서도 찾아볼 수 있습니다.

이러한 존재의 육체가 죽게 되면 어떻게 될까요? 궁극적으로, 이 개체적 자아(personality)는 불멸의 원리들과의 연결을 끊은 결과로 사멸에 이르게 됩니다. 그러나 그 전에 일정 기간 지속되는 특이한 상태가 존재합니다. 이러한 존재의 욕망체(desire-body)는 무서운 힘을 가진 독립체이며, 특정 드문 상황에서는 인간 세상에 다시 환생할 수 있다는 독특한 특성을 지닙니다. 이는 단순히 소멸을 향해 가는 "잔존체(spook)"가 아닙니다. 그 안에 너무 많은 마나스적 요소가 얽혀 있어 그러한 자연적인 분해(dissipation)가 허용되지 않습니다.

이 존재는 여전히 강한 자아성을 유지하고 있으며, 완전히 독립된 의식을 지닌 존재로 남아 있습니다. 그러나 그의 본성은 정화되지 못한 채 욕망에 깊이 물들어 있어, 본래의 신성한 마나스의 불꽃은 오히려 타락하여 어둠에 오염되었습니다. 이 오염된 마나스적 불꽃은 다시 육체를 입게 하여, 인간 사회 안으로 섬뜩하고 음산한 존재로 출현하게 만듭니다. 그는 인간이라 불릴 수는 있을지 몰라도, 지상 생활을 하는 동안 정상적인 모든 인간의 천적이 됩니다. 그는 오직 동물적 본능에 의해 움직이며, 정욕에 의해 이끌릴 뿐, 감정이나 양심에는 전혀 반응하지 않습니다. 이 존재는 짐승 이상의 교활함과, 동물계에서는 찾아 볼 수 없는 의도적이고 계획적인 사악함을 지니게 됩니다. 그리고 그는 역사 속에서 "이것이 인간인가?"라는 경악과 함께 우리를 놀라게 하는 불의의 괴물로 등장하게 됩니다.

이러한 존재들은 환생을 거듭할수록 점점 더 타락하고, 그 악의 힘도 점차 소진되면서, 결국 생명의 근원과의 모든 연결이 끊어진 채 소멸합니다. 결국 그는 분해되어 다른 형태의 생명체로 재구성되지만, 독립된 존재로서는 사라지게 됩니다. 그것은 마치 생명의 실에서 떨어져 나간 구슬과 같으며, 그 존재가 남긴 것은 아무것도 없습니다. 그 환생에 참여했던 불멸의 자아(the immortal Ego)는, 그 삶의 경험을 통해 얻어야 할 수확을 하나도 거두지 못했습니다. 광선은 아무것도 가져오지 못하고, 탄생을 위해 쏟아부었던 모든 노력은 완전하고도 완벽한 실패로 끝난 것입니다.

# 9. 두 가지 형태의 영적 능력: 심령체와 환영의 몸

### 1) 심령체의 투사

학생들은 이미 "심령체"라는 용어가 다양한 형태를 포괄하는 느슨한 개념임을 충분히 인식했을 것입니다. 이 시점에서, 때때로 부정확하게 심령체라 불리는 제4 원리와 제5 원리에 속하는 미묘한 유형들을 요약하는 것이 유익할 것입니다.

생명체가 살아 있는 동안, 진정한 심령체는 투사될 수 있습니다. 그 이름에서 알 수 있듯이, 심령 물질로 형성되지만 에테르체와는 달리 지성을 부여받고 있으며, 자신이 속한 육체로부터 상당한 거리를 이동할 수 있습니다. 이것은 욕망체이며, 우리가 앞서 살펴보았듯이 의식의 몸체입니다. 영매와 민감한 사람들은 무의식적으로, 훈련된 학생들은 의식적으로 이를 투사할 수 있습니다. 심령체는 생각의 속도로 먼 곳까지 이동할 수 있으며, 그곳에서 주변 물체로부터 인상을 수집하고, 그 인상을 육체로 가져올 수 있습니다. 영매의 경우, 욕망체는 여전히 트랜스 상태에 있는 육체를 통해 다른 사람들에게 이러한 인상을 전달할 수 있습니다. 그러나 일반적으로 민감한 사람이 트랜스 상태에서 벗어나면, 뇌는 그렇게 만들어진 인상을 유지하지 못하고, 이러한 체험의 기억에는 거의 흔적이 남지 않습니다.

드물게, 욕망체는 자신이 일으킨 진동을 통해 뇌에 충분한 영향을 미쳐 지속적인 인상을 남길 수 있습니다. 이 경우, 민감한 사람은 트랜스 상태 동안 얻은 지식을 기억할 수 있습니다. 영매의 경우 이러한 과정이 수동적으로 일어나는 반면, 훈련된 학생은 의지를 통해 욕망체에서 얻은 지식을 뇌에 각인시키는 법을 배웁니다.

욕망체는, 단순히 심령의 빛(astral light)을 보는 것이 아닌 경우, 투시력자들이 무의식적으로 사용하는 매개체입니다. 이 심령 형태는 실제로 먼 곳으로 이동하며, 민감하거나 일시적으로 비정상적인 신경 상태에 있는 사람들에게 그곳에서 나타날 수 있습니다. 때때로 이 심령체는 희미한 의식을 띠고 있어, 주변을 인지하지 못하는 흐릿한 형태로 나타납니다. 이러한 몸은 특히 죽음이 임박한 경우, 죽어 가는 사람으로부터 멀리 떨어진 혈연, 애정, 혹은 증오의 관계를 맺은 사람들에게 출현할 수 있습니다. 이 경우, 심령체는 에너지가 훨씬 활성화되어 있으며, 지능과 감정을 표현하기도 합니다. 기록된 사례들 가운데는, 죽어가는 어머니가 먼 곳에 있는 자녀를 찾아가, 자신이 보고 느낀 것들을 마지막 순간에 전한 경우들도 있습니다.

욕망체는 수면이나 트랜스 상태뿐만 아니라 심각한 질병 중에도 투사될 수 있습니다. 에테르체 또한 이와 비슷하게, 육체가 비활성 상태일 때 심령(아스트랄) 여행을 수행할 수 있습니다. 욕망체는 때때로 강령회 장소에 나타나 보다 지적인 현상들의 일부를 일으키기도 합니다. 그러나 여기서 주의할 점은, 우리가 다루고 있는 이 심령체가 살아 있는 사람의 투사체라는 사실입니다.

독자에게 익숙한 "잔존체"와 "심령체"는 혼동해서는 안 됩니다. "잔존체"는 죽은 사람의 욕망적 또는 카마-마나스적 잔재인 반면, "심령체"는 살아 있는 인간의 의식적 또는 무의식적 투사로 나타나는 존재입니다.

### 2) 아뎁트와 환영의 몸

마나스에 속하는 더 높은 형태의 미묘한 몸은 마야비 루파(Mâyâvi Rûpa), 즉 "환영의 몸"으로 알려져 있습니다. 마야비 루파는 아뎁트나 제자가 의식적으로 지시한 의지에 의해 형성된 미묘한 몸체입니다. 이 몸체는 육체를 닮을 수도 있고 그렇지 않을 수도 있으며, 주어진 목적에 적합하도록 형태가 조정됩니다.

마야비 루파에는 완전한 의식이 깃들어 있는데, 이는 정신체가 재배열되었기 때문입니다. 아뎁트나 제자는 이 상태에서 완전한 자의식을 유지하며, 모든 능력을 자유롭게 발휘할 수 있습니다. 육체의 부담 없이 자유롭게 여행할 수 있으며, 필요에 따라 마야비 루파를 물리적 차원에서 보이게 하거나 보이지 않게 할 수 있습니다. 그래서 제자나 다른 사람들이 "아뎁트를 심령체로 보았다"라고 표현할 때, 이는 아뎁트가 마야비 루파를 통해 그들을 방문했음을 의미합니다.

아뎁트는 필요하다면, 마야비 루파를 물리적 신체와 구별할 수 없을 정도로 실체화할 수도 있습니다. 이때 마야비 루파는 눈에 보일 뿐만 아니라 따뜻하고, 만졌을 때 단단하며, 대화도 가능하여 모든 점에서 물리적 인간과 구별되지 않습니다.

그러나 이러한 진정한 마야비 루파를 형성하는 능력은 오직 아뎁트와 훈련된 제자에게만 허락됩니다. 아무리 선천적으로 영적 능력이 뛰어난 사람이라 하더라도, 훈련받지 않은 학생은 이 능력을 가질 수 없습니다. 왜냐하면 마야비 루파는 심령적 창조물이 아니라, 마나스의 창조물이기 때문입니다. 제자는 반드시 스승의 지도 아래에서만 "환영의 몸"을 형성하고 사용하는 법을 배우기 때문입니다.

# 10. '나'는 누구인가? 상위 마나스

## 1) 하위 마나스와 자유 의지

이제 독자들도 명확히 인식했겠지만, 불멸의 생각하는 존재(Thinker) 자체는 현재 인류 진화 단계에서는 물리적 차원에서 그 본질을 온전히 드러낼 수 없습니다. 그러나 우리는 이 생각하는 존재 안에 내재된 능력을, 비록 제한적이고 억제된 형태로나마, 하위 마나스를 통해 엿볼 수 있습니다.

앞서(8장) 살펴보았듯이, 하위 마나스는 "물리적 인간의 자유 의지 기관"입니다. 자유 의지는 마나스 자체인 대우주적 정신인 마하트(Mahāt)의 대표자인 마나스 안에 존재합니다. 자유의 감각, 즉 우리 자신을 다스릴 수 있다는 지식(실제로는 우리 안의 상위 본성이 하위 본성을 다스릴 수 있다는 지식)은 바로 마나스에서 비롯됩니다. 하위 본성이 아무리 반항하거나 몸부림치더라도, 이 사실은 변함이 없습니다.

우리의 의식이 카마(욕망) 대신 마나스(정신)와 자신을 동일시하게 되는 순간, 하위 본성은 더 이상 "나(I)"가 아닙니다. 하위 본성은 우리가 타고 다니는 동물과 같은 존재가 됩니다. 하위 본성이 아무리

거세게 날뛰고, 지배권을 얻으려 발버둥 쳐도, 그것은 이제 우리 밖에서 벌어지는 일일 뿐입니다. 우리는 이 하위 본성을 고삐를 당겨 제어할 수 있는 존재가 됩니다. 즉, 상위 자아의 의지(Higher Will)에 따라 하위 본성을 통제하고 복종시킬 수 있습니다. 자유 의지에 관한 이 문제에 대해, 저는 과거 「Path」지에 기고했던 글의 한 부분을 인용하고자 합니다.

"조건 없는 의지(Unconditioned will)만이 절대적으로 자유로울 수 있습니다. 조건 없는 것과 절대적인 것은 하나이기 때문입니다. 반면, 어떤 조건에 의해 제약받는 것은 그 제약으로 인해 상대적(Relative)이 되며, 따라서 부분적으로는 구속됩니다. 이 의지가 우주를 진화시켜 나갈 때, 그것은 자신이 드러내는 법칙들에 의해 스스로를 조건화합니다. 마나스(정신)적 존재들은 이 의지의 분화된 존재들이며, 각각은 자신이 발현하고자 하는 힘의 속성에 따라 조건 지어집니다. 그러나 이들은 외부적으로 제약을 받으면서도, 자신의 활동 영역 안에서는 자유롭습니다. 이렇게 하여, 각 마나스적 존재는 자신이 속한 세계 안에서 우주적 의지의 하나의 이미지를 형성하게 됩니다.

이 의지가 각 차원을 거치며 점점 더 조밀한 물질로 굳어질 때, 그 의지의 드러남은 그것이 작용하는 물질의 제약을 받습니다. 하지만 그 물질에 대해서는 의지 자체가 상대적으로 자유롭습니다. 따라서 각 단계마다 내면의 자유는 의식 속에 나타납니다. 그러나 자세히 살펴보면, 그 자유는 의지가 활동하는 특정 차원의 한계 내에서만 작동한다는 것을 알 수 있습니다. 즉, 의지는 자신보다 하위의 차원에는 자유롭게 작용할 수 있지만, 그 하위 차원이 의지의 충동에 제대로 반응하지 않기 때문에 그 작용이 온전히 드러나는 데에는 방해를 받습니다.

이러한 원리는 인간의 구조에 그대로 적용됩니다. 자유 의지의 본체인 상위 마나스는 우리의 하위 본성(하위 사중체)에 대해 절대적인 자유를 가집니다. 상위 마나스는 우주적 의지인 마하트(Mahāt)로부터 비롯되었기 때문입니다. 하지만 바로 앞서 설명한 원리처럼, 상위 마나스 역시 자신의 힘을 온전히 드러내는 데에는 한계를 가집니다. 우리의 개체적 자아가 그 순수한 충동에 둔감하게 반응하기 때문입니다. 한편, 개체적 자아에 깊이 관여하는 하위 마나스 안에는 우리에게 익숙한 또 다른 의지가 존재합니다. 이 의지는 열정, 식욕, 욕망, 그리고 외부에서 오는 여러 인상에 쉽게 휩쓸립니다. 그럼에도 불구하고 이 의지는 그 본질이 상위 자아로부터 나온 한 줄기 빛이기에, 그 모든 혼란 속에서도 스스로를 관철할 힘을 지니고 있습니다.

하위 마나스는 자신보다 낮은 모든 것, 즉 카마(욕망)와 물질적 육체에 대해 자유로울 수 있으며, 비록 그것이 작용하는 물질이 조악하기 때문에 그 표현이 방해받고 저해될 수 있더라도, 본질적인 자유는 여전히 유지됩니다. 만약 의지가 단순히 물질적 육체나 욕망, 열정의 산물이라면, '나는 판단하고, 욕망하며, 극복할 수 있다'는 자각, 즉 '나(I)'라는 의식은 어디서 오는 것일까요? 의지는 더 높은 차원에서 작용하며, 하위 차원에 대해 왕과 같은 주권을 주장할 때마다 그 본성을 드러냅니다. 그리고 의지가 스스로를 주장하려는 바로 그 투쟁 자체가, 의지가 본질적으로 자유롭다는 최고의 증거입니다.

이처럼 하위 차원으로 내려가 보아도, 우리는 각 단계마다 상위의 존재가 하위의 존재를 지배하는 자유를 발견하게 됩니다. 다만, 하위 차원의 저항 때문에 그 자유가 온전히 드러나는 데에는 방해를 받습니다. 이 과정의 순서를 바꾸어 하위 차원에서 시작해도 같은 진실이 드러납니다.

예를 들어, 어떤 사람의 팔다리가 쇠사슬에 묶여 있다고 상상해 보십시오. 조악한 물질인 쇠는 그 안에 깃든 근육과 신경의 힘이 겉으로 표현되는 것을 막을 것입니다. 그럼에도 그 힘은 잠시 활동이 억제될 뿐 사라지지 않으며, 오히려 쇠사슬을 끊으려는 노력을 통해 그 존재를 더욱 강하게 증명할 수 있습니다. 움직임이라는 '현상'은 방해받을지 몰라도, 쇠사슬이 근육 에너지가 뿜어져 나오는 것 자체를 막을 수는 없습니다. 이 에너지는 자신보다 하위인 육체의 지배를 받지 않으며, 다만 그 에너지의 사용처는 카마(욕망) 원리에 의해 결정됩니다. 열정과 욕망은 이 에너지를 움직이고, 지휘하며, 통제할 수 있습니다.

근육과 신경 에너지는 열정과 욕망을 지배할 수 없습니다. 오히려 열정과 욕망이 이 에너지에 대해 자유로우며, 에너지의 작용을 결정합니다. 그러나 다시, 카마는 의지에 의해 지배되고 통제될 수 있습니다. 마나스적 원리에 비추어 보면, 카마는 속박된 것이며 자유롭지 않습니다. 이로 인해 우리는, 어떤 욕망을 따를지, 어떤 행동을 선택할지를 스스로 결정할 수 있다는 자유의식을 경험하게 되는 것입니다."

## 2) 현실 창조와 근원의 힘

여기서 많은 사람들의 마음속에 다음과 같은 질문이 떠오를 것입니다. "그러면 상위 마나스의 의지는 어떻습니까? 상위 마나스는 아래의 모든 것에 대해서는 자유롭지만, 그 위의 것에 의해 다시 결정되는 것입니까?" 이 지점에 이르면, 우리는 지적 이해만으로는 더 이상 접근할 수 없는 영역에 도달하게 됩니다. 이는 언어로 쉽게 표현할 수 없는 영역입니다. 이 영역은 영(Spirit)이 더 높은 차원에서 느끼는 부분으로, 희미하게나마 이해할 수 있을 것입니다. 우리는 '진정한 자유는 법칙과 조화를 이루는 데 있으며, 우주적 의지의 통로로서 작용하는 역할을 기꺼이 받아들일 때, 완전한 자유와 완전한 순응은 하나로 합쳐질 수 있다'는 것을 깨닫게 됩니다.

이것은 참으로 모호하고 어려운 주제이지만, 학생이 지금까지 추적해 온 사고의 흐름을 따라간다면, 이 영역에 대해서도 많은 빛이 비취짐을 발견할 수 있을 것입니다. 더 높은 마나스에 깃들어 있으며, 상위 마나스가 의식적으로 지배하는 사람들에게서 하위 차원으로 발현되는 또 다른 힘이 있습니다. 바로 의지에 의한 형상 창조의 힘입니다. 『비밀의 교리』에서는 이 힘을 "크리야샤티"[69]라 부릅니다. 크리야샤티는 생각의 신비로운 힘으로, 고유한 에너지를 통해 외부 세계에 감지 가능한 현상적 결과를 창출하는 능력입니다. 고대인들은 어떤 생각이든 그에 깊이 집중하면 외부 세계에 나타난다고 믿었습니다. 마찬가지로 강렬한 의지는 원하는 결과를 현실화합니다.[70] 이것이 진정한 "마법"의 비밀입니다. 이 주제는 매우 중요한 의미를 지니며, 서구 과학도 이제 이 영역의 주변부를 탐구하기 시작했습니다. 그러므로 이 문제에 대한 자세한 논의는 원리 설명의 연속성을 방해하지 않기 위해 별도의 장에서 다루기로 하겠습니다.

다시 H. P. 블라바츠키의 가르침으로 돌아가 보면, 우리는 상위 마나스, 즉 상위 자아가 "보편적 정신의 본질의 일부로서, 진화적 경험을 통해 완전한 자의식을 획득했을 때, 자신의 차원에서는 무조건적으로 전지(全知)하다"라고 설명하고 있음을 알 수 있습니다. 또한 상위 자아는 "과거, 현재, 미래의 모든 지식을 전달하는 수단"이기도 합니다. 이 불멸의 존재가 자신의 광선, 즉 하위 마나스를 통해 인간의

---

69   크리야샤티(Kriyashakti): 의지와 생각을 통해 외부 세계에 영향을 미치는 힘. 생각-에너지체를 창조하고 현실을 변화시키는 능력을 의미한다.(편집자 주)
70   The Secret Doctrine, Vol. I, p. 312.

뇌에 영향을 미칠 수 있을 때, 그 사람은 천재적 자질을 지닌 존재, 혹은 고차원적 지성을 발휘하는 투시자가 됩니다.

고차원적 지성을 발휘하는 참된 투시는 두 가지 방법 중 하나를 통해 얻어진다고 설명됩니다.

첫째, 육체의 모든 물질적 기관과 심지어 세포들의 기억 및 본능적인 자율 작용을 의지대로 마비시키는 것입니다. 이러한 행위는, 일단 상위 자아의 빛이 개체적 하위 자아의 욕망적 본성을 소멸시키고 영원히 복종시킨 후에는 쉬워집니다. 그러나 보통 이러한 경지는 아뎁트(Adept)의 도움 없이는 달성하기 어렵습니다.

둘째, 극도로 순수한 삶과 올바른 방향으로의 노력을 지속해 온 사람이, 이전 생에서 요기 상태(Yogi-state)의 성스러움과 성인의 경지에 거의 도달한 후 다시 환생했을 때 얻을 수 있습니다.

또한 두 가지 방법과는 별개로, 상위 마나스의 차원에서 신비적 환영을 보게 되는 세 번째 가능성도 존재합니다. 그러나 이는 극히 드물며, 투시력자의 의지와는 무관하게 발생합니다. 이 현상은 육체가 병이나 고통으로 인해 극도로 쇠약하고 소진된 상태에서만 나타납니다. 프레보르스트의 여투시자[71]는 이 세 번째 경우에 해당하는 예시이며, 야곱 뵈메[72]는 두 번째 경우, 즉 순수한 삶과 올바른 노력을 통해 요기적 경지에 도달한 자의 사례입니다.[73]

이제 독자는 상위 자아와 그 광선(하위 마나스)의 작용 사이의 차이를 보다 명확히 이해할 수 있을 것입니다. 논쟁할 필요도 없이, 참된 투시력자의 천재성은 상위 자아의 것입니다. 진정한 직관 역시 상위 자아의 능력 중 하나입니다.

반면, 관찰을 통해 수집한 사실들을 배열하고, 비교하고, 논증하여 결론을 도출하는 균형 감각은, 두뇌를 통한 하위 마나스의 작용입니다. 이 과정에서 사용되는 주된 도구는 추론, 특히 귀납법입니다. 귀납법은 알려진 것에서 출발하여 알려지지 않은 것으로 상승하고, 가설을 세운 다음, 그 가설을 연역법을 통해 새로운 실험으로 검증하는 과정을 포함합니다.

---

71 프레보르스트의 여투시자(Seeress of Prevorst): 19세기 독일의 여성이자 투시자 프리데리케 하우페(Friederike Hauffe)를 지칭하는 말. 투시, 예지, 영들과의 소통 등 초능력을 보였다고 알려져 있으며, 의사 유스티누스 케르너(Justinus Kerner)에 의해 기록되어 초심리학 및 오컬트 연구에서 주목받았다.(편집자 주)
72 야곱 뵈메(Jacob Boehme): 16-17세기 독일의 기독교 신비주의 사상가이자 신학자. 신, 우주, 인간 영혼에 대한 독창적이고 심오한 저술을 남겼으며, 그의 복잡하고 상징적인 신비주의 사상은 후대의 철학과 신지학을 포함한 서양 밀교 전통에 큰 영향을 미쳤다.(편집자 주)
73 Lucifer, November 1890, p. 183.

직관은, 그 어원에서 알 수 있듯이, 단순한 통찰력입니다. 이는 지성의 눈을 사용하여 정신계에 제시된 진실을 정확하게 보는 것을 의미합니다. 직관은 확실하게 진실을 인식하며, 그 시야는 흐려지지 않고, 인식은 흔들리지 않습니다. 어떠한 외적 증거도 직관의 확실성에 더할 수 없습니다. 왜냐하면 직관은 이성을 초월하고 그것을 뛰어넘기 때문입니다. 그러나 종종 우리의 본능은 강한 감정적 충동과 욕망에 의해 가려지고 혼란스러워져, 순수한 직관과 구별되지 않은 채 단순한 욕망적 충동이 상위 마나스의 숭고한 목소리로 오해되기도 합니다.

### 3) 고요 속 진리의 목소리

상위 마나스의 목소리를 확실하게 인식하기까지는 주의 깊고 오랜 자기 수련이 필요합니다. 하지만 한 가지는 분명합니다. 우리가 개체적 자아의 소용돌이 속에 있고, 욕망과 욕구의 폭풍이 우리 주변에서 울부짖고 있으며, 감정의 파도가 우리를 이리저리 휩쓸고 있는 동안에는, 상위 마나스의 목소리는 결코 우리 귀에 도달할 수 없습니다. 상위 자아의 명령은 불이나 회오리바람 속에서, 폭풍의 천둥소리 속에서 오는 것이 아닙니다. 오직 모든 것이 느껴질 정도로 고요해질 때, 공기조차 미동 없이 깊은 정적이 감돌 때, 인간이 세상의 소음뿐 아니라 침묵마저도 차단하는 망토로 얼굴을 감쌀 때, 그때 비로소 침묵보다 더 고요한 목소리인 그의 참된 자아의 목소리가 들립니다.

이와 관련하여, H. P. 블라바츠키는 『이시스의 베일을 벗기다』에서 다음과 같이 말했습니다.

"인간 본성의 물질적 절반과 관련된 것은 이성(reason)입니다. 이성은 인간이 하등 동물에 대해 우위를 유지하고 자연을 인간의 용도에 맞게 복종시킬 수 있게 합니다. 인간의 영적 부분과 관련된 것은 양심(conscience)입니다. 양심은 감각의 포위 속에서도 틀림없는 안내자 역할을 합니다. 왜냐하면 양심은 옳고 그름 사이를 즉각적으로 인식하는 힘이며, 신성한 지혜와 순수의 일부인 영(spirit)만이 이를 행사할 수 있기 때문입니다. 양심의 자극은 이성과 무관하며, 우리의 이중적 본성의 저급한 매력에 방해받지 않을 때만 명확히 드러날 수 있습니다.

물질적 뇌의 기능인 이성은, 정당하게 정의하면, 전제로부터 추론을 이끌어 내는 능력입니다. 이성은 감각기관으로부터 오는 증거에 전적으로 의존하기 때문에, 신성한 영(spirit)의 직접적 속성일 수 없습니다. 신성한 영은 스스로 알고 있습니다. 그러므로 토론과 논쟁을 의미하는 모든 추론은 무용합니다. 만약 어떤 존재가 영원한 지혜의 영으로부터 직접적으로 방출된 것이라면, 그 존재는 자신이 속한 전체의 본질과 동일한 속성을 가진 것으로 여겨야 합니다. 이러한 이유로 고대의 신성 마법사들이 '인간 영혼의 이성적인(신성한) 부분은 결코 인간의 몸에 완전히 들어가지 않았고 영과 육체 사이의 매개체 또는 중간 역할을 하는 심령적 영혼을 통해 인간을 일부 감싸고 있다'라고 주장한 것은 어느 정도 논리적인 것입니다.

물질을 충분히 정복하여 자신의 빛나는 아우고에이데스(Augoeides)로부터 직접적인 빛을 받을 수 있을 정도에 이른 사람은 진리를 직관적으로 느낍니다. 이러한 사람은 조명받은 상태(illuminated)이기 때문에, 냉정한 이성이 제시하는 모든 궤변에도 불구하고 판단을 그르칠 수 없습니다. 예언, 신탁(vaticination), 그리고 흔히 말하는 신성한 영감(divine inspiration)은 모두 불멸의 영으로부터 오는 조명의 단순한 결과일 뿐입니다."[74]

신플라톤주의자들과 신지학적 가르침에 따르면, 이 아우고에이데스[75]는 "내면의 사람, 즉 심령적 영혼(astral soul)에 빛을 비춘다"라고 합니다. 오늘날 용어로 표현하면, 이는 카마-마나스적 개체적 자아, 즉 하위 자아를 의미합니다.[76] 이 하위 자아가 모든 강한 감정적 충동의 숨결로부터 벗어나 순수해지고, 하위 마나스가 카마(욕망)로부터 자유로워질 때에야, "빛나는 존재(Shining One)"가 하위 자아에 인상을 남길 수 있습니다.

---

74   Isis Unveiled, Vol. I, pp. 305-306.
75   아우고에이데스(Augoeides): 고대 철학 및 신비주의에서 사용되는 용어로, '신성한 자아' 또는 '빛나는 자아'를 의미한다. 이는 개인의 내면 깊숙이 존재하는 영적 원형, 즉 참 자아를 나타낸다.(편집자 주)
76   H. P. 블라바츠키의 『베일 벗은 이시스(Isis Unveiled)』를 읽는 학생들은 이 책이 집필되던 당시의 용어가 지금처럼 명확히 고정된 것이 아니었음을 명심해야 한다. 『베일 벗은 이시스』는 복잡한 동양 사상을 서구 언어로 번역하려는 최초의 현대적 시도였으며, 이후의 경험은 한 가지 이상의 개념을 포괄하던 많은 용어들이 하나의 개념으로 한정되어 더욱 명확하게 정의될 수 있음을 보여 주었다. 따라서 "심령적 영혼"은 위에서 주어진 의미로 이해되어야 한다.

### 4) 상위 자아와의 하나 됨

H. P. 블라바츠키는 입문자가 어떻게 상위 자아를 직접 대면하는지를 설명합니다. 인간 안에 존재하는 삼중체, 즉 아트마-붓디-마나스(Ātma-Buddhi-Manas)[77]에 대해 이야기한 후, 그녀는 다음과 같이 말합니다.

"이 삼중체는 육체적 죽음의 문턱을 넘은 후 이루어질 최종적이고 영광스러운 재결합을 기대하며, 순간적으로 합일이 이루어진다. 이 순간, 입문자는 자신의 미래의 자아를 바라볼 수 있다."[78]

예를 들어, 페르시아의 『데사티르(Desatir)』에서는 이 존재를 "찬란히 빛나는 존재"라 부릅니다. 그리스 철학자-입문자들은 이를 아우고에이데스(Augoeides)라 하여, "깨끗한 빛 속에 머물고 있는 스스로 빛나는 축복받은 환영"으로 묘사합니다. 또한, 철학자 포르피리우스(Porphyry)는 플로티노스(Plotinus)가 그의 생애 동안 여섯 번 '신'과 하나가 되었다고 말합니다. 이렇게 하나로 통합된 삼위일체는

---

77   로고스와 인간의 7원리 구조
   로고스
   └─ 모나드(개별 신성 생명 중심)
         ├─ 아트마(의지·능력) ─ 아트믹계
         ├─ 붓디(사랑·지혜) ─ 붓디계
         └─ 마나스(지성·활동) ─ 정신계
                 ↓ (원인체·정신체·심령체·육체 등 몸체들을 통해 하강)

78   Isis Unveiled, Vol. II, pp. 114-115.

모든 신비주의자들이 말하는 "그리스도"입니다. 최종 입문식에서, 입문자가 바닥이나 제단석 위에 뻗어 눕는 의식은, 육체(하위 본성)의 십자가형을 상징합니다. 이 "죽음"에서 "부활"할 때, 즉 죄와 죽음을 완전히 정복한 승리자로서 다시 일어설 때, 입문자는 눈앞에 있는 영광스러운 존재를 보게 되고, "그리스도와 하나"가 되며, 자신이 곧 그리스도가 됩니다.

그 순간부터 그는 육체 안에서 살아가지만, 육체는 이제 그의 순종적인 도구에 불과합니다. 그는 자신의 참된 자아인 아트마-붓디(Ātma-Buddhi)와 하나가 된 마나스(Manas)와 결합하고, 자신이 거주하는 개체적 자아를 통해 불멸의 영적 지성으로서의 모든 능력을 행사합니다. 다만, 그가 여전히 하위 본성의 굴레 속에서 고군분투하는 동안에는, 영적 자아인 그리스도는 그의 내면에서 매일 십자가에 못 박히는 고통을 겪습니다. 그러나 완전한 아뎁트의 단계에 이르면, 그리스도는 마침내 승리하여, 자신과 우주의 주로서 부활하게 됩니다. 이리하여 마나스(Manas)의 오랜 순례는 끝나고, 필연의 순환은 완성되며, 윤회의 수레바퀴는 멈추고, '사람의 아들'은 고통을 통해 완전함에 이르게 됩니다.

이 지점에 도달하지 못한 한, "그리스도"는 여전히 열망의 대상입니다. 광선은 끊임없이 근원으로 돌아가려 애쓰고, 하위 마나스는 끊임없이 상위 마나스와 다시 하나 되기를 갈망합니다. 이러한 이원성이 지속되는 동안, 가장 고귀하고 순수한 본성이 느끼는 재결합에 대한 끊임없는 갈망은 내면의 삶에서 가장 두드러진 사실 중 하나입니다. 그리고 이것은 기도, 영감, "신을 찾음", 신과의 합일을 향한 갈망으로 나타납니다.

"내 영혼이 살아 계신 하나님을 목말라하나이다!" 열정적인 기독교인은 이렇게 외칩니다. 그에게 이러한 강렬한 갈망이 단순한 환상이며 무의미하다고 말한다면, 그는 당신을 외면할 것입니다. 그의 입장에서, 당신은 그의 깊은 영적 체험을 이해하지 못하는 사람으로 보일 것입니다. 그러나 그의 분노나 당신에 대한 배척은 근본적인 사실 자체를 변화시키지 못합니다. 그의 영적 갈망은 여전히 실재하며, 그 감정의 진정성은 변함없이 유효합니다.

신비주의자는 이러한 외침 속에서, 하위 자아가 분리된 상위 자아를 향해 끝없이 상승하려는 충동을 인식합니다. 신비주의자는 또한 그 매력을 생생히 느낍니다. 사람이 부처에게 기도하든, 비슈누에게 기도하든, 그리스도에게 기도하든, 성모에게 기도하든, 아버지에게 기도하든, 그 차이는 본질적인 문제가 아니라 단지 방언의 차이일 뿐입니다.

시대가 변하고, 인종이 다르고, 부르는 이름이 달라진다 해도, 아트마-붓디와 결합된 마나스가 모든 영적 전통에서 진정한 목표입니다.

이 이상적인 존재는 모든 종교에서 찾아볼 수 있으며, "개인적인 신", "신인(神人)", "육화된 신", "육신이 된 말씀" 그리고 "각자 안에서 태어나야 하는 그리스도"로 불립니다. 우리 모두는 신과 하나가 되어야 하며, 이러한 합일을 통해 인간 존재의 궁극적 완성을 이루어야 합니다. 그리고 이 지점은 우리가 다루어야 할 마지막 차원, 즉 영(Spirit)의 차원으로 우리를 인도합니다. 비록 이 단어는 종종 물질의 반대극을 나타내는 데 남용되지만, 우리는 인간에 대한 개념을 완성하려면 비록 불완전할지라도 영의 차원을 이해하려고 노력해야 합니다.

# 11. 제6, 7 원리 — 아트마-붓디, 영혼

### 1) 상위 삼중체의 구성요소

지난 섹션의 사고를 완성하기 위해, 우리는 먼저 마나스(Manas)와의 연결 속에서 아트마-붓디(Ātma-Buddhi)를 살펴보고, 그 후 "모나드"라는 보다 일반적인 관점으로 나아가겠습니다. 인간 삼중성, 즉 아트마-붓디-마나스에 대한 가장 명확하고 훌륭한 설명은 H. P. 블라바츠키 여사가 『신지학의 열쇠(The Key to Theosophy)』에서 제시한 다음과 같은 정의에서 찾을 수 있습니다:

* **유일신성자아(Divine Self)** 는 아트마(Ātma), 우주적 유일자(Universal and One Self)의 분리될 수 없는 광선입니다. 이는 단순히 우리 안에 있는 것이 아니라, 우리 위에 존재하는 신성한 실재입니다. 자신의 내면을 이 유일신성자의 빛으로 가득 채운 사람은 진정한 행복을 얻게 됩니다.

* **영적신성자아(The Spiritual Divine Ego)** 는 붓디(Buddhi)와 마나스(Manas), 즉 영적 영혼과 정신 원리가 깊이 결합된 존재입니다. 마나스가 결합되지 않은 붓디는 단지 아트마의 영적 몸체일 뿐, 자아로서의 개별성을 갖지 못합니다. 그러나 붓디와 마나스가 하나가 될 때, 비로소 불멸의 영적 자아로서 작용하며, 윤회를 통해 끊임없이 진화합니다.

* **상위자아**(The Inner or Higher Ego)는 다섯 번째 원리인 마나스(Manas)를 가리킵니다. 이는 붓디와 결합할 때 비로소 진정한 영적 자아가 됩니다. 상위자아는 인간 안에서 영속적인 개별성(permanent individuality)을 이루며, 윤회의 주체로서 모든 생애를 관통하여 성숙해 나갑니다.[79]

따라서 아트마는 인간 본성의 가장 추상적인 부분, 즉 자신을 드러내기 위해 몸체를 필요로 하는 '숨결'로 간주되어야 합니다. 아트마는 모든 차원에서 나타나는 유일한 실재이며, 우리가 말하는 모든 원리들은 그 본질의 다양한 측면에 불과합니다. 이 영원한 존재는 모든 것의 근원이며, 우주 속에 자신의 한 측면을 구현하는 존재입니다. 우리가 "유일한 생명"이라고 부르는 이 영원한 존재는 아트마로서 광선처럼 뻗어 나옵니다.

아트마는 우주와 인간의 참된 자아로, 가장 내밀한 핵심이자 심장부이며, 모든 것이 그 안에 내재하는 존재입니다. 아트마는 그 자체로 하위 차원에 직접 나타날 수는 없지만, 아트마 없이는 어떤 하위 차원도 존재할 수 없습니다. 따라서 아트마는 자신의 더 먼 현현을 위해 붓디(Buddhi)를 매개체로 입습니다. 붓디는 인식 능력이며, 신성한 지식이 자아에 도달하는 통로이자, 선과 악을 구별하는 능력, 신성

---

79   The Key to Theosophy, pp. 175-176.

한 양심, 그리고 아트마의 운반체인 영적 영혼입니다.[80]

아트마-붓디는 종종 영적 분별력의 원리라고 불립니다. 하지만 보편적인 원리인 아트마-붓디는, 경험을 모으고 자기의식을 얻기 위해 개별화되어야 합니다. 이리하여 정신 원리인 마나스(Manas)가 아트마-붓디와 결합하여 인간 삼중성(Ātma-Buddhi-Manas)을 완성합니다.

마나스는 붓디와 하나 될 때만 진정한 영적 자아가 되며, 붓디 또한 마나스와 하나 될 때만 진정한 자아로 완성됩니다. 이 둘의 합일 속에, 모든 차원에서 자기의식을 지닌 영혼의 진화가 존재합니다. 따라서 마나스는 아트마-붓디를 향해 상승하고, 하위 마나스는 상위 마나스를 향해 끊임없이 상승합니다. 그리고 상위 마나스와 아트마-붓디, 또는 아트마의 관계는 종종 "하늘에 계신 아버지"로 묘사됩니다. 이는 상위 마나스가 하위 마나스와 관련하여 "아버지"로 비유되는 것과 같은 방식입니다.(앞의 217~218쪽 참조)

하위 마나스는 경험을 모아 상위 근원으로 가져가고, 상위 마나스는 윤회의 주기 전체에 걸쳐 그 경험을 저장합니다. 붓디는 이렇게 축적된 상위 마나스의 경험과 동화되며, 마침내 이 모든 것이 아트마

---

80   The Secret Doctrine, Vol. I, p. 2.

의 빛으로 충만하게 되어 참된 자아와 하나가 됩니다. 이 과정을 통해 인간의 삼중성(triple nature)은 완전한 통일체로 거듭나고, 영혼은 모든 차원에서 자기의식을 완성하며, 현현된 우주의 궁극적 목적 또한 성취됩니다.

### 2) 심령현상과 영혼의 본질

아무리 많은 말을 써도, 설명과 묘사를 초월하는 것을 완전히 표현할 수는 없습니다. 말은 그러한 주제 앞에서 더듬거리며 나아갈 뿐이며, 오히려 그것을 왜소화하고 왜곡하게 됩니다. 학생은 오직 길고 인내심 깊은 명상을 통해서만, 자신보다 더 크고 위대한 어떤 것, 즉 자신의 존재 가장 깊은 중심을 흔드는 어떤 실재를 희미하게 감지할 수 있을 것입니다.

마치 희미한 저녁 하늘을 오랫동안 응시하면, 멀리 떨어진 별빛이 부드럽게 빛나는 것이 눈에 들어오기 시작하듯이, 내면의 시선을 꾸준히 집중한다면, 영적인 별의 부드러운 빛을 볼 수 있습니다. 하지만 그것은 단지 먼 세계의 희미한 암시에 불과합니다. 오직 인내심 있고 끊임없이 정화된 마음으로만 그 빛은 더욱 분명히 나타날 것입니다. 그리고 그러한 초월적인 빛의 가장 희미한 섬광을 본 자는, 지상의 모든 축복을 초월하는 행복을 누리게 될 것입니다.

이러한 "영혼"에 대한 개념을 가진다면, 신지학자들이 심령회에서 발생하는 사소한 현상들을 "영혼"의 작용으로 여기기를 꺼리는 이유를 쉽게 이해할 수 있을 것입니다. 뮤직 박스를 연주하고, 나팔을 통해 말하고, 사람들의 머리를 두드리고, 아코디언을 방 안으로 가져오는 일들과 같은 것들은 심령체, 잔존체, 정령들이 하는 역할에 적합합니다. 그러나 "영혼"이라는 이름에 걸맞은 개념을 가진 사람이라면, 어떻게 이런 사소하고 천박한 일들을 영혼의 행위라고 여길 수 있겠습니까? 인간이 발전시킨 가장 고귀한 개념을 이렇게 저속하고 조악한 것으로 전락시키는 것은, 분명히 매우 안타까운 일입니다. 우리는 이러한 현상들이 "영혼의 증거"가 아니라, 우주를 바라보는 물질주의적 관점이 얼마나 부적절한지를 보여주는 증거로서, 조만간 제자리를 찾기를 바랄 뿐입니다.

어떤 물리적 현상이나 지적 현상도 영혼의 존재를 증명할 수 없습니다. 오직 영혼 자신에게만 영혼이 증명될 수 있습니다. 개에게 유클리드의 명제를 증명할 수 없듯이, 카마(욕망)와 하위 마나스(하위 자아)에게 아트마-붓디를 증명할 수는 없습니다. 우리가 영적으로 높이 올라갈수록 시야는 더욱 넓어지고, 거룩한 산 정상에 오르면, 마침내 영혼의 차원이 우리의 열린 시야 앞에 펼쳐질 것입니다.

## 12. 우주의 진화와 모나드

### 1) 만물의 근원: 모나드의 하강과 진화

아마도 학생들은 아트마-붓디(Ātma-Buddhi)의 본질을, 모나드[81]로서의 진화 과정을 살펴봄으로써 더욱 명확히 이해할 수 있을 것입니다. 아트마-붓디는 우주적 초영혼(Over-soul)과 동일하며, "초영혼 그 자체는 알 수 없는 근원의 한 측면이자 유일한 실재"입니다. 우주가 모습을 드러내기 시작할 때, 모나드는 진화를 이끌기 위해 "물질 속으로 하강합니다."[82] 비유하자면, 모나드는 모든 진화의 원동력이자 만물의 근원에 있는 추진력이라 할 수 있습니다.

우리가 연구해 온 모든 원리들은, 우리 우주에 나타나는 유일한 실재인 아트마(Ātma)의 "다양하게 분화된 측면"에 지나지 않습니다. 아트마는 모든 원자 안에 존재하며, "개별적으로는 모든 원자의 근원이자, 집합적으로는 모든 형태의 근원"입니다. 모든 원리는 근본적으로, 서로 다른 차원에 존재하는 아트마의 다양한 현현일 뿐입니다.

---

81   아트마와 모나드의 관계
    **아트마(Ātmā)** 는 하늘에 고요히 존재하는 '태양' 그 자체로 이는 모든 생명의 근원이 되는 분리될 수 없는 유일한 본질이다. 반면 **모나드(Monad)** 는 그 태양에서 뿜어져 나와 만물에 스며들며 생명을 키우고 진화를 이끄는 '햇빛' 또는 '광선'과 같다.
82   The Secret Doctrine, Vol. II, p. 115.

모나드의 진화 과정은 『Five Years of Theosophy(5년간의 신지학)』 273페이지 이하에서 매우 명확하게 기술되어 있습니다. 그 책에서는 모나드가 어떻게 원소 단계, 즉 '힘의 발생 중심' 단계에서 출발하여 광물 단계에 도달하고, 광물에서 식물, 동물, 인간에 이르기까지 모든 형태에 생명을 불어넣는 과정을 상세히 설명합니다. 『비밀의 교리』에서는 다음과 같이 가르칩니다:

"잘 알려진 카발라의 격언은 다음과 같습니다. '돌은 식물이 되고, 식물은 동물이 되고, 동물은 인간이 되고, 인간은 영혼이 되고, 영혼은 신이 된다.' '영혼의 불꽃'은 신성한 인간에게 이르기 전에 모든 존재의 영역에 차례로 생명을 불어넣습니다. 신성한 인간과 그의 전 단계인 동물적 인간 사이에는 엄청난 차이가 있습니다. (…) 모나드는 무엇보다 먼저 진화의 법칙에 따라 가장 낮은 형태의 물질인 광물로 떨어집니다."[83]

모나드는 제4 주기(Round) 동안 광물과 돌이 될 존재 안에 갇혀, 일곱 번의 진화 단계를 거친 후, 마치 이끼처럼 그 물질 상태에서 벗어납니다. 그 후 모든 형태의 식물을 거쳐, 마침내 동물이라 불리는 존재로 넘어갑니다. 이것은, 말하자면 장차 육체적 인간이 될 동물적 씨앗에 도달하는 과정을 의미합니다.

---

83  The Secret Doctrine, Vol. I, pp. 266-267.

이렇게 아트마-붓디(Ātma-Buddhi)인 모나드는, 자연의 모든 부분과 모든 영역에 생기를 불어넣어, 만물을 생명과 의식으로 가득 채우고, 하나의 고동치는 전체로 만듭니다. 신비주의적 관점에서는, 우주에 생명이 없는 것은 없다고 봅니다. 과학에서 사용하는 '무기물'이라는 표현은, 단순히 '비활성 물질'이라고 불리는 분자 안에 잠재된 생명이 현재 우리의 인식 수준으로는 알아차릴 수 없는 상태에 있다는 것을 의미할 뿐입니다. 모든 것은 생명입니다. 광물 먼지 속의 모든 원자조차도 생명입니다. 이는 우리가 가진 지식과 감각의 한계를 초월하는 내용이기 때문에 이해하기 쉽지 않습니다.[84] 또한 『비밀의 교리』는 이렇게 말합니다:

"우주 안의 모든 것, 모든 존재의 영역을 통틀어 의식이 존재한다. 각 존재는 자신에게 알맞은 종류의 의식과, 자신의 지각 수준에 맞는 의식을 부여받았다. 인간은 광물 안에서, 우리가 익숙하게 아는 방식의 의식을 발견하지 못하기 때문에, 광물에는 의식이 없다고 쉽게 생각할 수 있다. 그러나 우리가 그것을 인지하지 못한다고 해서, 그 안에 어떤 형태의 의식도 존재하지 않는다고 단정할 권리는 없다. 신비주의적 관점에서 보면, 세상에 정말로 '죽은' 물질이나, 목적 없이 작용하는 '무의미한' 법칙 따위는 존재하지 않는다."[85]

얼마나 많은 위대한 시인들이 천재적인 직관을 통해 이 위대한 진

---

84　The Secret Doctrine, Vol. I, pp. 268-269.
85　The Secret Doctrine, Vol. I, p. 295.

실을 감지했을까요! 그들에게 모든 자연은 생명으로 맥동하는 존재입니다. 그들은 태양과 행성에서부터 먼지 알갱이에 이르기까지, 바스락거리는 나뭇잎과 피어나는 꽃, 춤추는 모기와 미끄러지는 뱀에 이르기까지, 생명과 사랑을 봅니다.

각각의 형태는 자신이 표현할 수 있는 만큼, 그 유일한 생명(One Life)을 드러냅니다. 그렇다면 인간은 자신을 생명의 한 표현으로 바라볼 때, 자신보다 낮은 형태들과 비교하는 것이 아니라, 무한한 존재의 더 높은 가능성과 자신을 비교해야 할 것입니다. 마치 돌이 인간을 이해할 수 없는 것처럼, 인간 역시 자신보다 훨씬 높은 차원의 존재를 이해하기는 더욱 어려운 법입니다.

### 2) 하나이자 여럿: 모나드의 통일성과 개별성

학생들은 진화의 중심에 있는 이 힘이 본질적으로 하나라는 사실을 쉽게 이해할 수 있을 것입니다. 우리 우주에는 단 하나의 아트마-붓디(Ātma-Buddhi), 즉 우주적 영혼(Over-soul)이 존재하며, 그것은 모든 곳에 존재하고, 모든 것에 내재합니다. 모든 다양한 에너지와 힘들은, 단지 서로 다른 형태로 나타난 하나의 최고 에너지에 불과합니다. 햇빛이 조건에 따라 빛, 열, 전기 등으로 변하는 것처럼, 아트마 역시 모든 에너지이며, 차원에 따라 다르게 나타납니다. 『비밀의 교리』는 이렇게 설명합니다:

"추상적으로 말하자면, 우리는 그것을 '유일한 생명(One Life)'이라고 부를 수 있다. 그러나 객관적이고 명백한 현실로 보자면, 우리는 7단계의 현현을 말한다. 이는 위쪽 단계에서는 하나의 알 수 없는 인과 관계로 시작하여, 물질의 모든 원자에 내재된 편재하는 마음과 생명으로 끝맺는다."[86]

모나드의 진화 과정은 『비밀의 교리』에 매우 명확히 요약되어 있습니다. 학생들이 이 모나드의 통일성에 대해 자주 혼란스러워하기 때문에, 다음 설명을 덧붙이는 것이 유익할 것입니다. 이 주제는 어렵지만, 다음과 같은 문장보다 더 명확하게 표현될 수는 없을 것입니다:
"광물, 식물, 동물에 존재하는 모나드적 또는 우주적 원소(이러한 표현이 허용된다면)는 가장 낮은 원소계로부터 데바계(Deva Kingdom)에 이르기까지 일련의 주기를 거치는 동안 동일하지만, 발전의 정도에서는 차이를 보입니다. 모나드를 마치 분리된 독립체가 하위계를 천천히 지나 무수한 변형 끝에 인간으로 꽃피우는 것처럼 상상하는 것은 매우 오해를 불러일으킬 수 있습니다. 즉, 훔볼트(Humboldt)의 모나드가 각섬석(hornblende) 원자의 모나드까지 거슬러 올라간다고 생각하는 것[87]과 같습니다.

---

86  The Secret Doctrine, Vol. I, p. 163.
87  훔볼트(Alexander von Humboldt)는 18~19세기의 독일 자연과학자로, 생명의 보편성과 자연계의 연관성을 강조했다. 여기서 "훔볼트의 모나드가 각섬석 원자의 모나드로 거슬러 올라간다"라는 비유는, "특정 광물(각섬석)에서 나타나는 개별 모나드가 과거에 존재했던 다른 모나드로 직접 연속적으로 이어진다"라고 착각하는 잘못된

(이와 관련하여, 용어 사용에도 주의가 필요합니다.) '광물 모나드'라는 표현 대신, 물리과학의 관점에서는 '광물계라 불리는 프라크리티(Prakriti, 자연) 형태로 나타나는 모나드'라고 부르는 것이 훨씬 더 정확했을 것입니다. 과학적 가설에 등장하는 '원자'는, 어떤 심령적 무언가에 의해 생명이 불어넣어져 영겁의 세월을 거쳐 인간으로 진화하는 입자가 아닙니다. 그것은 아직 개별화되지 않은 보편적 에너지의 구체적 표현, 즉 하나의 우주적 모나드가 다양한 단계에서 순차적으로 발현한 것일 뿐입니다.

물질의 대양은 생명의 충동이 인간 탄생의 단계에 도달하기 전까지 잠재적 구성 요소인 물방울들로 분리되지 않습니다. 개별 모나드로 분리되는 경향은 점진적이며, 고등 동물 단계에서는 거의 그 지점에 이릅니다. 주역학파[88]는 모나드라는 용어를 범신론적 의미로 전체 코스모스[89]에 적용했습니다. 신지학자들은 이러한 사고를 편의상 수용하되, '광물, 식물, 동물 모나드'와 같은 표현을 사용하여 추상에서

---

    관점을 지적하는 것이다. 신지학적 관점에서는, 개별 모나드들이 직선적 진화를 거치는 것이 아니라, 하나의 통합된 보편적 생명의 다양한 표현이 주기적으로 변형되고 분화하는 것이라고 본다.(편집자 주)

88  주역학파(Peripatetics): 고대 그리스의 철학자 아리스토텔레스(Aristotle)와 그의 제자들이 세운 학파를 뜻한다. 이들은 '걷는 사람들'이라는 의미를 가지며, 철학적 탐구를 위해 리케이온(Lyceum) 정원을 거닐며 강의했다고 전해진다.(편집자 주)

89  코스모스(Kosmos): 질서정연하게 구성된 우주 전체를 가리키는 고대 그리스어이다. 신지학에서는 코스모스를 단순한 물질적 우주가 아니라, 의식과 생명, 영적 질서까지 포괄하는 존재 전체로 본다.(편집자 주)

구체로 향하는 진화의 점진적 단계를 구별합니다. 이 용어들은 단지 영적 진화의 조수가 그 순환의 특정 호를 지나고 있음을 의미합니다.

'모나드 원소(Monadic Essence)'는 식물계에서 개별 의식을 향해 불완전하게나마 분화되기 시작합니다. 모나드는 라이프니츠(Leibnitz)가 정확히 정의한 것처럼 복합되지 않은 존재입니다. 모나드를 진정으로 구성하는 것은, 다양한 분화 정도에 따라 모나드를 생기 있게 만드는 영적 본질(spiritual essence)이지, 단순한 원자적 집합체가 아닙니다. 원자적 집합체는 단지 운반체이자 물질일 뿐이며, 그 안을 통해 하위와 상위 지성이 진동할 뿐입니다."[90]

이 구절을 주의 깊게 읽고 숙고하는 학생은, 지금 약간의 수고를 들임으로써, 앞으로 마주칠 많은 혼란을 예방할 수 있을 것입니다. 학생은 먼저, 모나드(Monad) 즉, 엄밀히 말해 "모나드"라는 명칭이 적용되어야 할 "영적 원소(spiritual essence)"가 우주 전체에 하나라는 사실을 명확히 깨달아야 합니다. 아트마-붓디(Ātma-Buddhi)는 특정 개인의 소유가 아닙니다. 그것은 모든 존재 안에서 작용하는 하나의 영적 원소입니다. 아트마-붓디는 "그"의 것도, "나"의 것도 아니며, 그 누구의 소유물도 아닙니다. 이것은 마치 전기가 세계 곳곳에 하나로 존재하는 것과 같습니다. 전기가 "그"의 기계나 "나"의 기계에

---

90  The Secret Doctrine, Vol. I, p. 201.

서 작동할 수는 있지만, "그"와 "나"가 그것을 "우리의" 전기라고 부를 수 없는 것과 같은 이치입니다.

하지만 여기에서 혼란이 발생합니다. 만약 아트마-붓디가, 개별화하는 힘으로 작용하는 마나스(Manas)를 통해 에너지를 공급하게 되면, 그때 '원자 집합체(atomic aggregation)'가 종종 별개의 모나드로 간주되기도 합니다. 그래서 "모나드들(Monads)"이라는 복수형 표현이 사용되기도 합니다. 이러한 표현은 다소 오해를 불러일으킬 수 있지만, 신지학을 배우는 학생은 반드시 기억해야 합니다. 개별화 과정은 영적 차원(spiritual plane)에서 일어나는 것이 아닙니다. 아트마-붓디는 마나스를 통해 관찰될 때, 마나스의 개별성을 공유하는 것처럼 보일 뿐입니다.

마치 여러 가지 색깔의 유리 조각을 손에 들고 그것들을 통해 태양을 바라볼 때, 빨간 태양, 파란 태양, 노란 태양으로 보이는 것과 같습니다. 그럼에도 불구하고, 우리에게 비추는 태양은 오직 하나이며, 우리가 그것을 보는 매질(media)에 의해 색과 형태가 변할 뿐입니다.

이와 같은 이유로, 우리는 종종 "인간 모나드들(human Monads)"이라는 표현을 접하게 됩니다. 그러나 엄밀히 말하면 "인간계에서 발현하는 모나드(the Monad manifesting in the human kingdom)"라고 해야 합니다. 하지만 이처럼 지나치게 학문적인 정확성은 오히려 많은 사람들을 혼란스럽게 할 수 있습니다. 만약 영적 차원(spiritual plane)에서의 통일성 원리가 이해된다면, "태양이 뜬다"라고 표현해도 우리가 오도되지 않는 것처럼, 이러한 느슨한 표현도 오해를 불러일으키지 않을 것입니다.

영적인 모나드는 하나이며, 우주적이고, 무한하며, 분할되지 않습니다. 그럼에도 불구하고 그 광선은, 우리가 무지 속에서 "개별 모나드들(individual Monads)"이라고 부르는 존재들을 형성합니다.[91] 스승(Guru)이 제자(Chelâ)에게 가르치는 신비주의 교리 문답 중 하나는, 이 다양성 속의 통일성을 매우 아름답고 시적으로 표현하고 있습니다:

Q. "라누(Lanoo)여, 고개를 들라. 어두운 한밤의 하늘에서 너의 머리 위에서 타오르는 빛을 하나로 보는가, 아니면 무수히 많은 빛으로 보는가?"

A. "저는 하나의 불꽃을 느낍니다, 구루데바(Gurudeva)여. 그리고 그 안에서 수없이 많은 분리되지 않은 불꽃들이 함께 타오르는 것을 봅니다."

Q. "네가 잘 말했구나. 이제 주위를 둘러보고, 네 안을 들여다보라. 네 안에서 타오르는 그 빛을, 네 형제 인간들 안에서 빛나는 빛과 어떤 식으로든 다르다고 느끼는가?"

---

91  The Secret Doctrine, Vol. I, p. 200.

A. "카르마(Karma)에 의해 죄수는 속박되어 있고, 그 겉옷(ego)이 무지한 자들을 속여 '네 영혼'과 '내 영혼'이라고 말하게 하지만, 본질에서는 결코 다르지 않습니다."[92]

### 3) 영혼의 진화 여정과 인간의 탄생

이제 인간 진화의 단계를 이해하는 데 있어 큰 어려움은 없을 것입니다. 앞서 살펴본 바와 같이, 모나드(monad)는 지상에서 인간 형상을 구축할 수 있는 지점에 도달합니다. 이 단계에서 에테르체(etheric body)와 그 물리적 대응체가 발전합니다. 또한 생명의 대양에서 특화된 프라나(prâna)와 카마(욕망) 역시 진화하여 함께 나타납니다. 이 모든 원리들, 즉 하위의 사중체(quaternary)는 모나드에 의해 감싸지고, 모나드의 에너지로 활성화되며, 모나드의 추진력에 의해 끊임없이 완성된 형상(perfection of form)과 고차원적 자연 에너지를 표현할 능력을 향상시켜 나갑니다.

두 근원 인종을 거쳐 진화해 온 인간은, 세 번째 인종의 중반에 이르러 비로소 육체적이고 동물적인 본성을 완성하게 되었습니다. 그러나 이때까지는 모나드와 하위 사중체 사이에 충분히 긴밀한 연결고리가 형성되지 않았습니다. 비유하자면,

---

92  The Secret Doctrine, Vol. I, p. 145.

"쌍용(Double Dragon, 즉 모나드)은 단순한 형태에 어떤 영향도 미칠 수 없다. 그것은 마치 나뭇가지나 나무가 없는 곳으로 부는 바람과 같다. 그곳에 중계자(agent of transmission)가 없다면, 모나드는 형상에 아무런 작용을 할 수 없고, 형상 또한 모나드를 인식할 수 없다."[93]

이러한 맥락에서, 세 번째 근원 인종(race)의 중간 단계에 이르렀을 때, 하위 마나사푸트라(lower Mânasaputras)들이 준비된 육체적 거처 안으로 깃들게 됩니다. 이들은 동물적 인간(animal man)과 정신적 영(spirit)을 연결하며, 진화된 하위 사중체와, 이를 감싸는 아트마-붓디(Ātma-Buddhi) 사이를 잇는 다리를 형성합니다. 이 사건은 완전한 인간(perfect man)이 되기 위한 긴 환생 주기(cycle of reincarnation)를 시작하는 결정적인 전환점이 됩니다.

"모나드(monad)의 유입", 즉 모나드의 진화는 동물의 영역에서 인간의 영역으로 이동하며, 제3 인종 후반기에 시작되어 제4 인종 중반까지 이어집니다. 이 시기에 인류는 지속적으로 새로운 영혼을 받아들였으며, 이는 제3 인종 후반부에서 제4 인종 전반부까지 계속되었습니다. 그러나 진화 주기의 "중심 전환점"에 도달한 후, 더 이상 새로운 모나드가 인간의 영역으로 들어올 수 없게 되었습니다. 이에 대해 "이번 주기에서는 문이 닫혔다"라고 표현합니다.[94] 그 이후로

---

93  The Secret Doctrine, Vol. II, p. 60.
94  The Secret Doctrine, Vol. I, p. 205.

는, 윤회(reincarnation)가 진화의 주요 방식이 되었습니다. 이 과정에서 아트마-붓디(Ātma-Buddhi)와 결합한 윤회하는 자아(Ego)가, 개별적으로 환생하는 방식으로 진화가 지속됩니다. 이는 이전처럼 아트마-붓디가 집합적으로 하위 물질적 형태들에 깃드는 방식이 아니라, 개별화된 존재로서 환생하는 새로운 단계로 넘어간 것을 의미합니다.

신지학의 가르침에 따르면, 인류는 현재 다섯 번째 인종(Fifth Root Race)에 도달해 있으며, 그중에서도 다섯 번째 하위 인종(sub-race)에 속해 있습니다. 현재 지구상의 인류는 다섯 번째 인종의 완성을 눈앞에 두고 있으며, 앞으로 여섯 번째와 일곱 번째 인종의 출현, 성장, 그리고 쇠퇴를 경험할 것입니다.

하지만 이러한 진화 과정 동안, 윤회하는 자아(Ego)의 총수는 더 이상 늘어나지 않습니다. 단지 이들 중 일부만이 지구상의 특정 시기에 육화하기 때문에, 인구는 매우 넓은 범위 내에서 밀물과 썰물처럼 변동할 수 있습니다. 또한, 특정 지역에서 대규모 사망으로 인해 인구가 급감한 뒤, 출생률이 급증하는 현상도 종종 목격됩니다. 윤회하는 자아(Ego)의 총수와 어떤 특정 시점에 실제로 육신을 가진 에고의 수 사이에는 큰 차이가 있으므로, 이러한 인구 변동은 무리 없이 설명될 수 있습니다.

## 13. 탐구자들을 위한 증명의 길

### 1) 과학적 탐구의 관점에서

앞서 제시한 주장들과 같은 내용에 직면했을 때, 사려 깊은 사람이라면 제시된 명제를 뒷받침할 증거가 무엇인지 요구하는 것은 당연하며, 오히려 옳은 일입니다. 합리적인 사람은 연구나 힘겨운 노력 없이 모든 이가 쉽게 이용할 수 있는 완전하고 완벽한 증거를 기대하지는 않을 것입니다. 그는 과학의 고급 이론이 기초 원리를 모르는 사람에게는 증명될 수 없다는 것을 인정할 것이며, 또한 연구에 일정한 진전을 이룬 사람들에게만 증명될 수 있는 많은 진술들이 과거에도 항상 주장되어 왔음을 알게 될 것입니다.

예를 들어, 고등 수학, 힘의 상관관계, 원자 이론, 화학 화합물의 분자 구성 등에 대한 논문들은 그 과학의 기초를 연구하는 데 시간과 사고를 쏟은 사람들에게만 검증될 수 있습니다. 마찬가지로, 인간의 구성에 대한 신지학적 관점에 직면한 편견 없는 탐구자는, 신지학이라는 과학의 기본 요소를 충분히 습득하기 전에는 완전한 설명을 기대할 수 없음을 기꺼이 인정할 것입니다. 그러나 모든 과학에는, 그 존재의 이유를 설명하고 더 깊은 진리를 탐구하도록 이끄는 일반적인 증거들이 존재합니다.

하지만 모든 과학에는 그 존재 이유를 설명하고, 더 심오한 진리를 탐구하도록 이끄는 일반적인 증거들이 있습니다. 신지학 역시 마찬가지입니다. 훈련받지 않은 사람이라도 쉽게 이해하고 따라갈 수 있는 증거들을 제시할 수 있으며, 이러한 증거들은 다른 방법으로는 얻을 수 없는, 자신과 외부 세계에 대한 더 넓고 깊은 지식을 얻도록 시간과 노력을 쏟을 가치가 있음을 보여 줍니다.

### 2) 미지 영역의 탐구

서두에서 언급한 세 가지 상위 차원의 존재에 대해, 일반적인 탐구자가 이용할 수 있는 직접적인 증거는 없다고 말하는 것이 좋습니다. 영(Spirit)과 상위 정신(higher mind)의 영역은, 조사에 필요한 능력을 스스로 진화시킨 사람들 외에는 모두에게 닫혀 있습니다. 이러한 능력을 진화시킨 이들은, 더 이상 그 존재에 대한 증거를 필요로 하지 않습니다. 반면, 능력을 아직 진화시키지 못한 사람들에게는 그 존재에 대한 어떤 증거도 제공될 수 없습니다.

심령계와 정신계의 하위 수준을 넘어 존재하는 무언가는, 때때로 하위 세계의 어둠을 밝히는 천재적 섬광이나 고귀한 직관에 의해 암시될 수 있습니다. 하지만 그 무엇이 실제로 있는지에 대해서는, 인류 전체가 여전히 보지 못하는 곳을 바라볼 수 있는 내면의 눈이 열린 이들만이 말할 수 있습니다.

그러나 하위 차원들은 증명 가능합니다. 그리고 날마다 새로운 증거들이 쌓여 가고 있습니다. 지혜의 스승들(Masters of Wisdom)은 서구 세계의 탐구자들과 사상가들을 활용하여 특정 발견들을 이끌어 내고 있습니다. 이러한 발견들은 신지학의 기본 입장을 지지하고 있으며, 특히 자연법칙에 대한 탐구가 더욱 적합한 방향으로 나아가도록 이끌고 있습니다. 이 과정에서, 그동안 신지학자들이 강조해 온 '초능력(powers)'이나 '초자연적 현상(phenomena)'에 대한 논의가 과거의 과장된 해석을 벗어나 보다 명확하고 객관적인 설명으로 다듬어지고 있습니다.

만약 다음과 같은 사실들이 과학적으로 밝혀진다면:
① 의식이 작용할 수 있는 물리적 세계 외에 다른 차원들이 존재한다는 것
② 우리가 일상에서 경험하는 감각이나 인지 능력과는 다른 방식의 지각이 존재한다는 것
③ 기계적 수단 없이 지성 간에 직접 소통할 수 있는 능력이 있다는 것

그렇다면 신지학자는 자신이 믿고 있는 원리들을 더욱 깊이 연구해야 할 충분한 이유를 갖게 될 것입니다.

### 3) 심령 감각의 진화

앞서 언급한 하위 차원들과, 이와 관련된 인간의 네 가지 하위 원리에 대해 살펴보겠습니다.

이 네 가지 중 하나인 프라나(Prâna)는 우리가 "생명"이라 부르는 에너지의 존재를 의미하는데, 이에 대해 이의를 제기할 사람은 거의 없을 것입니다. 따라서 연구 목적으로 프라나를 별도로 구분할 필요성에 대해 이견이 있을 수는 있으나, 프라나 자체는 다른 모든 차원과 모든 원리를 관통하여 만물을 하나로 연결하는 원리이므로, 여기서는 논외로 하겠습니다. 그 결과, 우리가 주목해야 할 연구 대상은 물리적 차원, 심령계, 그리고 마나스 차원의 하위 수준들이 됩니다. 그렇다면, 아직 신지학자가 아닌 이들에게도 이 차원들의 실재를 입증할 수 있을까요? 나는 그렇다고 생각합니다.

우선 물리적 차원을 살펴보겠습니다. 여기서 우리는 인간의 감각이 외부 물리 우주와 어떻게 연결되어 있는지, 그리고 인간이 외부 세계에 대해 얻는 모든 지식이 감각 기관이 외부 진동에 반응하는 능력에 의해 어떻게 제한되는지를 주목해야 합니다. 우선 공기가 고막을 진동시킬 수 있는 특정 주파수로 흔들릴 때, 우리는 소리를 듣게 됩니다. 그러나 진동이 너무 느리거나 너무 빠르면, 고막은 반응하지 못하고, 우리는 아무 소리도 듣지 못합니다. 이것은 명백한 이치입니다. 그뿐만 아니라, 사람마다 고막이 진동할 수 있는 범위가 다르기 때문에, 어떤 사람에게는 조용해 보이는 환경이, 다른 사람에게는 고통스러울 만큼 시끄럽게 느껴질 수 있습니다.

시각도 마찬가지입니다. 인간은 눈이 감지할 수 있는 빛의 파장 범위 내에서만 사물을 볼 수 있으며, 그 범위를 넘어서는 에테르 진동은 감지할 수 없습니다. 개미는 우리가 볼 수 없는 것을 볼 수 있는데, 이는 개미의 감각 기관이 훨씬 더 높은 진동에 반응할 수 있기 때문입니다.

이 모든 사실은 사려 깊은 사람으로 하여금 "만약 인간의 감각이 더 높은 반응성을 갖도록 진화할 수 있다면, 물리적 차원에서도 새로운 세계가 열릴 수 있다"라는 가능성을 암시하게 합니다. 그리고 이러한 감각 진화가 가능하다면, 한 걸음 더 나아가 물리적 차원과는 전혀 다른 차원에서 새로운 우주를 인식할 수 있는 더 미묘하고 더 예리한 감각이 존재할 수도 있음을 상상할 수 있습니다.

이 개념은 단순한 가설이 아닙니다. 심령 감각의 진화와 함께 심령계는 물리적 우주처럼 현실적이고 과학적으로 탐구될 수 있습니다. 이러한 심령 감각은 모든 인간 안에 존재하지만, 대부분은 잠재된 상태로 남아 있습니다. 현재 진화 단계에서는, 이 감각을 의식적으로 활성화하려면 보통 인위적인 훈련이나 노력이 필요합니다. 다만 일부 사람들은 자연스럽게 심령 감각이 깨어난 상태로 태어나기도 합니다. 그러나 대부분의 경우, 적절한 방법을 통해 심령 감각을 개발하고 강화할 수 있습니다. 여기서 중요한 점은, 심령 감각이 활성화되기 위해서는 물리적 감각이 수동적 상태가 되어야 한다는 것입니다. 즉, 물리적 감각이 완전히 멈출수록, 심령 감각은 더욱 활발하게 작용할 수 있습니다.

서구 심리학자들이 "꿈 의식"을 연구하기 시작한 것도 바로 이 때문입니다. 의식이 물리적 제약에서 벗어났을 때 나타나는 다양한 현상들을 더 이상 무시할 수 없었기 때문입니다. 오늘날 가장 뛰어난 심리학자들조차 이러한 비범한 현상들이 매우 신중하고 과학적인 탐구 대상임을 인정하고 있습니다.

### 4) 심령계의 접근 방법

신지학에서는 이러한 모든 작용이 심령(아스트랄)계에서 일어난다고 봅니다. 따라서 심령계의 존재에 대한 증거를 찾고자 하는 사람은 이 연구에서 충분한 증거를 얻을 수 있을 것입니다. 심령계에서는 의식이 물리적 세계와는 전혀 다른 방식으로 작용한다는 것을 곧 깨닫게 될 것입니다. 예를 들어, 우리가 생각의 기본 조건으로 여기는 시간과 공간의 법칙은 심령 세계에서는 적용되지 않습니다. 모차르트는 교향곡 전체를 "훌륭하고 강렬한 꿈속에서처럼" 단번에 들었다고 말합니다.[95] 그러나 현실 세계로 돌아오면, 그는 그 모든 음을 하나하나 세세하게 풀어내야 했습니다.

우리가 꿈을 꾸는 짧은 순간 안에도 현실의 시간으로는 수년이 걸릴 만한 일들이 담길 수 있습니다. 또한 물에 빠진 사람이 몇 초 만에 자신의 일생 전체를 회상하는 경우도 같은 이치입니다. 이처럼 시간과 공간의 제약이 없는 현상들은 얼마든지 관찰할 수 있습니다.

심령계(아스트랄계)는 수면 중이거나 자연적 또는 인위적으로 유도된 트랜스 상태, 즉 신체가 혼수상태에 가까운 경우에 접촉될 수 있습니다. 심령계는 트랜스 상태에서 가장 잘 연구될 수 있으며, 이때 탐구자는 곧 의식이 물리적 유기체로부터 분리되어 물리 차원에서 작용하는 동안의 법칙들에 더 이상 얽매이지 않음을 발견하게 될 것입니다.

투시(clairvoyance)와 투청(clairaudience)은 이러한 심령 탐구를 위해 놓여 있는 가장 흥미로운 현상들 가운데 일부입니다. 여기에서는 투시 현상의 수많은 사례를 모두 열거할 필요는 없습니다. 탐구자가 스스로 연구할 것이라는 전제하에 몇 가지 대표적 사례만 언급하겠습니다:

---

95   Dufré, The Philosophy of Mysticism, Vol. I, p. 106.

* 제인 라이더(Jane Ryder) 사례: 솜 뭉치로 눈을 덮은 상태에서도 읽고 쓸 수 있었던 소녀입니다.[96]
* 셸링(Schelling) 박사가 관찰한 투시력자 사례: 480킬로미터 떨어진 친척의 죽음을 투시하고, 곧 그 소식을 담은 편지가 올 것이라고 예언했습니다.[97]
* 마담 라그랑드레(Madame Lagrandré) 사례: 어머니의 내부 병증을 투시하여, 사후 검시에서 정확함이 입증되었습니다.[98]
* 엠마(Emma) 사례: 몽유병 상태에서 해독 박사를 위해 지속적으로 질병을 진단했습니다.[99]

일반적으로 말해서, 투시력자는 멀리 떨어진 곳에서 일어나고 있는 사건이나 물리적인 시력으로는 불가능한 상황에서 일어나는 사건을 보고 묘사할 수 있습니다. 이것은 어떻게 가능한 것일까요? 사실은 논쟁의 여지가 없습니다. 설명이 필요합니다. 우리는 의식이 물리적 감각이 아닌 다른 감각, 즉 우리 신체의 감각에는 존재하는 공간의 제약에 얽매이지 않고, 그 감각으로는 초월할 수 없는 감각을 통해 작용할 수 있다고 말합니다.

---

96  Helena P. Blavatsky, Isis Unveiled, Vol. I, p. 37.
97  Helena P. Blavatsky, Isis Unveiled, Vol. II, pp. 89-92.
98  Dr. Haddock, Somnambulism and Psychic Phenomena, pp. 54-56.
99  Dr. Haddock, Somnambulism and Psychic Phenomena, Chapter 7.

우리가 심령(아스트랄) 차원이라고 부르는 곳에서 의식이 그렇게 작용할 수 있다는 가능성을 부정하는 사람들은 적어도 우리(신지학)의 가설보다 더 합리적인 설명을 제시해야 합니다. 객관적인 사실은 쉽게 무시할 수 없는 것이며, 우리는 눈 없이 보는 것, 귀 없이 듣는 것, 물리적인 장치 없이 지식을 얻는 것 등, 물리적인 차원을 넘어선 의식 활동의 존재를 증명하는 수많은 사실을 가지고 있습니다. 다른 설명이 없는 상황에서, 이러한 현상을 설명하는 데에는 신지학의 가설이 가장 타당합니다.

### 5) 심령 연구 시 주의점

또 다른 유형의 사실은 살아 있는 사람이나 죽은 사람의 에테르체 또는 심령체 모습, 즉 잔존체, 환영, 도플갱어, 망령 등으로 나타나는 현상입니다. 물론 19세기 말, 자신들이 전지전능하다고 생각한 사람들은 이러한 이야기를 터무니없는 미신이라며 코웃음 쳤습니다. 그러나 비웃는다고 해서 사실이 없어지는 것은 아닙니다. 중요한 것은 오직 증거입니다.

이러한 현상에 대한 증거는 매우 풍부하며, 전 세계 모든 시대의 사람들이 그 실재성을 일관되게 증언해 왔습니다. 따라서 증거를 찾는 사람이라면, 이러한 현상에 대한 직접적 증거를 스스로 수집해 보는 것이 좋습니다. 물론 조롱을 두려워한다면 이 문제를 아예 접어 두는 편이 나올 것입니다. 그러나 냉소적인 사람들의 비웃음에 맞설 만큼 용기를 낼 수 있다면, 심령(아스트랄) 형태와 직접 접촉한 사람들의 증언을 수집함으로써 놀라운 사실들을 발견하게 될 것입니다.

"고작 환상! 환각에 불과해!" 냉소적인 사람들은 이렇게 치부할지도 모릅니다. 하지만 이름을 부르는 것만으로는 아무것도 해결되지 않습니다. 인류 대다수의 일관된 증언은, 만약 인간의 증언이라는 것이 어떤 가치를 지닌다면, 최소한 연구할 가치가 있는 것입니다. 세계 모든 시대에 걸쳐, 문명사회와 야만적 종족들 사이를 막론하고, 철도와 전등을 사용하는 현대 문명 안에서도, 심령적 현상에 대한 증언은 꾸준히 이어져 왔습니다. 이러한 일치성을 야기한 어떤 실체가 존재한다는 점은 부인할 수 없습니다.

수백만 명에 이르는 심령주의자들이 에테르 및 심령(아스트랄) 형태의 실재성을 증언해 왔습니다. 물론 모든 사기와 속임수 사례를 제외해야 하지만, 그럼에도 남아 있는 현상들은 단순한 사기로 치부할 수 없습니다. 조사에 약간의 시간과 노력을 들일 용의가 있는 사람이라면, 누구나 스스로 검증할 수 있는 사례들이 존재합니다. 전문 영매를 고용할 필요도 없습니다. 서로 신뢰하는 몇 명의 친구들이 모여 조심스럽게 실험을 진행하면 됩니다. 약간의 인내심과 끈기를 갖춘 대여섯 명의 탐구자라면, 물리적 차원의 힘과 지능을 초월하는 다른 종류의 힘과 지능이 존재한다는 사실을 스스로 확신할 수 있을 것입니다.

그러나 주의해야 할 점도 있습니다. 감정적이거나 신경질적이거나 쉽게 영향을 받는 성격의 사람들에게는 이러한 연구가 위험할 수 있습니다. 앞서 제시한 이유들로 인해, 이런 유형의 사람들은 심령 연구를 지나치게 깊이 파고드는 것은 피해야 합니다. 하지만 물리적 차원 외부에 어떤 것이 존재한다는 불신을 허물기 위해서는, 일정 수준의 위험을 감수하고 몇 가지 실험을 시도해 보는 것이 가장 확실한 방법임도 부정할 수 없습니다.

이러한 내용들은 탐구자가 "심령(아스트랄)"이라 부르는 의식 상태가 실제로 존재한다는 확신을 얻기 위해 따라야 할 몇 가지 힌트에 불과합니다. 만약 충분한 증거를 모아 이러한 차원이 존재할 가능성에 대해 신뢰를 가지게 된다면, 그때 비로소 본격적인 연구를 시작할 준비가 갖추어진 것입니다.

### 6) 마음의 힘과 과학의 미래

심령(아스트랄) 차원에 대한 진정한 조사를 위해서는 학생은 자신 안에서 필요한 감각을 개발해야 하며, 몸 안에 있는 동안 자신의 지식을 활용 가능하게 하려면, 물리적 유기체에 대한 통제력을 잃지 않고 의식을 심령계로 옮기는 법을 배워야 합니다. 그래야 심령 여행 중에 얻은 지식을 물리적 뇌에 각인시킬 수 있습니다. 하지만 이를 위해서는 단순한 탐구자가 아닌 학생이 되어야 하며, 스승의 도움과 지도가 필요합니다. 스승을 찾는 것에 대해서는 "제자가 준비되면 스승은 언제나 그곳에 있다"라는 말이 있습니다.

현재 심령계의 존재에 대한 추가적인 증거는 최면 및 최면술 현상 연구에서 가장 쉽게 찾을 수 있습니다. 그러나 이 주제로 넘어가기 전에 하나의 중요한 경고를 덧붙여야 합니다. 최면술과 최면은 본질적으로 위험을 내포하고 있습니다. 서구 과학의 발전으로 이러한 지식이 널리 퍼지면서, 범죄적 의도를 가진 사람들이 이러한 끔찍한 힘을 쉽게 활용할 수 있게 되었고, 실제로 악한 목적으로 사용되는 사례가 발생하고 있습니다. 선량한 사람이라면 비록 그러한 능력을 갖게 되더라도, 오직 순수한 봉사 목적으로만 사용하며, 다른 사람의 의지와 행동을 조작하는 데는 절대 이용하지 않을 것입니다. 그러나 슬프게도 이러한 힘은 선한 사람뿐 아니라 악한 사람에게도 똑같이 주어져 있습니다.

이처럼 개인과 사회를 위협하는 새로운 위험에 직면하여, 우리는 자기 통제력을 강화하고 생각과 의지를 집중하는 훈련을 필수적으로 해야 합니다. 부정적인 생각에 휘둘리지 않고 긍정적인 태도를 유지하며, 외부의 나쁜 영향력에 저항할 수 있는 정신적 탄력을 길러야 합니다. 일상에서 명확한 목표 없이 무질서하게 생각하며 살아가는 사람은 악의적인 최면술사의 공격에 쉽게 노출될 수 있습니다. 이는 단순한 상상이 아니라 이미 최면술 남용으로 인한 범죄 사례들을 통해 충분히 입증된 현실적 위협입니다. 이런 악용 행위가 머지않아 법적으로도 규제되기를 기대해 봅니다.

이와 같이 경계를 늦추지 않는 자세를 유지하면서도, 심령계 존재에 대한 예비적 증거를 탐구하는 일은 가치 있는 일입니다. 세상에 이미 공개된 여러 실험들을 신중하고 현명하게 연구함으로써, 심령계의 실재에 대해 보다 깊은 확신을 가질 수 있습니다. 실제로 서구 과학은 바로 이러한 지점에서 신지학자들이 오래전부터 이야기해 온 몇몇 '힘'들을 발견하기 직전에 이르렀습니다. 그리고 우리는 과학이 제공하는 모든 사실들을 신지학 가르침의 정당성을 입증하는 데 정당하게 활용할 수 있는 권리를 가지고 있습니다.

이제 이러한 사실 중 가장 중요한 부류 중 하나는 형태로 가시화된 생각에 대한 것입니다. 최면에 걸린 사람이 최면 상태에서 깨어난 후 겉보기에는 정상적인 감각을 가진 상태에서도 최면술사가 구상한 어떤 형태든 보게 만들 수 있습니다. 어떤 말도 할 필요 없고, 어떤 접촉도 줄 필요 없습니다. 최면술사가 어떤 아이디어를 자신에게 명확하게 떠올리는 것으로 충분하며, 그 아이디어는 그의 통제하에 있는 사람에게 가시적이고 만질 수 있는 대상으로 나타납니다.

이 실험은 다양한 방식으로 시도될 수 있습니다. 환자가 최면 상태에 있는 동안 "암시"가 사용될 수 있습니다. 즉, 시술자는 환자에게

새가 무릎에 있다고 말할 수 있으며, 최면에서 깨어나면 환자는 새를 보고 쓰다듬을 것입니다.[100] 또는 손 사이에 갓등이 있다고 말할 수 있으며, 깨어나면 빈 공기에 손을 대고 저항을 느낄 것입니다.[101] 이러한 실험에 대한 수많은 사례를 리셰(Riché) 또는 비네(Binet)와 페레(Féré)의 저작에서 읽을 수 있습니다. 순수한 생각의 집중을 통해 "암시" 없이도 유사한 결과를 얻을 수 있습니다. 저는 최면술사와 최면을 받은 사람 사이에 어떤 말이나 접촉도 없이 환자가 다른 사람의 손가락에서 반지를 빼도록 만들어지는 것을 목격한 적이 있습니다.

영어, 프랑스어, 독일어로 된 매스메리즘과 최면(Mesmerism and Hypnotism)에 관한 문헌은 현재 매우 방대하며, 모든 사람이 이용할 수 있습니다. 심령(아스트랄) 차원에서 현실적이고 객관적인 형태인 생각과 의지에 의한 이러한 형태 창조의 증거는 이 방대한 문헌 속에서 찾을 수 있습니다. 최면술과 최면은 이 차원에서 지능을 자유롭게 하며, 지능은 물리적 장치에 의해 정상적으로 부과되는 방해 없이 그곳에서 작용합니다. 지능은 심령계에서 보고 듣고, 생각을 실제 사물처럼 인식할 수 있습니다.

---

100  Charles Richet, Études cliniques sur la grande hystérie(Clinical Studies on Great Hysteria), p. 645.
101  Alfred Binet and Charles Féré, Animal Magnetism, p. 213.

여기서 다시 한번, 진정한 연구를 위해서는 물리적 유기체를 유지하면서 의식을 심령계로 옮기는 방법을 배우는 것이 필요합니다. 하지만 예비 탐구의 경우, 자신의 의지 없이 인위적으로 의식이 해방된 다른 사람들을 연구하는 것으로 충분합니다. 초물리적 차원에서의 이러한 생각 이미지(thought-images)의 실재성은 특히 윤회(Reincarnation)에 미치는 영향과 관련하여 매우 중요한 사실입니다. 그러나 여기서는 이 사실이 심령계 존재의 가능성을 보여 주는 증거 중 하나로 간략히 언급하는 데 그치겠습니다.

연구할 가치가 있는 또 다른 부류의 사실은 생각 전이(thought-transference) 현상입니다. 여기서 우리는 정신적 차원, 즉 마나스 차원의 하위 수준에 도달하게 됩니다. 심령 연구 협회(Society for Psychical Research)의 회보에는 이 주제에 대한 많은 흥미로운 실험이 수록되어 있으며, 단어나 일반적인 물리적 소통 수단 없이도 뇌에서 뇌로 생각이 전달될 수 있다는 가능성은 현재 거의 일반적으로 인정되고 있습니다.

인내심을 가진 두 사람은 충분한 시간과 끈기를 들인다면 이 가능성을 스스로 확신할 수 있습니다. 예를 들어 매일 10분씩 실험을 진행하기로 정하고, 정해진 시간에 각자 방해받지 않는 독립된 공간에 있도록 합니다. 한 사람은 생각 송신자(Sender)가 되고, 다른 사람은 수신자(Receiver)가 되어야 하며, 역할을 주기적으로 바꾸어야 합니다. 이는 한쪽이 비정상적으로 수동적이 되는 위험을 피하기 위함입니다. 송신자는 하나의 명확한 생각에만 몰두하여 친구에게 그 생각을 심으려는 의지에 집중해야 합니다. 파탄잘리[102]의 표현처럼, 그의 생각은 "하나에 집중된(one-pointed)" 상태여야 합니다. 반면, 수신자는 마음을 백지상태로 만들어야 하며, 떠오르는 모든 생각을 거부하거나 조장하지 않고 받아 적어야 합니다. 6개월 후, 두 사람의 기록을 비교해 보면 일정 정도의 정신적 교감이 형성되었음을 발견할 가능성이 높습니다. 만약 그들이 약간이라도 심령적 성향이 있다면, 심령의 빛 속에서 서로를 보는 능력까지 발달할 수도 있습니다.

이러한 실험이 다소 지루하고 단조롭게 느껴질 수도 있다는 반론이 있을 수 있습니다. 인정합니다. 자연법칙에 대한 직접적인 조사는 본질적으로 단조롭고 고된 일입니다. 그렇기에 대부분의 사람들은 직접적인 경험 대신 간접적인 지식을 선호합니다. "탐구자의 숭고한 인내심"은 가장 드문 덕목 중 하나입니다. 찰스 다윈은 하나의 작은 사실을 증명하기 위해 때로는 수백 번의 실험을 반복했습니다. 초감각적 영역은 감각적 영역보다 더 적은 인내와 노력을 요구하지 않습니다. 조바심 많은 사람은 결코 진정한 지식을 얻을 수 없습니다. 학

---

102  파탄잘리(Patanjali)는 고대 인도의 철학자이자 요가의 아버지로 알려져 있다. 그는 '요가 수트라'라는 저서를 통해 요가의 이론과 실천을 체계적으로 정리했다. 이 책에서는 요가의 목표, 수행 방법, 마음의 통제 등을 다루고 있으며, 파탄잘리는 요가와 명상에 관한 원리와 과정을 제시하여 많은 이들에게 영향을 미쳤다.(편집자 주)

생이 되려는 사람은 처음엔 넘어질 수 있지만, 포기하지 않고 끝까지 붙들어야 합니다.

마지막으로, 탐구자들에게 특히 전기, 물리학, 화학 분야에서 최근 이루어진 발견에 주목할 것을 권하고 싶습니다. 예를 들어, 1891년 가을 카디프(Cardiff)에서 열린 영국 협회(British Association)에서 윌리엄 로지 교수[103]가 한 연설이나, 1892년 11월 런던에서 열린 전기 기술자 협회(Electrical Engineers' Association)에서 윌리엄 크룩스 경[104]이 한 연설을 읽어 보기를 추천합니다. 이러한 연설들은 서구 과학이 발전하고 있는 방향에 대한 중요한 통찰을 제공합니다. 그리고 아마도, 지혜의 스승들이 『비밀의 교리(The Secret Doctrine)』를 통해 미리 언급했던 가르침이 결코 공허한 말이 아니었음을 느끼게 될 것입니다.

---

103   윌리엄 로지 교수(Professor William Lodge): 19세기 후반 영국의 저명한 과학자이며, 주로 전기 및 물리학 분야에서 활동했다. 당시 전자기학과 전기 기술의 발전에 깊이 관여했으며, 심령현상에 대한 열린 태도를 가진 몇 안 되는 과학자 중 한 명으로 알려져 있다.(편집자 주)
104   윌리엄 크룩스 경(Sir William Crookes): 영국의 저명한 화학자이자 물리학자(1832-1919). 진공관 연구를 통해 전자 발견의 길을 열었으며, 분광학, 광선 연구에서도 선구적인 업적을 남겼다. 또한 심령 현상 연구에도 관심을 가졌으며, 심령학회(Society for Psychical Research) 활동을 통해 초심령적 현상에 대한 과학적 연구를 지지했다. 그는 심령현상에 대한 진지한 탐구로도 유명하며, 과학계 내외에서 논란을 일으킨 인물이기도 하다.(편집자 주)

# 편집자 후기

애니 베전트의 이 책은 우리가 단지 '육체'를 넘어선 존재임을 직감하는 모두에게, '참된 자아(Self)'를 의식적으로 구축하고 완성해 나가는 위대한 여정을 안내합니다. 책에서 제시하는 영혼의 여러 몸체는 우리가 사용할 수 있는 신성한 도구이며, 이 도구들을 얼마나 잘 정화하고 조율하느냐에 우리 삶의 질과 진화의 속도가 달려 있습니다. 이 후기에서는 책의 방대한 가르침을 핵심적인 4단계로 요약 정리해 보았습니다.

**1단계: 감각의 도구 조율 - 육체와 에테르체의 정화**

모든 영적 여정은 가장 가까운 곳, 바로 우리 자신의 육체에서 시작됩니다. 베전트는 단호하게 말합니다. "몸은 우리를 위한 도구이지, 우리가 몸을 위해 존재하는 것이 아니다." 이 말은 우리가 육체의 주인이 되어야 함을 의미합니다. 정화되지 않은 몸은 마치 조율되지 않고 잡음이 가득한 악기와 같아서, 영혼의 미세한 선율을 결코 연주할 수 없습니다.

의식적 선택의 힘: 우리가 섭취하는 음식과 음료는 단순히 육체를 구성하는 재료를 넘어, 우리 몸체의 진동수를 결정합니다. 알코올, 동물의 사체 등은 그 자체로 불순한 입자를 지니며, 이는 생명력(프라

나)의 통로인 에테르체를 혼탁하게 만들고 심령체의 감수성을 둔감하게 합니다. 몸의 정화는 금욕적 고행이 아니라, 영혼의 목적에 맞는 가장 정밀하고 민감한 도구를 의식적으로 창조하는 첫걸음입니다. 순수한 재료를 선택하는 굳건한 의지로 낡은 습관을 벗어버리고 진정한 변화를 이끌어내는 것이 중요합니다.

**2단계: 감정의 지배자가 되는 길 - 심령체 다스리기**

육체의 정화가 이루어지면, 다음 단계는 감정과 욕망의 중심인 심령체를 다스리는 것입니다. 심령체는 생각의 파동에 즉각적으로 반응하는 거울과 같습니다. 분노, 질투, 두려움과 같은 격렬한 감정은 심령체를 어둡고 혼탁한 색으로 물들이며, 이는 심령계의 저급한 존재들과 환상(glamour)을 끌어당기는 자석이 됩니다.

명료한 인식의 조건: 정화되지 않은 심령체를 통해 얻는 심령적 인상은 왜곡된 거울에 비친 상과 같아서, 진실이 아닌 자신의 욕망과 두려움의 투사를 보게 될 뿐입니다. 진정한 투시력(Clairvoyance)은 단순히 '보는 것'이 아니라 '명료하고 정확하게 보는 것'을 의미합니다. 이러한 명료함은 오직 이타적인 사랑과 봉사의 마음, 그리고 감정의 파도에 휩쓸리지 않는 내면의 평정을 통해서만 얻어집니다. 감정의 노예가 아닌 주인이 될 때, 비로소 심령계의 실상을 왜곡 없이 볼 수 있는 눈이 열립니다.

### 3단계: 생각의 창조자로 거듭나기 - 정신체의 훈련

대부분의 사람들에게 정신은 외부로부터 흘러들어 온 생각들이 머물다 지나가는 정거장과 같습니다. 우리는 스스로 생각의 주인이기보다, 외부 생각-에너지체에 수동적으로 반응하며 살아갑니다. 정신체의 계발은 이러한 수동적 상태에서 벗어나, 생각을 의식적으로 사용하는 '내면의 건축가'가 되는 과정입니다.

집중과 논리적 사유: 이 훈련의 핵심은 정신 집중(Concentration)입니다. 흩어진 정신의 에너지를 하나의 대상에 모으는 꾸준한 수행은 정신체를 강화하고 조직화하는 가장 효과적인 방법입니다. 또한, 하나의 생각이 앞선 생각에서 논리적으로 파생되도록 질서정연하게 사유하는 습관은 두뇌의 신경 경로에 질서 있는 진동 패턴을 각인시킵니다. 이렇게 훈련된 정신체는 심령 감각을 통해 들어온 인상들을 혼란 없이 명료하게 해석하는 강력한 도구가 됩니다. 현재의 지성적 노력은 사후 세계(데바찬)에서 영구적 능력으로 전환되어, 다음 생의 타고난 재능으로 발현됩니다.

### 4단계: 불멸의 자아를 깨우는 원인체의 진화

영적 여정의 궁극적 목적지는 원인체의 각성입니다. 원인체는 수많은 환생을 거치며 지속되는 불멸의 자아(Ego), 즉 '진정한 나'의 거처입니다. 이곳은 영혼의 금고와 같아서, 덧없는 개인의 감정이나 이기적인 경험은 저장되지 않으며, 오직 진리, 사랑, 지혜와 같이 영원하고 비개체적인 가치의 정수만이 새겨집니다.

영원한 기억의 회복: 우리가 여러 생에 걸친 기억을 되찾지 못하는 이유는 아직 원인체 안에서 의식적으로 깨어나지 못했기 때문입니다. 죽음은 단지 낡은 옷(육체, 심령체, 정신체)을 차례로 벗는 과정일 뿐, 원인체 안에 거하는 진정한 자아는 소멸하지 않습니다. 이타적 사랑과 깊은 명상적 통찰처럼 '나'라는 경계를 넘어서는 경험을 통해 원인체는 성장하며, 마침내 우리는 죽음으로도 단절되지 않는 영원한 의식을 회복하게 됩니다.

**섬김을 통해 완성되는 진정한 힘**

이 책이 제시하는 몸체의 정화와 계발, 그리고 심령 능력의 발현은 결코 그 자체가 목적이 될 수 없습니다. 그것들은 이기적인 만족이나 세속적 과시를 위한 도구가 아닙니다. 만약 그러한 동기로 이 길에 들어선다면, 그 능력은 영적 교만이라는 가장 미묘하고 위험한 덫이 될 것입니다.

진정한 진화의 목적은 더 넓은 세상과 더 깊은 생명의 진실을 이해하고, 인류의 진화라는 위대한 과업에 더욱 효과적으로 봉사하기 위함입니다. 우리가 내면의 눈과 귀를 여는 이유는 고통받는 이들에게 더 정확한 위안을 주고, 어둠 속에서 길을 잃은 이들에게 더 밝은 빛을 비추기 위함입니다.

이제 그 위대한 여정을 위한 지도는 독자 여러분의 손에 쥐어졌습니다. 부디 이 책이 여러분 영혼에 깃든 진리의 불꽃을 깨워, 삶의 모든 순간이 그 빛으로 충만한 성소가 되기를, 그리하여 존재 전체를 비추는 위대한 봉사의 길로 나아가기를 진심으로 기원합니다.

"제자가 준비되었을 때, 스승은 이미 그 곁에 있습니다."

편역자 남우현

**뒤표지 그림: 용을 무찌르는 성 조지**

그림 속 빛나는 갑옷을 입은 성자는 바로 당신의 참된 자아, 깨어있는 영혼입니다. 그가 올라탄 백마는 우리가 지닌 물질 육체를, 그가 손에 쥔 날카로운 창은 당신의 의지력이자 지성, 즉 정신의 힘을 상징합니다. 성자의 발밑에서 쓰러져가는 흉포한 용은 우리를 현혹하는 욕망과 격정 그 자체입니다. 그리고 이 모든 투쟁의 이유가 되는 저 공주는, 이 성스러운 싸움을 통해 구원받아야 할 우리 각자의 개체적 자아를 의미합니다.(216-217쪽 참고)